ŒUVRES COMPLÈTES

DE

LAMARTINE

PUBLIÉES ET INÉDITES

MÉMOIRES POLITIQUES

IV

TOME QUARANTIÈME

PARIS
CHEZ L'AUTEUR, RUE DE LA VILLE-L'ÉVÊQUE, 43.

M DCCC LXIII

ŒUVRES COMPLÈTES

DE

LAMARTINE

TOME QUARANTIÈME

MÉMOIRES POLITIQUES

IV

MÉMOIRES POLITIQUES

MA VIE POLITIQUE

LIVRE-VINGT ET UNIÈME

I

C'est ainsi que je descendis du pouvoir après ma victoire sur l'émeute, comme j'y étais monté après la victoire de l'émeute.

Je dis sincèrement après ma victoire sur l'émeute ; car, si je ne dois point mentir par vanité, je ne dois point non plus laisser mentir l'histoire par fausse modestie. La victoire des journées de juin était en grande partie ma victoire ; car seul j'avais prévu la bataille, seul j'avais organisé le combat.

En me refusant à accepter de l'Assemblée impatiente la dictature, j'avais mis très-habilement la France en cause au lieu de moi-même. J'étais bien sûr que la France ne s'abandonnerait pas elle-même devant les socialistes, et qu'à un jour donné je la rendrais invincible. Cette conviction était le secret de mon refus. Par mon acceptation, j'aurais mis contre moi non-seulement les socialistes, mais la moitié au moins des républicains jaloux et mécontents; ils auraient grossi l'émeute de juin de tous les éléments politiques qui les suivaient, au lieu de grossir les éléments de la défense, ce qu'ils firent avec un zèle unanime : j'en atteste la loyale conduite de M. Ledru-Rollin pendant le combat.

J'avais choisi seul, nommé et fait venir, à l'insu de mes collègues, excepté de M. Flocon, le général Cavaignac, le seul homme militaire peut-être qui, par sa renommée de républicain, pût inspirer confiance aux républicains et les rallier à l'ordre. Je l'avais reçu à Paris, je l'avais présenté au gouvernement provisoire avec l'autorité du fait accompli; je lui avais fait concéder tous les titres du pouvoir militaire par M. Arago, mal entouré au ministère de la guerre, homme de bien, mais homme d'hésitation, qui donnait trop de jeu aux mauvais partis. Je l'estimais, mais je ne pouvais pas m'y fier dans un jour de lutte décisive. Je me souvenais du 15 mars, où il était arrivé à l'hôtel de ville avec Ledru-Rollin, et en prenant avec le peuple à demi insurgé le parti de Ledru-Rollin, menaçant ce jour-là contre nous. Je me souvenais de la journée du 16 avril; où il s'était retiré seul dans une mairie de Paris, au lieu d'être à son poste soit avec moi à l'hôtel de ville, scène de la lutte, soit au ministère des finances avec mes collègues apostés en réserve par moi. Je me souvenais de la destitution du brave général Subervie obtenue à mon insu, et de son remplacement par M. Arago et son état-major, mesure que je désapprouvais fortement, contre laquelle j'avais proposé à Subervie de protester en le rétablissant, que Subervie avait refusée, mais que j'avais déplorée et qui ne pouvait m'inspirer que défiance.

L'arrivée du général Cavaignac à Paris destituait de fait l'état-major de M. Arago. J'avais informé confidentiellement le général de cette défiance, et je lui avais fait remettre tous les pouvoirs sans consulter personne. Le retour à Paris du général Cavaignac et cette concentration de tous les pouvoirs militaires entre ses mains avaient été presque le seul acte de dictature que je me fusse permis pendant le gouvernement provisoire. Je l'avais entretenu confidentiellement tous les jours des dangers prochains et de la rentrée successive de l'armée dans Paris. J'avais calculé avec lui, étape par étape, le nombre de troupes qui nous était nécessaire pour faire face partout aux éventualités les plus sinistres. J'y avais fait ajouter, peu de jours avant les journées de juin, par le conseil exécutif, un camp de vingt mille hommes aux portes de Paris, et le commandement de la garde nationale. On n'a qu'à consulter le procès-verbal de la commission exécutive, on verra authentiquement que le nombre de troupes décerné et imposé au généralissime se composait de cinquante-quatre mille hommes de ligne, infanterie, cavalerie, artillerie; plus, le camp de vingt mille hommes sous Paris; plus, enfin, deux cent mille gardes nationaux, sur lesquels on pouvait au moins en compter soixante mille pour le combat. Ma confiance était absolue et entière. Interrogé secrètement par moi-même, jour par jour, jusqu'à l'importunité, sur l'exécution progressive de toutes ces mesures, le général (comme on le verra dans son discours justificatif à l'Assemblée) me répondait affirmativement. Le rassemblement, selon lui, était opéré trois semaines avant le jour où l'insurrection était à craindre.

II

Quelques minutes avant l'insurrection, j'eus une altercation assez vive avec M. Arago au Luxembourg, pour donner plus d'unité et plus d'énergie à la défense de l'Assemblée, afin que le général Cavaignac pût s'entendre avec le gouvernement pendant toutes les péripéties du combat. M. Arago voulait que la commission exécutive restât au Luxembourg, où nous aurions été séparés de l'Assemblée et de l'armée par la moitié insurgée de Paris. Je m'y opposai résolûment cette fois, et je finis par déclarer que M. Arago ferait ce qu'il voudrait; mais que, quant à moi, je trouvais cette mesure si fausse, que je n'hésitais pas à me rendre immédiatement à l'hôtel de la présidence de l'Assemblée et à m'y installer avec ceux de mes collègues qui voudraient bien m'y suivre, pour y présider à la défense des députés et au salut de Paris. Tous m'y suivirent, excepté M. Arago. Il se conduisit d'ailleurs très-bien pendant le reste du jour et se montra homme de courage et d'honneur sur la place du Panthéon.

III

Les troupes commandées par moi et qui devaient être rassemblées et dirigées par le général Cavaignac manquèrent partout dès le commencement du combat. Je n'en accuse pas ce qu'on a imputé à trahison : je n'y ai jamais cru, le général Cavaignac en était, à mon avis, incapable ; mais j'en accusai sa négligence et sa confiance excessive envers ses agents subordonnés.

Il avait été convenu entre lui et moi que nous livrerions cette bataille comme une bataille, et non comme une lutte éparse avec des émeutiers ; qu'en conséquence, toutes ses troupes en masse, au nombre de cent mille combattants au moins, seraient campées et massées autour de la Chambre, des Invalides, du Champ de Mars, et que, selon les besoins de la lutte, il ferait partir des colonnes d'action de cette base d'opérations pour aller combattre les insurgés et occuper les points d'attaque, en restant toujours reliées à notre base d'opérations pour s'y replier ou s'y recruter au besoin. Rien de tout cela ne fut exécuté ; car, à quatre heures de la première journée, quand le moment devint décisif, et que, voyant la pénurie de troupes et l'indécision du général, présent au conseil, je me décidai à partir moi-même et que je demandai mes chevaux pour conduire une colonne de combattants au nord de Paris, le général, cédant à ma résolution et se décidant enfin à me suivre, ne put rassembler qu'avec peine une colonne de deux mille cinq cents hommes pour marcher avec lui et moi au lieu du combat.

Au retour, je le retrouvai, près du Château-d'Eau, sur le boulevard. « Vos troupes nous manquent, lui dis-je. M'autorisez-vous, comme commandant général, à faire les derniers efforts au ministère de la guerre et au gouvernement pour faire arriver dans la nuit les renforts que la nuit va probablement rendre nécessaires? » Il m'y autorisa, et je partis au galop. Cette nuit fut employée tout entière par moi et mes collègues, et spécialement par M. Ledru-Rollin, à envoyer des courriers dans tous les départemeuts voisins ou même distants, par les chemins de fer, pour solliciter des forces. Elles commencèrent à arriver et à se montrer à l'aube du jour, et leur présence rendit un élan invincible aux gardes nationaux de Paris.

IV

Voilà la stricte vérité sur les événements de Paris et sur mon rôle, sur le rôle du gouvernement et sur celui du général dans les grandes journées de juin. On conçoit que j'étais fondé à m'attribuer plus de succès dans ces journées qu'au général Cavaignac, qui n'y avait été que mon instrument confidentiel et mon agent militaire, fidèle sans doute, mais non exact, devant lequel je m'étais effacé par politique. On conçoit aussi qu'il convenait à lui et à ses amis d'accepter tout l'honneur d'une victoire qui était plus la mienne que la sienne. On conçoit surtout comment nos nombreux ennemis ou envieux, dans la Chambre et dans le pays, affectèrent de devoir leur salut à ce général, au lieu de le devoir à moi, son patron et son inspirateur.

Je dus accepter cette injustice naturelle des partis en jeu dans ces ténèbres, et écrire la lettre que j'écrivis à l'Assemblée pour motiver avec honneur notre retraite, et pour la rendre libre de lui décerner la dictature du salut public; mais on doit voir aujourd'hui ce que j'en pensais intérieurement; je le pense fermement encore. J'avais sauvé la patrie par l'habile nomination du général; je lui avais remis l'épée et l'armée; il aurait pu en faire un meilleur usage; mais je devais me taire dans l'intérêt commun de la république, au lieu de la diviser dès son début par une misérable lutte d'importance et d'amour-propre, en accusant un honnête général de fautes dont il était peut-être innocent.

Le lendemain de sa nomination à la dictature, je parus avec affectation dans ses salons, et je fis acte d'adhésion à sa bonne fortune, afin de lui donner toute l'autorité morale dont il avait besoin pour accomplir son œuvre. Il me reçut bien, mais avec embarras, et, depuis ce moment jusqu'au jour de l'élection à la présidence de la république, il n'eut envers moi ni les égards ni la reconnaissance franche que j'étais en droit d'attendre de lui. Cela m'affligea, mais ne m'aliéna pas.

V

La déplorable constitution que l'Assemblée avait votée lentement au milieu des orages, contre mon conseil, et pendant laquelle le général Cavaignac et ses ministres travaillaient au succès de sa candidature présidentielle, allait amener des circonstances et des coïncidences dangereuses pour la paix du pays et allait presser les événements. La Chambre fut dissoute et bientôt réélue.

Autant la première Assemblée constituante avait été généralement élue par la sagesse et par le patriotisme de la France, autant l'Assemblée législative de 1849 fut fatalement nommée par l'esprit de vertige et de radicalisme. D'un côté, l'esprit de réaction précoce des royalistes dépossédés en 1848 avait formé à Paris et dans la rue de Poitiers des clubs menaçants contre la république; de l'autre côté, les socialistes et les terroristes, réunis sous le nom ridicule de Montagnards, s'efforçaient de réhabiliter les noms et les choses de la Convention. La double agitation que cette double folie devait donner au pays produisit la Chambre de 1849. Le républicanisme politique et modéré en fut exclu dans ma personne. Les uns croyaient marcher à l'orléanisme, les autres à un comité de salut public. Le département de Saône-et-Loire lui-même m'élimina de la Chambre. Je n'en fus nullement affligé pour moi; je devais boire jusqu'à la lie l'ingratitude du pays en reconnaissance de l'avoir sauvé. Je jouissais au contraire de ce scandaleux ostracisme; j'étais préparé à tout; je connaissais les versatilités populaires et les férocités des partis. L'échafaud même ne m'aurait pas étonné de la main des terroristes républicains : Bailly et Vergniaud n'y étaient-ils pas montés?

VI

Cependant l'excès des scandales réagit vite contre cette réaction; une députation de la ville d'Orléans vint m'offrir de réparer cet outrage en me nommant. Orléans en effet me nomma à une immense majorité. Bientôt Mâcon se repentit de son abandon et me renomma aussi à la Chambre. J'y rentrai donc presque immédiatement par deux portes; j'y serais rentré par vingt, si elles eussent été libres. Les mouvements sont très-vifs dans les peuples en ébullition. Mais une occasion plus décisive allait juger la république par la voix même du pays.

VII

Louis-Napoléon Bonaparte avait senti à Londres, où il était exilé, les bénéfices et les dangers de sa situation. Neveu et héritier dynastique du premier empereur, il pouvait et il devait retrouver dans les candidatures républicaines une voie plus ou moins légitime pour remonter à l'empire. Je l'avais senti le premier, avec l'instinct qui ne trompe pas les hommes d'État. On a vu que j'avais demandé et obtenu d'acclamation à la Chambre que la loi qui maintenait son exil ne fût révoquée qu'après la mise en jeu de la constitution. La Chambre, à l'exception de deux de ses membres, s'était levée tout entière pour m'applaudir et pour justifier ma prudence. Mais, le lendemain, elle s'était démentie et avait prétendu qu'il n'y avait aucun danger à la rentrée de Napoléon Bonaparte en France. J'avais compris pour la première fois la faiblesse de l'Assemblée. J'avais désespéré de la république, mise en présence d'un tel compétiteur.

VIII

J'avais eu déjà précédemment deux fois l'occasion secrète de mesurer la pensée de Napoléon et de lui témoigner franchement mes craintes. J'étais alors ministre des affaires étrangères et à peu près chef du gouvernement. Un matin du mois de mars 1848, M. de Persigny, que je ne connaissais pas, entra dans mon cabinet :

« Je viens, me dit-il, de la part et au nom du prince Louis-Napoléon Bonaparte, vous faire une confidence d'honneur, et vous demander s'il peut se montrer dans Paris et avouer sa candidature à la Chambre des députés. Il est ici, mais il y est caché, disposé à vous obéir entièrement, pénétré des dangers de la patrie auxquels vous faites face, et ne voulant à aucun prix les augmenter par sa présence. Que lui conseillez-vous ?

» — De repartir à l'instant, lui répondis-je. Vous lui direz que, s'il n'est pas en route pour Londres ce soir, je le ferai arrêter demain ; c'est mon devoir. Quels que soient mes justes égards pour un jeune prince qui subit un sort rigoureux mais légal, je l'accomplirai avec regret, mais je l'accomplirai pour ne pas trahir la république. »

M. de Persigny ne fit aucune objection, et, après une conversation intime et confidentielle, il alla s'acquitter de ma commission. Il revint, quelques heures après, me remercier de la part du prince, et me dire qu'il avait apprécié lui-même la loyauté de ma conduite, et qu'il était déjà en route pour l'Angleterre.

IX

Pendant les jours orageux qui précédèrent la journée décisive du 16 avril 1848, M. Vieillard, sénateur depuis, ancien précepteur du prince, et resté fidèlement son ami dans toutes ses fortunes, me fit demander une audience et vint aux affaires étrangères. Je le connaissais et je l'avais vigoureusement réfuté devant le gouvernement provisoire, un jour où il était venu plaider la même cause de la rentrée libre du prince dans sa patrie.

« Le prince, me dit-il, voyant approcher l'heure des élections à l'Assemblée, est arrivé de nouveau de Londres pour y participer en qualité de citoyen français, si vous n'y voyez point d'inconvénients. Il n'a pas cette fois pénétré dans Paris, il est à la campagne, à peu de distance, et très-décidé à ne faire aucune démarche sans votre autorisation. Soyez assez bon pour lui faire savoir par moi votre résolution.

» — Ma résolution, répondis-je à M. Vieillard, est la même qu'il y a quinze jours. Je touche à la crise la plus périlleuse du gouvernement ; dans quelques jours elle sera franchie : ou j'aurai succombé, ou j'aurai réussi ; si je la franchis heureusement, les élections de l'Assemblée nationale, à laquelle je veux remettre la république entière et libre de ses mouvements, telle que je la dois, décideront du sort de la France. Je ne tolérerai pas que ce grand acte soit troublé ou compliqué par la présence du prince, qui peut avoir des idées contraires et personnelles. Allez lui dire de repartir encore pour Londres, et que je ne permettrai sa rentrée qu'après l'achèvement et la mise en jeu de la constitution. Ce n'est point rigueur, c'est prudence. La loi d'exil existe contre lui ; je ne la porte pas, mais je m'en sers. Après la constitution, j'en demanderai moi-même la révocation. La république une fois fondée peut admettre tous les citoyens. »

M. Vieillard emporta cette réponse, et me fit savoir, dans la soirée, que le prince était entré dans mes vues et était reparti.

On sait également que, nommé député par le collége électoral de l'Yonne, il donna sa démission pour ne pas agiter la Chambre et le pays par cette question toute personnelle. Il n'y avait jusque-là rien que de patriotique dans sa conduite. Je n'aurais pas agi moi-même autrement à sa place.

X

A la fin de 1848, une dernière et décisive circonstance s'était produite dans la discussion de la constitution, circonstance où mon vote et mon discours comme fondateur de la république provisoire étaient vivement attendus et pouvaient paraître en une connivence lointaine avec le prince : il s'agissait de décider si ce serait la Chambre ou le pays qui nommerait le président de la république.

Déjà la faction nombreuse de Bonaparte avait fait d'immenses progrès dans Paris et dans les départements. Je ne me dissimulais pas sa force, mais je me faisais à moi-même ce raisonnement : Si c'est l'Assemblée qui nomme, les chances de Bonaparte sont nulles. Si c'est le pays, elles sont probables; mais, si c'est le pays, il respectera peut-être son propre ouvrage et se soumettra au président qu'il aura lui-même nommé. Si c'est la Chambre, pouvoir délégué, accusé de captation, d'ambition, d'intrigues, son choix n'aura aucune influence sur la nation, et la première sédition précipitera le gouvernement impopulaire dans l'anarchie. Il vaut mieux, pour les républicains sincères, remettre la nomination au pays.

J'osai poser énergiquement la question ainsi à la tribune, dans la séance du 6 octobre 1848, et voici le discours décisif qui l'emporta et qui fit prévaloir l'élection par le peuple, c'est-à-dire l'ordre et Bonaparte.

Ce fut mon dernier et plus fort discours avant de quitter

l'Assemblée. Je le donne à mes lecteurs; le voici, avec toutes ses péripéties, emprunté au *Moniteur*. Le coup fut porté, et il décida du sort de la France.

XI

« Indépendamment du péril de parler dans une question où les esprits flottent dans une indécision que nous avons tous comprise par la nôtre, il n'y a rien de si pénible, pour un orateur, que d'admirer, que d'apprécier ce qu'il vient combattre. (Agitation.)

» Plusieurs voix. — On n'entend pas.

» Le citoyen de Lamartine. — Je reprends, messieurs : je disais qu'indépendamment de l'émotion qu'éprouvait un orateur, un homme politique, au moment de se prononcer sur une des questions les plus flottantes, les plus indécises dans l'opinion de son pays et un moment dans la sienne propre, il y avait quelque chose de pénible, particulièrement pour l'orateur, à venir combattre des adversaires dont il avait profondément apprécié les motifs et admiré hier et aujourd'hui le talent. Telle est cependant ma situation. C'est là le sentiment que j'ai éprouvé et que j'éprouve en montant à cette tribune.

» La plupart des orateurs entendus hier et aujourd'hui, messieurs, ont confondu en une seule et même discussion ce que j'aurais voulu séparer : les cinq articles du chapitre en discussion devant l'Assemblée nationale; je serai forcé, quoique très-sommairement, vu l'heure et les dispositions de l'Assemblée, de les suivre un moment dans les différentes spécialités de leur argumentation.

» Il s'est agi et il s'agit dans cette discussion, depuis deux jours, non-seulement de déterminer si le président de la république sera nommé par l'Assemblée nationale ou par le pays, mais il s'agit encore, vous l'avez entendu il n'y a qu'un instant, de savoir si la république aura un président, ou si elle n'aura que des conseils, des comités de salut public, de sûreté générale, de recherches, comme nos premières assemblées révolutionnaires.

» Il s'agit de savoir quels seront la forme, la durée, le mode de cette présidence ; si elle sera à une ou à plusieurs têtes, si elle sera annuelle ou quinquennale, ou seulement si elle sera, comme le pouvoir temporaire et transitoire que vous avez institué jusqu'ici, et comme le demandait tout à l'heure l'honorable membre auquel je réponds, un pouvoir investi de toute votre force, de toute votre majesté, mais un pouvoir temporaire, transitoire, et manquant par là même, selon moi, des conditions de fixité nécessaires dans ce moment-ci à notre pays pour que, sous la révolution, il découvre enfin un gouvernement.

» Messieurs, quant à la question de savoir si la présidence sera un des modes d'organisation de la république, si la république aura un président ou n'en aura pas, je ne répondrai qu'un seul mot.

» J'ouvrirai l'histoire de toutes les assemblées, et spécialement des assemblées françaises qui avaient accepté, dans des conditions normales alors, mais qui seraient tout à fait irrégulières aujourd'hui, ce mode de constitution ; je vous montrerai cette distinction de fonctions, car je ne me sers pas du mot de *division des pouvoirs* (il ne s'applique plus à rien); la division des pouvoirs ne s'applique plus en quoi que ce soit à notre mode de gouvernement essentiellement unitaire, et où la souveraineté, indivisible comme l'Assemblée nationale, repose tout entière en nous, parce que nous sommes nous-mêmes l'expression unitaire du peuple tout entier. Mais, messieurs, je vous montrerai le long parlement et la Convention, prenant ce mode de gouvernement qu'on osait vous conseiller tout à l'heure, réunissant, non pas seulement le pouvoir exécutif et le pouvoir législatif, mais réunissant ou tenant, du moins, sous leurs mains, le troisième pouvoir, le pouvoir judiciaire, qui seul, dans une telle forme de gouvernement ou plutôt de tyrannie, peut compléter le gouvernement unitaire d'une assemblée : et je vous dirai, si vous voulez entrer dans ce mode de gouvernement, si vous pensez que les circonstances dans lesquelles se trouve la patrie exigent cette intensité terrible de forces qui s'élèvent, non pas comme un appel, mais comme un épouvantail dans notre histoire, pour nous écarter de ce système ; si vous le voulez, ayez la logique tout entière de votre pensée, ne confondez pas seulement en vous le pouvoir exécutif, le pouvoir législatif, confondez aussi le pouvoir judiciaire, et alors appelez-vous de votre vrai nom, appelez-vous la Terreur ! (Vive sensation et approbation à droite.)

» Vous ne le voulez pas, le pays en a horreur, la situation ne le commande pas ; écartons donc cette argumentation. (Très-bien !)

XII

» Je dirai très-peu de choses de plus sur un autre mode de gouvernement qu'on vous conseillait indirectement hier, celui de l'absence même d'unité dans votre pouvoir exécutif sous votre main, celui des comités, celui de ces gouvernements irresponsables, de ces gouvernements les plus terribles; savez-vous pourquoi? Parce qu'ils sont anonymes; parce que, étant anonymes, la responsabilité s'y égare, non-seulement dans le temps, mais dans l'histoire, et que nous, qui avons lu et écrit l'histoire de cette époque, si récente cependant pour nous, la responsabilité s'égare tellement sur les noms, entre les personnes, qu'à cinquante-cinq ans de date, il nous est impossible de renvoyer souvent la rémunération ou de reconnaissance ou d'horreur à tel ou tel nom de notre histoire, et que nous ne savons pas à qui, de Collot-d'Herbois, de Barrère, de Robespierre ou de Danton, nous devons renvoyer la responsabilité de telle ou telle mesure de cette forme de gouvernement qu'on ose vous conseiller. (Très-bien!)

» Mais d'ailleurs, à côté de cette violence qui est pour ainsi dire commandée par cette forme de gouvernement, il y a un autre inconvénient qui paraît bien incompatible avec celui-là, et qui cependant l'accompagne presque toujours. Cet inconvénient des gouvernements à plusieurs têtes, des gouvernements par comités, des gouvernements par conseils, c'est la faiblesse; la faiblesse, car, par une suite naturelle de ce frottement des convictions, des volontés des individus dans les gouvernements de cette nature, savez-vous de quoi se compose le gouvernement? Il se compose d'une moyenne, il se compose de concessions réciproques, de lenteurs, d'atermoiements. Or, les gouvernements de moyennes et de concessions ne sont pas ceux qui conviennent aux grandes nations, aux grandes époques, aux grandes crises dans lesquelles nous nous trouvons; les époques énergiques ne veulent pas de *moyenne* de gouvernement, elles veulent un pouvoir à leur image. (Très-bien! très-bien!)

XIII

» Maintenant je passe au fond de la question même, à celle qui avait le plus spécialement préoccupé ma pensée hier et depuis quelques jours, à la forme de nomination du président de la république ou par vous ou par le pays.

» J'ai entendu avec le plus vif intérêt, avec une sincère et consciencieuse anxiété, hier, l'éloquent orateur qui pendant près de deux heures a feuilleté, pour ainsi dire, page à page tous les enseignements de l'histoire et de la politique sur cette grande et difficile question : je parle de l'honorable monsieur Parieu.

» Ces considérations ne m'étaient pas nouvelles; et moi aussi, j'avais lu, j'avais étudié, depuis cette incertitude qui pèse sur notre intelligence; j'avais lu, en différents textes de constitutions, ces différents modes d'élection du chef, du président, du modérateur de la république, chez les diverses nations qui ont fait reculer la monarchie devant la forme définitive de la liberté, devant la république. J'ai vu les États-Unis, les républiques américaines, Venise, Gênes, les formes même de gouvernement dans la république catholique, dans les conclaves, d'où sortent ces grands chefs de la république catholique. J'ai étudié, dans notre propre histoire, le système de 1793, avec ses vingt-cinq membres qui devaient former le conseil de la république. J'ai lu la constitution de l'an III; j'ai vu ce mécanisme combiné par lequel une première candidature dans les départements portait cinq noms, présentait ensuite le nombre de vingt-cinq au conseil des Anciens par le conseil des Cinq-Cents. Je me suis efforcé de me rendre compte des motifs de ces différentes compositions, de ces différentes combinaisons de l'élection aux différentes époques de notre histoire et de celles des nations qui nous avoisinent.

» Eh bien, je le déclare avec franchise, je n'ai trouvé là, pour nous, la lumière, l'évidence, l'applicabilité d'aucun grand principe général qui ait suffi pour éclairer ma conscience et mon intelligence.

» L'honorable monsieur Parieu vous citait hier l'exemple des États-Unis d'Amérique, de la Suisse et de la Hollande, qui font nommer au second degré, au troisième degré, dans une de ces républiques, le président chargé du gouvernement du pays.

» Mais que l'honorable monsieur Parieu me permette de lui faire une observation qui me frappait en écoutant ses paroles, c'est que ces exemples s'appliquent aussi mal aux institutions qu'il s'agit de fonder pour nous et chez nous, qu'ils s'appliquaient l'autre jour, dans la discussion de l'Assemblée unique, à la question qui s'agitait ici.

» Les États-Unis nomment à deux degrés, la Hollande nommait à deux degrés, la Suisse nomme à plusieurs degrés ; pourquoi? Parce que ces trois pays sont des États fédératifs ; parce qu'avant que l'unité fédérale, qui est la seule représentée dans la nomination du pouvoir suprême correspondant à la fédération tout entière, avant que ces unités fédérales viennent porter leur suffrage pour consacrer le droit présidentiel du chef de la république, il faut qu'elles s'entendent avec elles-mêmes ; parce que, en un mot, elles représentent non pas une volonté individuelle, mais la volonté de chaque membre de la fédération.

» Voilà le secret de ces trois modes : ces républiques ont ou avaient ces natures particulières du pouvoir : les États-Unis avaient fait alliance avec l'Océan, la Suisse avec ses montagnes, la Hollande avec ses marais ; un pouvoir fort leur était moins nécessaire.

» Mais, messieurs, il ne vous échappe pas que la France n'a rien, n'a rien eu, n'aura rien, ne veut rien avoir de comparable, dans sa constitution sociale et nationale, à ces fédérations qu'on nous cite sans cesse en exemple, sans avoir compris leur nature et leur nécessité.

XIV

» Messieurs, je suis tenté de laisser toutes ces considérations secondaires, scientifiques, pour ainsi dire, de la question ; je suis tenté, dis-je, de négliger toutes ces considérations historiques, accessoires à la question qui nous occupe, intempestives, tardives, arrivant trop tard à cette tribune aujourd'hui, et d'entrer tout de suite et à fond dans les motifs secrets, dans les raisons consciencieuses qui préoccupent, qui agitent et qui passionnent saintement, je le dis, car je n'ai pas vu, depuis que l'Assemblée nationale est réunie, de symptôme d'un autre esprit que celui d'un esprit d'examen consciencieux, patriotique, dans ses délibérations; pas l'ombre de faction n'a pesé sur les esprits de cette Assemblée. Je le dis sans la flatter, comme je le sens, comme je le pense. (Très-bien! très-bien!) Eh bien, je suis tenté, dis-je, à cause de cela même et par l'audace que donne à une conscience comme la mienne l'harmonie avec vos propres consciences à vous, l'audace de parler cœur à cœur, ouvertement devant vous et devant le pays, des motifs qui, pour les uns et pour les autres, vont peser tout à l'heure dans le vote que nous allons porter, en pesant d'avance votre boule dans votre main!

VX

» Si la question n'était que dans la question, s'il ne s'agissait véritablement que de déterminer telle ou telle combinaison mécanique d'où doit sortir, pour ainsi dire, ou par une seule explosion de votes, ou par une filière successive de suffrages se fortifiant, s'améliorant, s'épurant les uns les autres, le vote du président, mon Dieu! cela serait bientôt fait; il n'y aurait pas de logique là contre la logique ; nous nous dirions : Le peuple, dans notre constitution de février, est un peuple seul et unitairement souverain ; c'est donc de son sein, c'est du sein de cette souveraineté unique et toujours debout dans le peuple, que doit sortir, non pas, comme vous le disait hier monsieur Parieu, cette division des pouvoirs, je répudie encore une fois ce terme, mais cette distinction des fonctions de la souveraineté nationale. Voilà la logique.

» Nous nous dirions : Ce peuple, cette démocratie dont on parlait tout à l'heure avec une si juste inquiétude, elle est jalouse, c'est sa nature ; elle est ombrageuse, elle est susceptible, elle est inquiète et jalouse d'autant plus, messieurs, qu'elle n'a pas encore un long règne derrière elle pour la rassurer sur ses inquiétudes et sur ses préoccupations. (Assentiment marqué.)

» Eh bien, dans cet état de votre démocratie, car il est certain qu'elle envisage chacun de vos actes et jusqu'à vos arrière-pensées, celles du moins qu'elle vous suppose, avec cette inquiétude et cette jalousie qui sont le fond de la nature démocratique, qu'y a-t-il à faire? Lui donner largement, amplement, sincèrement, sans lui rien retenir, son droit tout entier. (Très-bien! Mouvement prolongé.)

» Nous nous dirions de plus, et c'est là, je demande à l'Assemblée la permission de m'y arrêter une demi-minute, c'est là une des considérations qui, pour moi, ont le plus influé sur ma résolution ; nous nous dirions : Dans les républiques, quelle est la force? où est la force? où la puise-t-on? par quel signe la marque-t-on sur le front des pouvoirs, des institutions et des hommes?

» Le pouvoir, dans les républiques, est dans la popularité, ou il n'est nulle part. (Très-bien !)

» Tant que l'Assemblée nationale, qui est la popularité vivante du pays, non pas cette popularité mobile que le matin apporte et que le soir emporte, mais cette popularité du bon sens, de la réflexion et de la conscience, qui accumule lentement sur tous les noms des représentants dont cette grande Assemblée se compose, le signe de l'assentiment, le mandat de la confiance, la force du pays; c'est de cette popularité que je parle. Eh bien, cette popularité, elle est à elle seule, soyez-en sûrs, elle est le pouvoir tout entier. (Très-bien! très-bien!)

XVI

» Supposé maintenant que, comme il arrive dans toutes les choses humaines, et comme il est arrivé surtout dans les premières périodes et dans les périodes encore révolutionnaires des institutions, cette popularité s'évanouisse peu à peu, qu'elle s'use par les jours, par les mois, par les années, par les refus quelquefois courageux et énergiques qu'une Assemblée nationale doit savoir faire au sentiment mal éclairé du peuple; supposez que cette popularité s'éloigne et se sépare d'elle; elle s'éloigne et se sépare en même temps des deux pouvoirs, des deux fonctions; en abandonnant l'Assemblée nationale pour un temps, elle abandonne aussi le pouvoir exécutif. Je vous le demande, dans quel abîme n'êtes-vous pas précipités? et votre pouvoir constitué ne s'anéantit-il pas au même instant aux yeux du peuple? (Profonde sensation.)

» Voilà, je le répète, une des considérations qui m'ont le plus vivement frappé. Je me suis posé devant les yeux le problème de cette lacune de popularité honnête et conciencieuse de l'Assemblée; je me suis dit : Voilà un président, il a été appelé par l'Assemblée nationale, il est le favori, passez-moi le mot, il est le favori du parlement aux yeux du peuple. (Murmures d'approbation.)

» Je retire l'expression si elle blesse... (Du tout! du tout! Très-bien! très-bien!)

» Je me suis mis souvent, dans ma pensée, vous disais-je, en face de cette situation qui peut arriver, qui doit arriver, car tout arrive dans la mobilité des choses, des hommes et des temps où nous sommes; je me suis mis en face d'une Assemblée nationale ayant perdu momentanément sa popularité, et par conséquent sa force dans le pays, et d'un président sorti exclusivement du sein des suffrages de l'Assemblée nationale, d'un favori, pour répéter le mot, puisqu'il ne vous a pas choqués, d'un favori du parlement, au lieu d'un élu du peuple, perdant par cela même sa propre popularité; pourquoi? Parce qu'émané de l'Assemblée nationale, celle qui entoure l'Assemblée nationale est la sienne propre, et parce que, un moment, l'impopularité qui viendrait affaiblir, ternir cette Assemblée nationale, réagirait jusque sur lui, et qu'ainsi que le pouvoir législatif, le pouvoir exécutif, plus en contact avec le peuple, en contact de tous les jours avec le peuple, et par conséquent à qui la popularité est plus nécessaire qu'à tous les autres pouvoirs, le pouvoir exécutif serait atteint de la même impopularité; tout périrait ou du moins tout s'éclipserait à la fois dans le prestige des deux pouvoirs, trop enchaînés l'un à l'autre, puisque l'un sortirait de l'autre. (Très-bien!)

» Oui, tout serait anéanti, tout disparaîtrait à la fois dans cette lacune de force, de popularité et de pouvoir. (Marques nombreuses d'approbation.)

XVII

» Nous nous dirions enfin, et je finis par là cette énumération, nous nous dirions enfin : Dans toute constitution, mais je ne dis pas seulement dans toute constitution politique, dans toute constitution naturelle, si j'osais remonter aux exemples trop physiologiques, quoique très-spirituels, qui ont été apportés à cette tribune par mon remarquable adversaire monsieur Félix Pyat; dans toute constitution, tout pouvoir propre doit avoir sa prérogative. Ce qui est vrai d'un pouvoir propre est vrai aussi d'une grande fonction de gouvernement, qui, bien que ne s'élevant pas, dans votre pensée comme dans la mienne, à cette souveraineté de pouvoir que vous réservez avec raison au peuple, s'élève cependant à l'exercice même de cette souveraineté dans ses fonctions les plus augustes et les plus difficiles. Il faut une prérogative à chacun de ces pouvoirs; vous avez la vôtre, vous l'avez dans l'élection universelle du pays, qui vous investit, pour ainsi dire, de la personnalité même de cette grande nation que vous résumez ici, dans cette enceinte.

» Mais ce pouvoir exécutif que vous devez et que vous voulez créer, non pas pour lui léguer une part de votre souveraineté, mais pour lui en confier l'exercice, l'exercice distinct, spécial et responsable surtout, et c'est là ce qui le rend par-dessus tout un pouvoir distinct et nécessaire, ce pouvoir responsable, vous devez vouloir qu'il ait aussi sa prérogative dans le pays comme vous l'avez vous-mêmes, sans quoi cette qualité de subordonné du pouvoir législatif, qu'on osait revendiquer pour lui tout à l'heure, ne serait qu'une trop triste et trop faible réalité devant l'impuissance de ses fonctions; ce ne serait plus un ressort dans votre constitution, ce serait une aiguille destinée seulement à marquer l'heure de vos volontés ou de vos caprices sur le cadran de votre constitution. (Très-bien! — Longs murmures d'approbation.)

XVIII

» Je continue :
» Puisque tous ces motifs que je viens d'énumérer rapidement devant l'Assemblée n'éprouvent aucune contradiction dans cette enceinte... (A gauche : Si! si!) Ils n'en ont pas éprouvé jusqu'à présent, ils en éprouveront tout à l'heure, à cette tribune. Mais puisque ces motifs, dis-je, ne provoquent aucune opposition d'instinct, de clameur publique, c'est celle dont je voulais parler dans cette enceinte, puisqu'ils sont à un certain degré d'évidence et de palpabilité pour tous les esprits, il y a donc un autre motif, et c'est là que j'en veux venir, il y a donc une autre raison de cette hésitation prolongée, de cette hésitation maladive qui travaille depuis quelques mois, depuis quelques jours, non-seulement l'opinion publique, mais ceux

mêmes qui sont chargés, comme vous, de fixer cette opinion publique par un vote dans la constitution.

» Eh bien, monsieur Parieu le disait hier avec franchise, et je l'en remercie; sans lui, je n'aurais pas eu l'audace d'aborder franchement cette partie de la discussion, si difficile, parce qu'elle est presque personnelle; monsieur Parieu vous disait :

« Vous allez faire la revue des grands partis qui peuvent
» diviser momentanément les opinions sur le territoire de la
» France; vous allez faire le grand recensement (il a pres-
» que dit le grand recrutement, ou il l'a dit du moins dans
» la fin de sa phrase et de son discours), vous allez faire le
» grand recensement de tous les partis antirépublicains, de
» tous les partis surannés, estimables quoique surannés,
» qu'un sentiment honorable enchaîne encore à des convic-
» tions sincères, mais de tous ces partis, qui, selon moi,
» qui, selon vous, mon Dieu ! qui, selon eux-mêmes, dans
» la partie sérieuse et intelligente qui la compose, n'ont
» plus de rôle à jouer dans la politique de ce pays. (Appro-
» bation.) Vous allez faire leur recensement, vous allez
» réunir d'un côté les légitimistes sous le nom de Henri V,
» de l'autre les partisans de la monarchie de Juillet à peine
» exilée par le malheur, ou plutôt par la faute de nos insti-
» tutions et les conseils d'une mauvaise politique. N'accu-
» sons pas le malheur, et laissons à chacun sa responsabi-
» lité! (Très-bien!) Vous allez faire le recensement de tous
» les partis, et ne tremblez-vous pas, ajoutait l'orateur
» courageux, ne tremblez-vous pas du nombre de ces suf-
» frages qui vont déclarer à la république autant d'inimitiés
» acharnées qu'il y aura de votes dans l'urne du scrutin
» pour la présidence? »

» Je dirai à monsieur Parieu que la France et moi nous avons à cet égard plus d'impassibilité, je ne dirai pas plus de courage que lui ; je lui dirai que ce serait, selon moi, une chose ridicule à la république française et à l'Assemblée qui la représente de se préoccuper de quelques suffrages égarés sur des noms d'hommes qui ont perdu la qualité légale de citoyens aux candidatures de la république... Mais je le dis avec certitude, et je suis convaincu que je ne serai au dehors démenti par aucun des partisans sérieux de ces dynasties (mouvement), je dis que les représentants de ces dynasties éteintes, errantes aujourd'hui sur la terre étrangère, regarderaient non pas comme un triomphe, mais comme une abdication, une seconde abdication de leur naissance, de leur nature, de leurs droits divins et primordiaux, de venir briguer, quoi? quelques voix pour une candidature à un pouvoir précaire, emprunté pendant un an, pendant deux ans, pendant trois ans, sur la république; sur le territoire de cette France... (Interruption. — Très-bien ! très-bien !)

» Messieurs, je ne crains pas de le dire, vous calomniez ces pouvoirs déchus. Ils ne voudraient pas remonter par de tels degrés. (Très-bien !)

XIX

» Messieurs, votre interruption a coupé ma pensée par le milieu, je vous demande la permission de l'achever.

» Je disais que ce que votre bon sens déclare impossible

dans le représentant de la légitimité absent, le bon sens public, la simple réflexion le déclare plus impossible encore pour la dynastie illégitime de Juillet. (Très-bien.)

» Quoi ! ce pouvoir monarchique qui est tombé, qui s'est affaissé de lui-même, il y a six mois, au milieu de toutes les forces constituées de la représentation nationale, de l'administration et de l'armée; ce pouvoir qui s'est ainsi dérobé à la France, il tenterait, six mois après, de rentrer caché dans l'urne d'un scrutin ! Quelle pitié ! C'est impossible ; ce qui est ridicule n'est pas possible en France. (Très-bien ! — Longue agitation.)

» Mais si cela est impossible pour les deux dynasties que j'ai citées, cela est-il plus possible pour une autre? Car, si vous le déclarez improbable, ridicule, impossible pour les deux dynasties dont je vous parle, vous pensez donc à une autre? Vous avez donc un autre motif d'hésitation dans vos pensées? Osez le dire, dites tout. Le pays doit tout entendre; c'est l'esprit de la république, elle n'a peur de rien.

» Eh bien, messieurs, je veux soulever, moi, autant qu'il est en moi, le poids secret qui pèse sur la pensée et sur la conscience de l'Assemblée nationale et du public dans cette question. Et ne craignez rien à cet égard, je le ferai avec autant de convenance que nous devons apporter d'impassibilité, de courage ici, quand il s'agit d'un grand, du plus grand de tous nos intérêts publics.

XX

» A une autre époque, messieurs, lorsqu'il nous a paru qu'il y avait incompatibilité actuelle, présente, immédiate, entre la fondation et la sécurité de la république et des noms d'individus dont le seul crime, ne l'oubliez pas, c'est trop de gloire... (Rumeurs.)

» Plusieurs membres. — De gloire héréditaire.

» — Je supplierai mes honorables collègues de modérer, en faveur de l'orateur et d'une voix fatiguée, ces interruptions, non pas seulement parce qu'elles brisent la parole, mais parce qu'elles brisent aussi la pensée, et qu'elles m'exposent ainsi à vous présenter des considérations moins dignes de vous. (Écoutez! écoutez!)

» Je disais, et si vous m'aviez laissé achever, vous seriez convenus que mon expression était exacte, que, quand nous nous étions préoccupés du danger que des noms d'individus dont le péril, le crime, si vous le voulez, n'étant qu'un trop éclatant reflet de gloire sur le pays, dans celui qui a consacré ce grand nom pour la France et pour le monde, pouvaient faire courir au pays, nous n'avons pas hésité, nous avons apporté ici, non pas un acte sévère, il n'en sortira jamais de cette main, non pas une mesure acerbe, mais une mesure de précaution et de prudence, un ajournement de quelques mois à la plénitude de la jouissance des droits de citoyens français pour cette famille.

» Ces temps sont changés. Nous, représentants de la France, vous, partie intéressée plus que nous, vous en avez décidé autrement, et je m'incline devant la sagesse et devant la prudence dont vous avez peut-être fait preuve contre moi-même dans cette occasion. Vous aviez le droit de le faire, d'être magnanimes, vous! Nous n'avions pas ce droit, nous; nous étions placés en sentinelles avancées pour couvrir la république, et vous-mêmes, et notre pays, contre toutes les éventualités, même chimériques, de dangers qui pouvaient inquiéter la république. Nous l'avons fait. Vous avez fait autrement; vous avez rendu tous les droits, la patrie, tous les titres, non-seulement de citoyens, mais de représentants, le droit commun de la souveraineté nationale, aux membres de cette famille. Je n'ai rien à vous dire; je m'incline, et aucune parole, je le répète, ne sortira de ma bouche sans être empreinte du respect que je dois et à votre décision et à ces noms.

XXI

» Voilà cependant ce qui préoccupe en ce moment la pensée de l'Assemblée; c'est l'éventualité qu'un fanatisme posthume du pays ne se trompe de date, de temps, de jour, et ne porte à l'image de ce grand nom, ne porte aux héritiers, je ne dirai pas de la gloire, car la gloire, qui donne l'immortalité, ne donne pas, malheureusement, de droit au partage de l'héritage...; ce qui vous préoccupe, dis-je, c'est la peur que cet éclat, si naturellement fascinateur pour les yeux d'un grand peuple militaire, n'entraîne la nation dans ce que vous pourriez considérer ou dans ce que je considérerais peut-être moi-même, à tort, comme une erreur et comme un danger du pays.

» Eh bien, je me suis dit : Ce danger est-il probable? Je ne le nierai pas, je n'ai à cet égard ni négation ni affirmation ; je ne sais pas lire, pas plus que vous, dans les ténèbres de notre avenir ; mais cependant je puis me dire que la réflexion est une des forces humaines dans un pays aussi sensé et aussi profondément intelligent que notre pays ; que, pour arriver à des usurpations du genre de celle qu'on pourrait craindre, non pas des hommes, je le répète..., je respecte leur patriotisme et leur conscience, et je suis convaincu, comme ils l'ont dit eux-mêmes à cette tribune, car je crois à la parole des honnêtes gens, je suis convaincu qu'aucune pensée d'usurpation de cette nature n'approchera jamais d'eux-mêmes... Mais je parle de leurs partis, de ces petits groupes d'hommes intéressés qui s'agitent toujours autour des ambitions supposées, quoique non existantes, et de ceux qui exploitent au profit des factions la plus grande mémoire, la gloire la plus éclatante de notre pays. Eh bien, je dis que ces hommes seraient promptement, inévitablement trompés dans leurs espérances ; je dis que, pour arriver à un 18 brumaire dans le temps où nous sommes, il faut deux choses : de longues années de terreur en arrière, et des Marengo, des victoires en avant... (Vive approbation. — Sensation prolongée.)

XXII

» Je disais, citoyens, que pour motiver, pour nourrir des pensées de cette nature dans ces groupes d'hommes, que je ne voudrais pas même qualifier du nom de faction dans le pays, il fallait autre chose que des réminiscences et des ambitions, qu'il fallait des années de terreur en arrière et des Marengo en avant. Nous n'avons ni des années de terreur en arrière, ni des Marengo en avant. Tranquillisons-nous donc, et réfléchissons de sang-froid, indépendamment de toute considération dynastique ou personnelle, à la grave question dont nous sommes en ce moment occupés.

» Messieurs, quel est le véritable danger, danger législatif, constitutif, de la loi qu'on vous propose de porter ou de ne pas porter dans notre constitution? quel est le vrai danger de la république de février, à l'heure où nous sommes, non pas à ses premiers jours, elle ne le courait pas alors, mais à l'heure où nous sommes, heure un peu triste, passez-moi le mot, à l'heure de ce reflux des révolutions, qui est le moment où l'enthousiasme tombe, le plus pénible, le plus ingrat à traverser pour les peuples; quel est le vrai danger?

» Vous l'avez dit hier, on vous le dit presque tous les jours, et nous nous le disons encore davantage dans nos entretiens particuliers; et il faut que ces entretiens particuliers, qui ne sont, au bout du compte, que les murmures de la conscience générale du pays, passent hors de cette enceinte et aillent faire réfléchir, modifier, penser ceux mêmes qui ne vous entendent pas à cette tribune ou dans vos entretiens secrets; le danger de la république, ce n'est pas telle ou telle prétention monarchique : ce n'est pas aujourd'hui que je le craindrais; ce n'est pas encore l'heure de ces résipiscences et de ces retours toujours heureusement un peu lents et un peu tardifs, qui font revenir la liberté sur ses pas et les peuples sur eux-mêmes. Il faut pour cela quelques années ; il faut avoir accompli la rotation de tous les inconvénients et de tous les avantages d'un système politique quelconque, avant que le système opposé ne vienne se présenter comme un idéal, comme un regret et comme une espérance à un pays longtemps déçu. Mais nous ne sommes pas à ces années, nous sommes à six mois de la fondation de la république, à son époque, je vous le répète, la plus pénible, la plus triste, la plus périlleuse, si nos courages n'étaient pas au niveau de la situation. (Bravos prolongés.)

» Ce danger, j'oserai vous le dire, et je vous supplie de ne pas murmurer, je le dis dans le même sentiment avec lequel vous l'entendrez vous-mêmes, c'est une certaine incrédulité; ce danger, c'est un manque de foi, c'est une certaine indifférence par défaut de foi; c'est une certaine désaffection aussi de la république, à cause des difficultés même qu'un gouvernement si beau, si grand, impose au peuple qui a voulu se la conquérir, et qu'il saura raffermir pour lui et pour ses enfants. (Très-bien!)

XXIII

» Ce danger, vous disais-je, c'est la désaffection. Vous savez comment est née cette république. A cet égard, des membres du gouvernement provisoire qui ont parlé ici avant moi vous l'ont dit eux-mêmes ; et à quoi bon cacher ce que la France sait tout entière? à quoi bon ces réticences soi-disant politiques qui ne servent qu'à affaiblir les vérités, et, en affaiblissant les vérités, à affaiblir aussi les courages !

» La république n'a été, en vérité, qu'une grande et merveilleuse surprise du temps. Tous les esprits n'y étaient pas encore suffisamment préparés. Je ne dirai pas, comme mes collègues, que la France n'était pas républicaine : j'ai la conviction, et un de ces jours, si vous le permettez, j'analyserai devant vous cette conviction en moi; j'ai la conviction que la France, si elle n'est pas républicaine par ses faiblesses, si elle n'est pas républicaine par ses habitudes, si elle est monarchique par ses vices de caractère, passez-moi le mot, est républicaine par ses idées; elle est républicaine par ses grandes vertus naturelles et par ses traditions d'indépendance. (Bravo !)

» Vous concevez dès lors que je ne me sois pas inquiété au delà des bornes de cette surprise que la république de février faisait à nous-mêmes et à l'esprit du temps, quand la monarchie s'écroulait d'elle-même sous nos pas, à une tribune voisine de celle où je vous parle. (Sensation profonde.)

» Non! l'enthousiasme du peuple, la beauté du caractère populaire pendant les premiers temps, la magnificence de l'institution de cette république, qui ne coûtait ni un regret, ni une larme, ni une goutte de sang à la patrie, et qui lui apportait des espérances que vous êtes appelés à réaliser, non pas d'un seul coup, mais jour à jour, avec sagesse, avec possibilité, avec cette lenteur que comporte toujours l'accomplissement d'une des plus grandes choses humaines; tout cela a rallié à la république, dans les premiers moments, tous les esprits. Et permettez-moi de vous le dire, nous qui en avons été témoins, la république a rallié à elle tous les cœurs, même de ceux que vous accusez aujourd'hui d'en être le plus éloignés.

» Si j'apportais à cette tribune, citoyens, les confidences des chefs des plus grands partis dynastiques à cette époque, vous seriez convaincus que, dans ce moment de chaleur, d'émotion, qui élève les partis au delà d'eux-mêmes, qui fait que les hommes sont au-dessus de leur ambition et de leurs regrets, il n'y a eu qu'un seul sentiment, l'acceptation loyale, sincère, énergique et confiante de la république. (Vive adhésion.)

XXIV

» Et pourquoi ces premiers jours, ces premiers mois d'enthousiasme, d'espérance, d'acclamations et d'acceptation unanime se sont-ils changés, dans les départements, dans le fond du pays, depuis quelque temps, en incrédulité, en manque de foi, en défiance, en défaillances de la république?»

» Vous le savez comme moi, citoyens, les tristes agitations d'avril, de mai, de juin, la crise financière, les difficultés de la circulation, et cette faction involontaire de la misère publique sur laquelle nous essayons tous les jours d'attendrir, d'émouvoir l'âme de la république (bravos à gauche), cette faction de la faim que vous corrigez tous les jours par vos bienfaits; cette agitation, ces inquiétudes, cette violence de mauvaises pensées, reprenant de la force à mesure que vous perdez de la confiance et de la sécurité, ont un moment aliéné, ébranlé les cœurs des faibles parmi une partie de la population du pays.

» Eh bien, messieurs, est-ce que personne n'a concouru à cette désaffection, à cette indifférence des populations en France? Tout le monde, permettez-moi de vous le dire, les uns par des excès de défiance et d'exigence envers le gouvernement encore embarrassé de la république, les autres par des excès d'impatience, par un système soi-disant ultrà-républicain, que ces populations mal éclairées pouvaient confondre, non pas avec le progrès, mais avec la subversion de la société elle-même.

» Ainsi on est allé de campagne en campagne, de département en département, on a dit au peuple: « Voyez ce que
» c'est que la république : c'est le partage des terres, c'est
» la spoliation des industries, c'est le papier-monnaie, c'est
» la main de l'État dans la liberté des industries, c'est le
» maximum; c'est la ruine du travail libre. (Très-bien!)
» C'est la profanation des religions et des cultes, c'est la
» menace aux propriétaires, c'est la violence faite à la
» famille, ce sont des agitations populaires incessantes, ce

» sont ces clubs anarchiques ou sociaux établis à tous les
» coins de vos rues ou des places publiques, dans lesquels
» vous entendrez tous les jours des délations contre les
» citoyens, dans lesquels des noms marqués à l'encre rouge
» de la calomnie, comme vous l'avez vu et entendu tous les
» jours, sont livrés à la haine, aux ressentiments et à la
» colère aveugle des populations égarées! Voilà ce que c'est
» que la république. » Et c'est ainsi qu'on l'a fait méconnaître en la calomniant dans le pays. (Très-bien! trèsbien! — Longue agitation.)

XXV

» Eh bien, est-ce dans une situation pareille, dans une disposition pareille de l'esprit d'une partie de vos populations, dans vos départements et dans vos campagnes, qu'on est bienvenu à nous porter à cette tribune le système qu'on y soutient depuis deux jours, à nous proposer de dire à ce pays déjà trop refroidi, déjà trop ralenti dans son mouvement vers les institutions populaires, déjà trop indifférent et trop désaffectionné de ce magnifique idéal que la révolution de février lui avait ouvert, est-on bienvenu à dire à ce pays : « Nous t'enlevons ta part dans la souverai-
» neté que nous venons en vain d'écrire, nous te chassons
» de l'exercice de cette souveraineté; après l'avoir procla-
» mée, nous t'enlevons ta part de souveraineté, nous t'exi-
» lons de ta propre république, ainsi que la majorité des
» électeurs en furent exilés pendant trente-six ans sous le

» gouvernement constitutionnel. » (Très-bien ! très-bien !)

» Est-ce là, je le répète, le moyen de rallier, de réchauffer, de recruter des forces intellectuelles, des forces de confiance, de foi de plus à la république que nous voulons fonder, et que nous ne pouvons fonder qu'avec le concours unanime de ce peuple? (Très-bien ! — Nouveaux applaudissements.)

» Je sais, pour moi, que si je voulais blesser davantage le cœur du peuple, que si je voulais l'aliéner plus complétement à sa république, je n'inventerais pas, messieurs, un autre et plus habile, ou plutôt un plus funeste procédé. (C'est vrai !)

» Mais si je voulais, au contraire, et c'est ce que nous voulons tous ici, sans exception de nuances sur ces bancs, si je voulais, au contraire, rallier, recruter, coïntéresser, solidariser, par un lien rattaché au cœur de chaque citoyen, tous les individus, toutes les volontés, toutes les forces de la population pour la république, je ferais le contraire, et je dirais : Ce que nous vous proposons, nous, avec la commission, c'est de dire loyalement, hardiment à tous les citoyens du pays, à chaque citoyen du pays, à son foyer, dans sa demeure, dans sa commune : « Réfléchis,
» réfléchis et juge, et quand tu auras jugé et réfléchi, pro-
» nonce toi-même, choisis toi-même parmi tous tes conci-
» toyens, parmi ceux dont le nom, venu jusqu'à toi, t'in-
» spirera le plus de sécurité, le plus d'estime, le plus de
» confiance, choisis-le et nomme-le. Celui-là sera, non pas
» ton maître, il n'y en a point sous les républiques, mais
» celui-là sera ta personnification même, et cela est plus
» glorieux que d'être ton maître; celui-là sera ta person-
» nification, et il sera le chef, le modérateur, le régula-

» teur de tes institutions républicaines ; il protégera ta pro-
» priété, celle de ta famille, celle de tes enfants. » (Très-
bien ! très-bien !)

XXVI

» Une voix a gauche. — Et l'Assemblée, que devient-
elle ?

» — Messieurs, j'ai entendu une interruption à laquelle
je demande à l'Assemblée la permission de répondre, en
m'écartant une minute de la voie de mes pensées.

» On a dit de ce côté (*l'orateur montre la gauche*) :
« Mais, dans cette définition peut-être trop aventurée, trop
» splendide, c'est possible, involontaire (vous savez com-
» ment les paroles tombent des lèvres à une tribune,
» sans qu'on puisse les y rappeler), dans cette définition
» vous avez placé trop haut les fonctions du président de la
» république, vous avez ainsi passé par-dessus la tête de la
» souveraineté véritable, par-dessus la tête de l'Assemblée
» nationale. »

» Ah ! messieurs, nous raisonnons, nous discutons ici
tous de bonne foi ; si quelque parole de cette nature m'est,
par hasard, échappée dans la dernière phrase que j'ai prononcée, reportez-vous à l'origine, et tout à l'heure reportez-vous à la fin du discours que j'ai l'honneur de prononcer
devant vous, et vous verrez que j'ai déclaré d'avance que
le partage de la souveraineté était une chimère dans la république ; que le président de votre république, bien loin

d'être une part de la souveraineté de l'Assemblée nationale, n'était qu'une fonction distincte, mais nullement une part de la souveraineté. Je m'arrête là, et j'espère avoir satisfait aux scrupules de l'honorable interrupteur. (Très-bien! très-bien!)

XXVII

» Je reprends et je dis que je ne connais pas sur la terre de moyen plus efficace pour rattacher l'intelligence, la conscience, la volonté et la force de chaque citoyen au centre national, que d'impliquer pour ainsi dire sa volonté, son vote et sa main dans la nomination de ce pouvoir exécutif. Et vous ne ramènerez pas ainsi le pays seulement à la confiance, vous le ramènerez à ce respect croissant pour l'autorité, pour l'autorité républicaine, qui doit se retremper tous les jours dans la seule source de l'autorité véritable, dans la conscience des citoyens. Ne sera-ce pas là, en effet, messieurs, ce suffrage universel délibéré, réfléchi, volontaire, de chaque citoyen, dans la constitution des deux fonctions de votre gouvernement; n'est-ce pas par excellence, passez-moi l'expression encore, le sacrement même de l'autorité; n'est-ce pas l'autorité la plus irréfragable qui puisse se manifester au milieu d'un grand peuple? (Mouvement.) Car, enfin, le droit de naissance, qu'est-ce que c'est au bout du compte? Tout le monde aujourd'hui est assez éclairé pour y avoir réfléchi; le droit de naissance, c'est le droit du hasard. Le droit de primogéniture, quel est-il? le droit du premier venu, le droit du premier sorti des flancs de sa mère. Le droit de la conquête, c'est celui qui avilit le peuple qui s'y soumet, c'est le droit de la violence et de la force brutale. Le droit divin n'est que la sanction, la bénédiction du sacerdoce sur des races royales. Il y a longtemps que ce signe n'était qu'un signe et ce symbole qu'un symbole. (Très-bien!)

» Le droit d'hérédité enfin? Mais ce droit n'est quelquefois que le droit de l'idiotisme! (Sensation.)

» Mais ce que nous vous proposons, au contraire, qu'est-ce autre chose que le peuple tout entier sacrant non pas son président, je vous le répète, et ne vous y trompez pas, sacrant sa constitution républicaine tout entière. (Sensation.)

» Qu'est-ce autre chose que le peuple tout entier se dépouillant volontairement, homme par homme, citoyen par citoyen, de sa propre souveraineté, pour investir quoi? non pas un citoyen plus grand que lui, et ici je reviens à la pensée de mes interrupteurs, non pas un citoyen plus grand que lui, je le répète, mais un gouvernement plus collectif, un gouvernement plus universel, plus populaire, s'il se peut, que le peuple lui-même. (Longue agitation et applaudissements prolongés.)

XXVIII

» Voilà, messieurs, l'œuvre du suffrage universel que nous vous proposons de sanctionner dans votre constitution, pour l'élection de votre président.

» Voyez le danger de l'autre système; voulez-vous me permettre de le toucher en passant! Voulez-vous m'accorder encore quelques minutes d'attention?

» DE TOUTES LES PARTIES DE LA SALLE. — Oui! oui! Parlez! parlez!

» — Messieurs, retournez l'aspect de la question; considérez l'autre système, le système de l'amendement que monsieur Flocon vous proposera tout à l'heure.

» N'êtes-vous pas effrayés, je le dirai à mon honorable et consciencieux collègue du gouvernement provisoire : n'êtes-vous pas effrayés du rôle que vous préparez au président de votre pouvoir exécutif dans votre système?

» Quoi! voilà un citoyen qui, au lieu d'être ballotté en plein soleil dans cet immense scrutin populaire qui va s'ouvrir sur tous les points de la république, sortira ici d'un scrutin de l'Assemblée nationale!

» C'est du respect, sans doute; mais est-ce autant de grandeur dans le prestige? Je vous laisse à répondre vous-mêmes. (Sensation.)

» Voilà un citoyen qui, au lieu de sortir avec six millions de voix attestant des millions de points d'appui dans la conscience d'autant de citoyens de la république, sortira peut-être à l'unanimité, je le souhaite sans l'espérer, et sortira à une majorité quelconque du sein de cette Assemblée, à une majorité, savez-vous de combien de voix? A une majorité de soixante, cinquante, trente, vingt, trois ou quatre voix peut-être. Est-ce là l'autorité, la dignité, le respect, le prestige dont vous voulez investir l'élection de votre puissance exécutive? (Vive approbation.) Daignez m'accorder encore quelques minutes de votre attention. (Oui! oui! Parlez!) Je dis : Sortira à un petit nombre de voix

quelconque de l'urne de ce scrutin, et sera annoncé le lendemain dans le *Moniteur*, comme un événement parlementaire ordinaire, sur toute la surface de notre pays. Et quelles voix, messieurs! Ici je reviens involontairement à une question que je regrette d'avoir à toucher, qu'a touchée hier monsieur Parieu, et qu'a touchée un des honorables préopinants; cette question, je ne dirai pas de la corruption, ce nom doit avoir disparu avec la source d'où elle émanait; le nom du président sortira avec la suspicion du moins de quelques brigues, car c'est le mot que cela reçoit dans la république; des voix d'hommes auquels la malveillance, l'envie, la faction, car il faut oser descendre dans le cœur même des factions, pour y surprendre leurs mauvaises pensées; à qui ces factions pourront dire : « Toi, tu
» as nommé le président de la république, parce qu'il était
» ton parent et que tu voulais grandir en lui ta famille. —
» Toi, tu as donné au président de la république ta voix,
» parce qu'il était ton ami personnel, et que, dans la gran-
» deur de sa fortune, tu voulais élever ta propre fortune. —
» Toi, tu as nommé le président de la république, parce
» qu'on t'a promis une ambassade; — toi, parce qu'on t'a
» promis une préfecture... » (Interruption. — Oui! oui!
— Bravos. — Sensation prolongée.)

XXIX

» Messieurs, je disais et je répète... Je regrette de prolonger de quelques minutes de trop... (Parlez! parlez!) Je

disais, et je le disais sans calomnier le moins du monde, dans ma pensée, la conscience et l'incorruptibilité des citoyens qui siégent ici au même titre que moi ; mais je disais que, dans les mauvaises pensées des factions ennemies de la république et de ses pouvoirs, il y aurait des hommes qui ne manqueraient de dire au peuple : « Celui-ci a nommé
» parce qu'il avait une espérance ; celui-ci a nommé parce
» qu'il avait une ambition ; celui-ci a nommé parce qu'il
» avait une faiblesse ; celui-ci a nommé parce qu'il avait
» une cupidité. Citoyens, diraient les tribuns au peuple,
» voilà la source douteuse, voilà la source suspecte d'où la
» république a fait jaillir pour vous, non pas son premier
» pouvoir, mais sa première fonction, mais celle qui est
» destinée à imprimer, par les mains du pouvoir exécutif, au
» peuple la volonté souveraine de votre pouvoir législatif. »
Et vous ne tremblez pas de l'effet possible de ces accusations ! (Mouvement.)

» Ah! on peut corrompre les hommes par petits groupes, on ne peut pas les corrompre en masse. On empoisonne un verre d'eau, on n'empoisonne pas un fleuve. Une Assemblée est suspecte, une nation est incorruptible comme l'Océan. Et il n'y aurait pas là une atténuation quelconque, au moins dans l'esprit des malveillants qui font toujours partie d'une population ; il n'y aurait pas là, selon vous, une atténuation, possible du moins, de la valeur, de la force de votre président. La force !... Permettez moi une digression que ce mot appelle à l'instant même dans ma pensée. Tout à l'heure, hier aussi, si je m'en souviens bien, on vous disait, comme à une autre époque, comme à une époque où le trône superposé à la nation n'était pas un centre, mais une domination symbolique sur le peuple, où

le trône avait des intérêts séparés de la nation, on vous disait : « Prenez garde, citoyens, de trop renforcer le pou-
» voir exécutif dont la force pourrait dégénérer en usurpa-
» tion, et dont l'autorité, toute républicaine, toute natio-
» nale, pourrait devenir bientôt de la tyrannie contre
» vous-mêmes. »

» Messieurs, en écoutant l'annonce de ce prétendu péril dans la situation où nous sommes, je n'ai pu, je vous l'avouerai, retenir un certain sourire sur mes lèvres; il m'a semblé voir, dans l'orateur auquel je réponds, je ne sais, passez-moi l'expression, elle n'a rien d'offensant dans ma pensée, il m'a semblé voir je ne sais quelle ironie sanglante de l'instabilité des choses humaines. Nous parlons de l'excès de force du pouvoir exécutif sur les ruines et dans la poussière d'un trône et d'un gouvernement à peine écroulés sous nos pas. (Sensation.)

» Messieurs, ce n'est certes pas contre l'excès de forces qu'il faut nous prémunir. Je le disais à mon voisin en écoutant l'orateur auquel je fais allusion : « Ah! plût à Dieu
» que la république en fût à se prémunir contre l'excès des
» forces du pouvoir exécutif! Plût à Dieu que la république
» fût née enfant avec toute son énergie, comme ce dieu de
» la fable antique qui étouffait des serpents dans son ber-
» ceau. » (Très-bien! très-bien! Applaudissements.)

» Mais, je le répète, nous sommes loin de là; et la prudence véritable, la prudence du jour, la prudence du temps, la prudence des longues années peut-être que nous avons à parcourir avant d'avoir consolidé le gouvernement républicain parmi nous, elle doit être, au contraire, de chercher, par tous les moyens légaux, par tous les moyens constitutionnels, à créer au pouvoir exécutif militaire de la république cette force qui ne sera jamais de trop, puisque, dans nos institutions présentes, ce ne sera jamais que la force du pays lui-même.

XXX

» Une dernière considération et je finis.

» En investissant votre pouvoir exécutif, dans la personne de votre président de la république, de toutes les forces morales que la nature de nos institutions peut comporter, savez-vous ce que vous faites, messieurs? Vous faites précisément ce qu'il y a à faire, dans la situation précaire où sont placées encore les institutions à leur origine; vous rendez plus impossible, en le rendant plus grave, plus odieux, plus inexcusable, l'attentat contre la république elle-même, et contre les deux pouvoirs qu'elle a constitués. (Sensation.)

» Oui, en mettant dans les mains et dans la conscience de chaque citoyen électeur de la république le gage, la participation à cette souveraineté, dans votre élection, dans celle du président de la république, vous donnez à chacun de ces citoyens le droit et le devoir de se défendre lui-même, en défendant la république, et vous donnez aussi à chaque citoyen de l'empire le droit d'être le vengeur de ces attentats s'ils venaient jamais à contester de nouveau cette enceinte et le gouvernement du pays. (Très-bien! très-bien!)

XXXI

« Messieurs, je m'arrête, parce que l'aiguille m'avertit, sachez-le, et parce que j'ai épuisé... (Non! non! — Parlez! parlez! — Mouvement prolongé d'intérêt et de curiosité.)

» Je dis, messieurs, que je m'arrête, non pas que j'aie épuisé les mille considérations qui pourraient vous être présentées pour le système que je défends devant vous, mais je m'arrête de crainte de fatiguer inutilement et plus longtemps l'attention que vous avez bien voulu me prêter.

» Non, citoyens, si je m'arrête, ce n'est pas faute de raisons, mais parce que j'espère vous avoir convaincus.

» Je sais bien qu'il y a des dangers graves dans les deux systèmes; qu'il y a des moments d'aberration dans les multitudes; qu'il y a des noms qui entraînent les foules comme le mirage entraîne les troupeaux, comme le lambeau de pourpre attire les animaux privés de raison! (Longue sensation.)

» Je le sais, je le redoute plus que personne, car aucun citoyen n'a mis peut-être plus de son âme, de sa vie, de sa responsabilité et de sa mémoire dans le succès de la république!

» Si elle se fonde, j'ai gagné ma partie humaine contre la destinée! Si elle échoue, ou dans l'anarchie, ou dans une réminiscence de despotisme, mon nom, ma responsabilité, ma mémoire échouent avec elle, et sont à jamais répudiés par mes contemporains! (Bravos prolongés. — Interruption.)

» Eh bien, malgré cette redoutable responsabilité personnelle dans les dangers que peuvent courir nos institutions problématiques, bien que les dangers de la république, bien que ses dangers soient mes dangers, et leur perte mon ostracisme et mon deuil éternels, si j'y survivais, je n'hésite pas à me prononcer en faveur de ce qui vous semble le plus dangereux, l'élection du président par le peuple! (Mouvement prolongé. — Interruption.)

XXXII

» Oui, quand même le peuple choisirait celui que ma prévoyance, mal éclairée peut-être, redouterait de lui voir choisir, n'importe : *Alea jacta est!* Que Dieu et le peuple prononcent! Il faut laisser quelque chose à la Providence! Elle est la lumière de ceux qui, comme nous, ne peuvent pas lire dans les ténèbres de l'avenir! (Très-bien! très-bien!)

» Invoquons-la, prions-la d'éclairer le peuple, et soumettons-nous à son décret. (Nouvelle sensation.) Peut-être périrons-nous à l'œuvre, nous? (Non! non!) Non, non, en effet, et il serait même beau d'y périr en initiant son pays à la liberté. (Bravo!)

» Eh bien, si le peuple se trompe, s'il se laisse aveugler par un éblouissement de sa propre gloire passée; s'il se retire de sa propre souveraineté après le premier pas, comme effrayé de la grandeur de l'édifice que nous lui avons ouvert dans sa république et des difficultés de ses institutions; s'il veut abdiquer sa sûreté, sa dignité, sa liberté entre les mains d'une réminiscence d'empire; s'il dit : « Ramenez-moi aux carrières de la vieille monarchie » (Sensation); s'il nous désavoue et se désavoue lui-même (Non! non!), eh bien! tant pis pour le peuple! Ce ne sera pas nous, ce sera lui qui aura manqué de persévérance et de courage. (Mouvement prolongé.)

XXXIII

» Je le répète, nous pourrons périr à l'œuvre par sa faute, nous, mais la perte de la république ne nous sera pas imputée! Oui, quelque chose qui arrive, il sera beau dans l'histoire d'avoir tenté la république, la république telle que nous l'avons proclamée, conçue, ébauchée quatre mois, la république d'enthousiasme, de modération, de fraternité, de paix, de protection à la société, à la propriété, à la religion, à la famille, la république de Washington! (Applaudissements.)

» Ce sera un rêve, si vous voulez! mais elle aura été un beau rêve pour la France et le genre humain! Mais ce rêve, ne l'oublions pas, il a été l'acte du peuple de Février pendant ses premiers mois! Nous le retrouverons!

» Mais enfin, si ce peuple s'abandonne lui-même; s'il venait à se jouer avec le fruit de son propre sang répandu si généreusement pour la république en février et en juin; s'il disait ce mot fatal, s'il voulait déserter la cause gagnée de la liberté et des progrès de l'esprit humain pour courir après je ne sais quel météore qui brûlerait ses mains!... (Sensation.) Qu'il le dise! (Mouvement.)

» Mais nous, citoyens, ne le disons pas du moins d'avance pour lui! (Nouveau mouvement.)

» Si ce malheur arrive, disons-nous au contraire le mot des vaincus de Pharsale : *Victrix causa diis placuit, sed victa Catoni!* (Sensation.)

» Et que cette protestation contre l'erreur ou la faiblesse de ce peuple soit son accusation devant lui-même, et soit notre absolution à nous devant la postérité! (Très-bien! très-bien! — Longs applaudissements.) »

LIVRE VINGT-DEUXIÈME

I

Cavaignac ne fut point élu, bien que je lui donnasse ma voix par probité de républicain. Quant à moi, j'obtins seulement dix-huit mille suffrages, constatation de rare estime que quelques amis me décernèrent sans que je les eusse en rien provoqués. J'avais trop le sentiment de la réalité des choses pour me flatter d'aucun succès entre Bonaparte qui possédait la multitude à cause de son nom, Cavaignac qui passait pour avoir sauvé seul la patrie aux journées de juin, et Ledru-Rollin qui, depuis mon abdication volontaire au 4 mai, avait rallié toute la Montagne, et que je n'avais plus vu depuis cette époque.

Je ne fus donc étonné que d'une seule chose, c'est de conserver encore un seul ami politique dans le pays.

On ne monte pas deux fois le sommet de la popularité.

Je ne refusai pas les deux nominations à la Chambre, pensant que je pouvais encore rendre quelques services à la tribune dans des occasions importantes, mais sans aucun retour sur moi-même.

II

Le lendemain du jour où Bonaparte, élu à la présidence de la république, alla prendre possession de l'Élysée, j'étais retiré au bois de Boulogne, dans la maison que j'avais louée pour y vivre en paix et en travail.

Je ne connaissais point le prince devenu président, mais j'étais fermement résolu à me rattacher, non par goût, mais par patriotisme, à son gouvernement désormais légal, contre toutes les factions ou contre toutes les oppositions mécontentes qui pourraient chercher à l'entraver. C'était le devoir alors de tout bon citoyen plaçant le pouvoir national au-dessus de sa propre ambition.

Le prince chercha vainement d'abord à se composer un ministère et s'adressa aux hommes principaux de toute couleur propres à l'éclairer et à le défendre. Ils refusèrent à peu près tous. Il perdit patience, et, ne pouvant convaincre ces hommes neutres, il songea à se jeter dans les bras des hommes compromis dans la fondation de la république, mais qui y avaient manifesté des principes d'ordre agréables à la masse du pays. M. Duclerc, auquel il s'était adressé, lui proposa de faire une démarche désespérée et directe auprès de moi, espérant que j'en serais flatté et que je ne me refuserais pas, dans la nécessité urgente où il se trouvait, d'accepter de lui le principal ministère.

Sans me prévenir, le prince monta à cheval à la nuit tombante et galopa, suivi de M. Duclerc, vers ma maison de Saint-James, au fond du bois de Boulogne; mais, ne voulant pas se compromettre ni me compromettre, il m'envoya M. Duclerc seul pour m'annoncer qu'il était là et qu'il m'attendait dans une allée de sapins voisine et sombre où il me priait de me rendre pour un entretien secret.

Je venais de me mettre à table quand Duclerc arriva et me fit demander : il m'avertit en deux mots. Je fis seller mes chevaux et je partis à l'instant avec lui pour aller, comme par hasard, rencontrer le prince et causer avec lui. Il faisait nuit et il n'y avait plus aucun autre cavalier que nous dans le bois.

J'entrai dans l'allée de sapins où le prince m'attendait. Dès qu'il m'aperçut, il dirigea son cheval vers moi. Duclerc me présenta à lui et se retira pour nous laisser librement nous entretenir.

III

Le prince aborda tout de suite la question en homme d'affaires qui désire avoir une solution. Après quelques compliments sur la manière dont j'avais manié, tantôt énergiquement, tantôt habilement les affaires dans le gouvernement le plus difficile qui fût jamais, et traversé l'interrègne en préservant avec mes collègues la France de l'anarchie comme de la guerre : « C'est pour cela, me dit-il, que je viens. J'ai mon ministère à former, je m'en suis occupé exclusivement ces jours-ci ; je me suis adressé à tous les hommes de patriotisme et de talent que leurs noms m'indiquaient ; j'ai été malheureux partout, et, s'il faut vous le dire, je n'ai pas trouvé en eux la résolution et l'intrépidité patriotique que j'avais lieu d'espérer. Je ne connais qu'un homme qui ait fait preuve de ces qualités et dont j'ose augurer qu'il me répondra favorablement si je lui fais appel : c'est vous, et c'est pourquoi vous me voyez ici. »

Je remerciai cordialement le prince. Je lui dis qu'en effet je n'hésiterais pas à me dévouer une seconde fois avec lui au salut du pays désormais remis dans ses mains, si je pouvais me croire encore utile, mais que je le priais de me permettre que je lui donnasse les raisons pour lesquelles je me croyais sincèrement non-seulement le moins utile, mais le plus dangereux des ministres pour le nouveau gouvernement qu'il s'agissait de fonder.

« Je suis, à tort ou à droit, poursuivis-je, le plus compromis et le plus dépopularisé de tous les Français ; je n'examine pas si c'est mérité, mais cela est, je dois le reconnaître et ne pas contester avec un fait. Je me suis élancé dans la révolution au moment où elle avait chassé le roi des Tuileries, et j'en ai pris résolûment la tête. Tous les orléanistes, sans examiner si je pouvais fonder une régence de femme et d'enfants seuls et sans ministres, en face d'une révolution triomphante, et si cette régence serait autre chose qu'une anarchie de quelques jours, m'attribuent une révolution que je n'ai pas plus faite que vous-même; de là la haine implacable de tout le parti orléaniste que je ne ramènerai jamais. J'ai dû proclamer la république provisoire pour donner satisfaction au parti républicain, et par ce nom seul j'ai tout calmé; mais j'ai suscité les craintes unanimes de 1793 par le moyen même dont je rendais son retour impossible. J'ai donc contre moi les monarchistes et tous les peureux. C'est le grand nombre dans une nation habituée à la monarchie et qui vivra encore plusieurs siècles sous la terreur de la démagogie. J'ai combattu sur-le champ et vivement la démagogie par la réfutation du socialisme, par la suppression de l'échafaud politique et par le drapeau rouge refoulé au risque de ma vie. Tout ce qui est démagogie, socialisme, terrorisme dans le parti républicain doit donc m'avoir en horreur. Enfin j'ai combattu votre propre parti bonapartiste en écartant la guerre avec énergie et prudence, pendant mon ministère des affaires étrangères. Tout le parti bonapartiste et militaire doit m'abhorrer. Ces quatre inimitiés, fondées ou non, me rendent inacceptable à tous les partis en France, et vous dépopulariseriez votre gouvernement naissant, en y laissant seulement soupçonner mon nom. Voilà mes raisons pour refuser l'honneur que vous voudriez me faire; honneur désespéré qui ne serait qu'une vanité pour moi et un péril évident pour vous. Je vous supplie donc de n'y point persister; je me perdrais sans vous servir. »

Je vis sur sa figure les marques d'une véritable affliction.

« Pour ce qui est de la popularité, me dit-il en souriant, n'y pensez pas vous-même, *j'en ai pour deux.*

» — Je le sais, repris-je; mais, tout en vous donnant,

comme je viens de le faire, les raisons irréfutables de mon refus, si d'ici à demain vous n'avez pas réussi à convaincre et à rallier les hommes que je vais vous indiquer, je vous donne ma parole que j'accepterai, les yeux bandés, le ministère à défaut de tout autre, et que nous nous sauverons ou nous perdrons ensemble. Comptez-y d'une manière absolue, et envoyez-moi soit mon ami Duclerc, soit un de vos aides de camp, demain ou cette nuit, m'apporter vos ordres. Je serai chez vous à l'heure que vous m'assignerez. »

Le prince, continuant à se promener à cheval, à côté de moi, dans l'obscurité, insista longtemps comme un homme désespéré qui fait les derniers efforts. Mais la raison me rendait aussi obstiné dans mon refus que l'urgence le rendait pressant dans ses offres.

« Enfin, me dit-il, j'emporte votre parole. Mais quels hommes me conseillez-vous de prendre? »

Je lui nommai M. Odilon Barrot, homme de renommée libérale et d'honneur, et M. de Tocqueville, homme d'honneur et de vertu.

« Les avez-vous abordés? lui dis-je.
» — Non, me dit-il.
» — Eh bien, j'ai peine à croire qu'ils refusent, et, s'ils refusent, je vous répète que je suis à vous! »

Il me serra la main avec amitié et nous nous séparâmes.

Le lendemain matin, de très-bonne heure, il me fit dire qu'il avait trouvé, et qu'il me dégageait de ma parole.

IV

Tels furent mes premiers rapports avec celui qui est aujourd'hui empereur.

Je suis très-éloigné de porter sur lui les jugements légers qu'on portait alors. Après une première conversation suivie de beaucoup d'autres dans des circonstances graves, je reconnus, malgré mes préventions contre son nom, l'homme d'État le plus sérieux et le plus fort de tous ceux, sans aucune exception, que j'eusse connus dans ma longue vie parmi les hommes d'État.

J'en parlai ainsi à tous ceux de mes collègues qui, m'interrogeant confidentiellement sur lui et sachant mes relations avec lui, me demandèrent mon avis. « Mon avis, leur répondis-je, c'est que la Providence, plus sage que nous, nous a réservé un homme qui me semble supérieur à son rôle. Ne croyez pas vous jouer d'un tel homme. La multitude a mis, par hasard ou par inspiration, la main sur un grand nom pour l'histoire. »

La plupart se retiraient en souriant d'incrédulité; quelques-uns me crurent. Je ne le flattais pas. Son silence hors des occasions nécessaires laissait les médiocrités dans le doute. Quant à moi, je n'hésitai pas longtemps à le juger très-supérieur à son oncle, qui fut le premier soldat, mais un des moindres hommes d'État de son siècle.

V

Ce fut alors que, retiré dans la Chambre et dans une demi-retraite et commençant à m'occuper de la liquidation de mes énormes dettes, j'écrivis le *Conseiller du peuple*, ouvrage périodique, sincère et courageux, que je ne songeais pas à faire alors, mais que la provocation persistante de deux inconnus me força, pour ainsi dire, à tenter.

Ces deux hommes étaient M. Mirès et M. Milhaud, devenus célèbres depuis.

Je continuai à donner des audiences le dimanche matin dans ma maison de Paris, commençant à sonder l'abîme de dettes dans lequel je m'étais aveuglément précipité et qui s'accroissaient encore par des secours téméraires à des malheurs politiques dont j'étais responsable.

J'avais brûlé mes vaisseaux; je songeai à mon talent d'écrivain pour les reconstruire. Le moment n'était pas favorable, la politique seule passionnait la France. Cependant, même sous l'empire des préoccupations politiques les plus ardentes, il reste toujours assez de littérature dans un certain nombre d'âmes d'élite pour contre-balancer utilement l'indifférence publique. J'essayai.

VI

Depuis cinq ou six semaines je recevais tous les dimanches régulièrement la visite de M. Mirès et de M. Milhaud. L'objet de ces visites était d'obtenir de moi que je consentisse à rédiger pour eux une revue hebdomadaire dont je leur remettrais l'administration et pour laquelle ils me tiendraient compte d'un salaire considérable et proportionné au nombre des abonnés.

Je fus longtemps inflexible. Je leur représentai que c'était leur ruine qu'ils me demandaient, et que mon nom était tellement décrédité dans le pays, que je n'aurais aucun abonné. Ils insistèrent tellement, si longtemps, avec une telle foi, que je finis par leur céder à mon corps défendant.

« Puisque vous le voulez absolument, leur dis-je, et que vous m'accusez de ruiner votre fortune future en m'y refusant, je le veux bien. Mais comme le renom d'un écrivain politique n'est pas dans les conditions d'un capital de spéculation, assurez-moi du moins que le capital que vous consacrerez à cette œuvre, déposé par vous chez un notaire, sera égal à trois années de l'existence de cette revue. »

Ils y consentirent, ils s'y engagèrent, ils firent le dépôt dans la journée, et je signai moi-même mon engagement avec eux. Sur cette seule signature, ils trouvèrent le crédit nécessaire pour se procurer la somme égale au dépôt, le papier, les frais d'impression évalués pour un an, et enfin cent mille francs comptant pour les annonces et prospectus.

Six semaines après, nous avions quatre-vingt mille abonnés. Je fus converti par ce prodigieux succès, et je continuai plusieurs années avec eux la rédaction, très-utile pour moi, du *Conseiller du peuple :* c'est le titre que j'avais adopté.

Cette affaire avec eux en amena dix autres. Ils s'enrichirent, et je soulageai d'autant le poids de mes dettes. *Le présent et l'avenir de la République*, le deuxième *Voyage en Orient*, le *Tailleur de pierre de Saint-Point*, que je leur vendis, et pour lesquels je fus libéralement rémunéré par eux; *Graziella* et plusieurs autres ouvrages, vendus à M. de Girardin pour la *Presse;* enfin quelques volumes d'*Œuvres choisies*, offerts par souscription au public, m'empêchèrent d'être submergé par mes dettes.

Je trouvai aussi un secours puissant dans l'affection de mon pays du Mâconnais pour moi. J'avais et j'ai encore le bonheur d'y être très-aimé héréditairement pour mon père, pour ma mère, pour mes sœurs, pour ma femme, pour moi-même. Les grandes propriétés de vignobles que j'y possédais inspiraient au peuple des campagnes une confiance égale à son attachement. Voyant mes embarras, que je n'ai jamais cachés, et ne doutant ni de ma probité ni de ma fortune, ils vinrent en masse me proposer de me seconder, non en argent, qu'ils n'avaient pas, mais en crédit presque sans limites qu'ils pouvaient avoir, en m'avançant leurs récoltes de vin, qui me permettraient de payer couramment mes dettes urgentes à Paris ou ailleurs, et que je leur rembourserais à mon aise plus tard. Je fus touché de cet admirable procédé; j'acceptai avec attendrissement. Je fixai moi-même le prix de ces vins largement aussi; je les revendis à perte aux marchands qui prenaient mes propres récoltes, et je vécus ainsi sur un fonds de roulement emprunté et commode, dont je me rendais un compte approximatif et inexact. Les revenus considérables que je recevais de mes ouvrages m'aidaient à vivre, à soutenir ceux pour lesquels je m'étais compromis. Mes dettes s'élevèrent ainsi, en y comprenant les sommes nécessaires aux imprimeurs avec lesquels je travaillais, à la somme énorme de cinq millions deux cent mille francs. Ma fortune entière ne s'élevait pas à la moitié de ce passif. Il fallut songer à payer moi-même ce déboursé qui ne venait pas de moi, mais que j'avais pris sur moi dans les calamités publiques, suite de 1848.

VII

Quelques généreux amis et quelques capitalistes bienveillants, tels que MM. Vavin, Havin, Pereire et autres, s'entendirent pour proposer au pays une souscription nationale à laquelle, dans l'intérêt de mes créanciers, j'étais obligé de consentir. Elle échoua, malgré l'empressement de la partie la plus pauvre du peuple. Le coup d'État, qui avait supprimé le *Conseiller du peuple*, m'enlevait une partie de mon revenu; j'y renonçai par force majeure, afin de conserver mon indépendance; je le remplaçai par le *Civilisateur*, autre revue purement littéraire, que j'exploitai moi-même, avec un succès bien moins productif, et que je vendis ensuite à MM. Mirès et Milhaud un prix raisonnable.

Ils l'éteignirent bientôt eux-mêmes; mais je n'eus jamais qu'à me louer de leurs procédés envers moi, et je n'ai jamais reconnu en eux, malgré leurs revers, que la noblesse et la générosité de parfaites transactions envers un homme de lettres.

VIII

Tous mes biens étant hypothéqués pour leur valeur, je fus contraint de m'arracher le cœur de ma propre main en vendant la terre libre de Milly. Je n'y suis jamais retourné. Depuis cette séparation forcée de la scène de mon berceau et de ma vie, je n'ai plus vécu qu'à demi; je n'ai jamais pardonné à la nécessité qui m'en faisait expulser comme un coupable. Je mourrai je ne sais où, en le reprochant à mon pays. J'empruntai sept cent mille francs au Crédit foncier, et, devant encore deux millions au delà de la valeur de mes biens, je fondai deux ouvrages dont le produit, si je vivais, devait en quelques années me libérer. Le premier de ces ouvrages était *les Entretiens littéraires*, que je pouvais continuer jusqu'à ma mort, et qui a dix mille abonnés à vingt francs, c'est-à-dire environ deux cent mille francs de produit, moins les frais. Le second, c'est la collection, en quarante magnifiques volumes, de mes *Œuvres complètes*, mise en vente à huit francs le volume et payable en quatre ans. C'est sur ces deux entreprises que tout l'avenir de mes créanciers se fonde et que j'ai réussi à les payer, avec les intérêts, année par année. Deux loteries à quelques centimes le billet, pour lesquelles l'autorisation de l'administration me fut accordée en faveur de ces créanciers, allégèrent encore mes fardeaux de quelques centaines de mille francs. Voilà où j'en suis au moment où j'écris ceci.

Je ne dois pas oublier que Bonaparte, devenu empereur, et entendant parler de mes embarras, m'envoya offrir deux millions de sa cassette pour me libérer. Je refusai à tout risque; l'honneur me l'interdisait. Récemment encore, il m'a envoyé par un de ses ministres faire les offres les plus spontanées et les plus larges pour le même objet. Je remis à son ministre une *note* commençant ainsi : « M. de Lamartine remercie l'empereur des offres obligeantes qu'il lui a fait faire par M*** ; mais l'honneur qui appartient à toutes les opinions élevées lui interdit de les accepter. Tout ce qu'il désire, c'est que l'administration ne s'interpose pas entre lui et le pays qui désire l'aider dans sa libération par le moyen de la loterie dont il fait demander l'autorisation légale à l'administration. »

Quelques jours après, l'autorisation du ministre de l'intérieur me fut adressée. La subvention individuelle et volontaire du pays eut la liberté de s'exercer en ma faveur. Si cette loterie a quelque succès, tous mes créanciers, à l'exception des sept cent mille francs du Crédit foncier, seront payés, et mes biens répondront du reste. Je pourrai mourir, non pas où je suis né, puisque Milly, la terre de mon cœur, est perdue pour jamais; mais, du moins, sous les tuiles qui ont abrité une partie de ma vie !

Le peuple a été admirable dans sa libéralité et dans l'affection gratuite qu'il m'a témoignée dans toutes les parties de la France. La bourgeoisie opulente et injuste, à l'exception de quelques grandes âmes, a été souverainement ingrate, oubliant tous les dangers et tous les dévouements, pour justifier son ingratitude. Telle est l'exacte vérité. Mais, pourvu que mes créanciers soient payés avant ma mort, je ne regretterai rien en mourant, je commence à l'espérer.

IX

Ce fut donc au mois d'avril 1849 que parut le premier numéro du *Conseiller du peuple*. Je me dessinai nettement tel que j'étais, et la franchise de mes conseils fut mon seul mérite. Je m'exprimais ainsi :

« Voulez-vous consolider la république ? Rendez-la acceptable et sûre pour toutes les opinions et pour tous les intérêts ; car elle est à ce prix. Vous allez le comprendre.

» Le mot *socialiste* n'est pas ce qui devrait nous effrayer, mais c'est le sens qu'on lui donne en ce moment qui fait justement peur et horreur à la société. Le mot *socialiste* signifiait autrefois et devrait signifier toujours un homme qui cherche à améliorer et à perfectionner l'ordre social au bénéfice de tous ceux dont la société se compose. De ce socialisme ainsi entendu, nous en sommes tous ; car il n'y a pas un homme sensé, éclairé, bien intentionné pour ses semblables, qui ne pense sans cesse aux moyens de rendre leur situation sociale plus juste, plus aisée, plus heureuse, et qui ne considère les gouvernements comme les instruments les plus puissants de ce perfectionnement.

Une grande partie de ceux qu'on nomme socialistes n'ont sans doute jamais attaché d'autre sens à cette dénomination. Quand les sectes qui se sont emparées de ce nom seront éteintes ou qu'elles seront rentrées dans la communion des hommes civilisés, ce nom redeviendra ce qu'il était dans l'origine : la désignation de véritables philosophes politiques qui cherchent le possible par le bien et non l'impossible par le mal.

» Mais les mots ne sont pas ce qu'ils sont ; ils sont ce qu'on les fait. Le mot socialisme signifie pour beaucoup d'esprits, en ce moment, non pas l'amélioration, mais la destruction de l'ordre social. La république socialiste veut dire, dans certaines bouches, la république radicale, la république impatiente, la république implacable, la république expropriant ceux-ci, sous prétexte d'enrichir ceux-là; la république commençant par ruiner tout le monde pour rétablir le niveau, non de la richesse, mais de la misère et de la faim; la république faisant évanouir ou enfouir tous les capitaux et tous les salaires sous prétexte d'organiser le travail; la république répudiant toutes les traditions et toutes les conditions de la civilisation connue, pour créer, par la violence et par la tyrannie, un monde nouveau en opposition avec les éternels instincts que Dieu a donnés à l'homme : monde nouveau de vérité, d'égalité et de paix, enfanté par la vengeance, par l'envie, par la haine, éclairé par la lueur des coups de fusil, inondé du sang des citoyens et organisé par les chimères.

X

» Supposez que cette république vînt à prévaloir un moment, que se passerait-il? Je vais vous le faire entrevoir.

» Dieu a donné à la société civilisée la faculté de se développer et de se perfectionner dans le sens de la nature humaine, mais jamais à contre-sens de cette nature. Il a donné en même temps à l'homme quelques instincts primordiaux et naturels que l'homme ne peut pas violer sans périr comme être sociable et sans retomber dans l'état sauvage. Ces lois-là ne sont pas des lois humaines qu'on discute, qu'on nie, qu'on fait ou qu'on défait au gré de ses caprices et de son imagination. Ce sont des lois promulguées par la nature et écrites par le Créateur lui-même dans les fibres de l'humanité.

» Parmi ces lois absolues de la société civilisée, il y en a deux surtout plus absolues que les autres et qui font écrouler non pas seulement la société, mais l'humanité tout entière, dès qu'on y touche.

» Ces deux lois absolues de la civilisation sont la famille et la propriété.

» La famille a été créée par Dieu lui-même quand il a créé les sexes différents. Pour prolonger son être sur la terre par les générations, l'homme est obligé de s'unir à la femme. De cette union, sanctifiée par les religions et consacrée par les lois, résulte l'enfant. Le père, la mère et l'enfant, voilà la famille.

» Or, si cette rencontre du père et de la mère est fortuite, momentanée, non sanctifiée, non consacrée par la société religieuse et civile, il en résulte un enfant seulement, mais point de famille. L'enfant ne connaît ni son père ni sa mère ; il n'en reçoit ni les soins, ni les secours, ni les traditions, ni l'amour, ni les biens après eux. C'est un être perdu sur la terre, qui a les sens matériels de l'homme, mais qui n'en a pas les sens moraux, l'amour, la reconnaissance, le respect, la pitié, la piété filiale, les devoirs et les bonheurs. C'est un homme imparfait, un être manqué. Il vit au hasard, semblable à la brute ; il n'a point de lien avec le passé par le patrimoine ; point de lien avec l'avenir par l'hérédité ; il végète malheureux et seul ; il périt bientôt ; il ne se perpétue pas, ou il se perpétue sans connaître ses fils, par des êtres aussi isolés et aussi malheureux que lui. Le père à son tour n'a point d'épouse à aimer à côté de lui, point de père ni de mère à aimer au-dessus de lui, point de fils, ou de frère, ou de sœur à aimer au-dessous de lui. La femme n'a ni père, ni mère, ni époux, ni sœur, ni enfants à chérir, à soigner, à élever, à cultiver au-dessus, au-dessous, à côté d'elle ; c'est la femelle d'un mâle ; ce n'est plus ni la femme, ni la fille, ni la mère, ni l'épouse, ni la sœur d'un homme. La famille seule lui donne tous ces titres. Détruisez la famille, tous ces rapports, tous ces échanges pieux de services, de sentiments et de cœurs entre l'homme, l'enfant, le père, la sœur, le vieillard, l'infirme, sont détruits ; car la famille n'est que l'*abrégé* de la société ; elle la contient toute en trois, ou quatre, ou cinq personnes. La famille, c'est la source de l'humanité, le moule façonné par Dieu, où il jette toute civilisation.

XI

» Or, pour que la famille s'établisse, subsiste, se perpétue, il lui faut une base durable, transmissible, et d'une perpétuité raisonnable sur la terre. Cette base, c'est la propriété, la propriété sous toutes ses formes, terre, capital, mobilier ou immobilier, argent, professions, industries, commerces, économies, revenus, salaires quotidiens ou accumulés du travail. Tout cela, c'est la propriété, la propriété que toute civilisation reconnaît et garantit, pour que cette assurance de jouir de son bien et de son travail, de l'accumuler, de l'agrandir, de le transmettre, de son vivant ou après soi, à d'autres, donne confiance, sécurité et avenir à la famille.

» Voilà la cause de l'institution de la propriété partout, excepté chez les sauvages. Et les sauvages ne restent sauvages que parce qu'ils ne développent pas assez la loi de la propriété. Là où cette loi n'existe pas dans tous ses développements, la famille est elle-même imparfaite et précaire. La population s'arrête, l'humanité périt. Vous le comprenez, plus d'hommes, puisque la famille, source des hommes, est tarie !

» Eh bien, le faux socialisme dit le contraire de ce que Dieu a dit dans ces admirables instincts qui ont constitué plus ou moins parfaitement, dans tous les lieux et dans tous les temps, la famille, la propriété et ce qui en est le résultat : la civilisation. La république sociale veut dire :

invention d'un autre système, renversement de ces deux lois éternelles, bouleversement arbitraire de la société humaine fondée sur ces deux bases.

» On emploierait des volumes et des années à démontrer le néant, l'absurdité, l'impossibilité, l'immoralité de ces systèmes contre nature, et l'on n'aurait pas encore tout dit. Aussi, les hommes peu éclairés ou fanatisés par ces systèmes ne discutent-ils pas ; ils disent : « Nous les impose-
» rons par la force. Si nous n'avons pas d'idées, nous avons
» des bras ! »

» Admettez maintenant que le peuple, par une surprise, leur permît un jour de tenter leur expérience de ruine et de mort, et qu'il laissât proclamer la république sociale dans leur sens absurde. Voyez le lendemain.

XII

» A la première borne que les agents de cette république déplaceront d'un champ, au premier arbre qu'ils abattront, à la première maison dont ils expulseront le locataire, le serviteur, le cultivateur ou le maître, la terre, les fruits de la terre, les maisons, les immeubles de toute nature perdront toute valeur, comme par un coup de foudre ou par un évanouissement de la terre. On se dira : « Pourquoi acheter ce que je ne pourrai ni posséder ni
» transmettre à mes enfants après moi ? » Personne ne voudra plus acquérir un sillon. Or, la valeur d'une chose étant la représentation du désir qu'on a de la posséder, et

le désir de posséder la terre et de la cultiver étant anéanti par la première expropriation de cette république, la valeur de la terre, des maisons, des immeubles, disparaîtra totalement avec ce désir. La France entière, qui représente aujourd'hui des milliards, représentera *zéro*. D'un seul mot, cette république aura exproprié la valeur de la France territoriale tout entière. Et la valeur de la France territoriale tout entière étant évanouie, personne n'aura plus de quoi exploiter la terre, faire réparer sa maison, fructifier sa propriété; personne n'aura plus de quoi faire travailler personne !

» Il en sera ainsi de toutes les autres valeurs de capitaux, d'argent, d'industrie. A la première violence de cette république contre un écu, tous les écus se cacheront, émigreront, s'enfouiront dans les entrailles de la terre; car tout le monde se dira : « On a pris l'écu de mon voisin, on va » prendre le mien. Cachons-le pour moi, pour ma femme » ou pour mes enfants. » Que deviendront le commerce, l'industrie, le travail, le salaire, quand tout capital et tout écu auront disparu ? La république sociale aura conquis le monde par famine ! Il lui restera entre les mains la faim, la soif, l'oisiveté, la misère, le néant. Le peuple, en voulant y toucher violemment, aura fait évanouir toute richesse. Il embrassera une ombre à la place dans ses bras trompés. Et cette ombre sera la mort et la faim !...

XIII

» Et si cette république dit : « Nous ferons bien repa-
» raître les écus par les supplices, le travail par la con-
» trainte, la richesse par les confiscations et par la ter-
» reur, » qu'arrivera-t-il à l'instant?

» A la première goutte de sang que cette république de
l'impossible aura versée, tous les instincts véritablement
sociaux de l'homme se soulèveront d'horreur contre sa démence et contre sa tyrannie. La plus juste, la plus légitime
et la plus terrible des guerres civiles, la guerre d'un peuple
qui défend sa vie, son seuil, sa religion, sa propriété, sa
femme, ses enfants, contre ceux qui veulent l'exproprier de
sa civilisation et de sa nature même, s'élèvera et engloutira
dans des flots de sang les rêves de ces insensés. Voilà ce
que c'est que le radicalisme même des bonnes intentions!

» Donc, encore de ce côté, impossibilité de sortir de la
république honnête, modérée, civilisée, sans tomber dans
tous les abîmes. Le seul socialisme vrai est celui que nous
avons proclamé les premiers : le socialisme du sentiment;
l'amour religieux du peuple prouvé par les œuvres, ne dé-
truisant rien, améliorant tout; le progrès par les institutions, au lieu des ruines par la violence, le budget de la
fraternité.

» A ces catastrophes certaines, si la France sortait de la
république, ajoutez les catastrophes de l'anarchie, qui ne
manqueraient pas de profiter de ces guerres de préten-

dants ou de systèmes pour déchirer la France, et vous comprendrez que l'instinct de sa propre conservation, autant que l'instinct de progrès, commande à la France de rester dans la république. Qu'on l'aime ou qu'on ne l'aime pas, peu importe. On y a été enfermé par une force supérieure aux volontés humaines. On y est retenu par la loi du salut commun. La république est cerclée de fer et de feu ; elle est bordée de tous côtés de précipices. On ne peut en sortir que par le suicide. Or, une nation ne se suicide pas. On y restera. Si c'étaient les républicains qui l'eussent faite, on la renverserait aisément. Mais les républicains eux-mêmes n'y pensaient pas ou n'y pouvaient rien. C'est la Providence qui nous l'a faite, c'est la nécessité qui nous y retient ! La Providence et la nécessité sont deux voix de Dieu, deux dynasties éternelles et absolues auxquelles les nations n'échappent pas.

» Puisque la république est aujourd'hui et pour longtemps le seul gouvernement possible chez nous, puisque la république est le seul salut du peuple et le seul asile commun de tout le monde, cherchons ensemble les moyens d'en faire le gouvernement le plus profitable au peuple, le plus acceptable, le plus honorable et le plus sûr à tous les partis. Il ne nous faut pour cela qu'un peu de patience et un peu de raison. »

LIVRE VINGT-TROISIÈME

I

Les élections approchaient. Je repris la parole en ces termes dans le *Conseiller du Peuple*. Ce numéro eut un succès immense et général, sauf dans les clubs. Je le reproduis en entier :

« La république est un mode de gouvernement qui repose tout entier sur l'élection.

» Par l'élection, le peuple règne. L'Assemblée nationale et le président gouvernent.

» Selon que le peuple choisit bien ou mal ses représentants et son président, il est bien ou mal gouverné. Il ne peut pas s'en prendre au hasard, comme dans la monarchie, et dire : « La nature m'a donné un mauvais roi, un » méchant roi, ou un roi idiot : il faudra que j'attende sa » mort pour avoir un meilleur règne. » Il ne peut s'en prendre qu'à lui-même. S'il est mal gouverné, c'est qu'il a mal choisi.

» Mais comme les élections générales se représentent tous les trois ans, le mal ne peut pas être long comme sous la monarchie. Là, un même roi gouverne quelquefois cinquante ans un peuple, et passe le gouvernement à un fils souvent aussi incapable que lui. Au bout de trois ans, le peuple peut corriger les mauvais choix qu'il a faits et se donner de meilleurs représentants, de meilleurs ministres, un meilleur gouvernement. Tel est la supériorité de la république sur les autres formes de gouvernement.

II

» Quand les époques sont calmes, quand les gouvernements sont assis depuis un certain temps, quand les opinions sont arrêtées et fixées, quand les hommes ont eu l'occasion de se faire juger dans les assemblées nationales, l'élection est facile. Chaque département connaît les opinions, la moralité, les talents des hommes qui lui demandent ses suffrages. La réputation est un flambeau qui éclaire d'avance les noms de ces candidats. Le peuple sait ce qu'il fait en les nommant, et alors il les destitue rarement de sa confiance. Une certaine fixité s'établit dans les choix. On use un bon représentant jusqu'à la fin. Ses cheveux blanchis au service de ses concitoyens ne le font pas mettre au rebut par eux. Au contraire, l'expérience est un fruit qui demande beaucoup de soleils, de jours et d'années pour mûrir.

» Il faut beaucoup d'expérience dans le gouvernement des républiques. Les peuples anciens formaient leurs sénats avec des vieillards. Ils préjugeaient qu'un homme était plus sage quand il avait beaucoup vécu. Ils envoyaient la jeunesse au combat, la vieillesse aux conseils.

» Mais, au lendemain d'une révolution qui a écarté beaucoup d'hommes, et au commencement d'un gouvernement nouveau qui en a déjà dévoré beaucoup, le peuple a plus de peine à bien voir, à bien assurer son jugement, et à bien choisir. De plus, cette manière d'élire dix, douze, quinze, vingt, et jusqu'à trente représentants portés à la fois sur une même liste, rend encore le choix plus embarrassant. Nous espérons bien qu'à la prochaine révision de la constitution, on corrigera ce vice de forme.

« Qui est-ce qui connaît parfaitement, même de répu-
» tation, quinze ou vingt hommes dont on nous fait écrire
» les noms sur une même feuille de papier? disent les
» paysans. Nous avons bien de la peine à en connaître deux
» ou trois. C'est une élection à tâtons. C'est une mêlée de
» noms. C'est un choix dans les ténèbres. Il est bien plus
» simple et bien plus sûr de faire comme le gouvernement
» provisoire avait fait dans son premier décret, c'est-à-dire
» de diviser la France en autant de circonscriptions élec-
» torales qu'il y a de fois quarante mille habitants dans le
» pays, et de dire dans la loi : *Chaque circonscription de*
» *quarante mille âmes nommera un représentant.* Alors
» on y voit clair. On met la main sur le nom connu, estimé,
» respecté, aimé, parmi ces quarante mille. On est assez
» près de lui pour le bien connaître; on sait ce qu'on fait.

» Et puis cet homme, ainsi nommé dans le rayon de ses
» concitoyens les plus rapprochés, a une responsabilité
» réelle vis-à-vis d'eux. Quand il revient dans sa circon-
» scription, on lui demande compte de ses discours, de ses
» votes, de ses motifs; on entend ses raisons, on discute
» avec lui; on s'éclaire dans ses entretiens, et lui-même
» s'éclaire, dans les entretiens de ses électeurs, sur les opi-
» nions, sur les désirs, sur les besoins moraux et matériels
» du pays. Mais à présent où est la responsabilité de tel
» homme dont on nous fait écrire le nom sur nos listes sans
» que nous en sachions même l'orthographe? Il n'est pas
» d'entre nous; nous ne savons pas d'où il vient. S'il nous
» néglige ou s'il nous trompe, nous n'avons aucun compte
» à lui demander. C'est un nom, ce n'est pas un homme.
» Autant vaudrait nommer les vingt-quatre lettres de l'al-
» phabet! Je sais bien qu'on nous dit : — Il faut vous en rap-
» porter aux comités électoraux, aux journaux et aux clubs
» qui vous diront ce qui vous convient.—Mais les journaux?
» nous n'avons pas le temps de les lire; nous n'avons pas
» assez d'argent de reste pour nous y abonner. D'ailleurs
» il y en a de toutes les couleurs. Qui nous dira quelle est
» la bonne à nous ignorants? Mais les comités électoraux?
» Connaissons-nous mieux ceux qui les composent, et dans
» quel intérêt ils sont formés? Mais les clubs? Croyez-vous
» que leurs vociférations et leur tumulte soient de nature à
» nous inspirer une grande confiance dans leurs lumières,
» dans leur sagesse et dans leur impartialité? Ils sont tou-
» jours en colère. La colère est une aussi mauvaise con-
» seillère que la peur. Nous aimons mieux juger par nous-
» mêmes, et juger, non pas sur un discours, mais sur la vie
» tout entière d'un homme que nous connaissons. »

» Voilà ce qu'on dit sur le mode actuel d'élection par scrutin de liste, et, selon moi, on a raison. J'ai dit tout cela quand on a fait ce décret, et je le dirai tant que j'aurai un conseil à donner à ceux qui retoucheront la loi électorale quand on revisera la constitution.

III

» Aujourd'hui, il s'agit de savoir quel usage nous devons faire de la loi que nous avons.

» Pour cela, il faut nous demander ce que nous voulons, car tout dépend de là.

» Voulons-nous renverser la république et nous rejeter comme des fous ou comme des enfants dans les cinq ou six périodes de guerres civiles, de monarchies rivales et d'anarchies certaines, dont je vous ai dernièrement fait le tableau?

» Voulons-nous faire une république de parti, étroite, jalouse, exclusive, violente, tyrannique, et qui sera haïe, menacée, attaquée tous les jours, par toutes les opinions et par tous les intérêts qu'elle aura laissés en dehors d'elle ?

» Enfin, voulons-nous une république vraiment nationale, une république de justice, de raison et de liberté, où chaque classe de citoyens trouve son droit, sa sûreté, son honneur ; une république semblable à celle qui fut définie, acceptée, acclamée par l'enthousiasme unanime de tous les partis raisonnables pendant les premiers mois de son établissement? une république qui soit tout à la fois le plus juste, le plus fort et le plus libre des gouvernements ?

» Si c'est là, en effet, la seule république que nous voulions, examinons quels sont les moyens que nous avons de la fonder et de la faire durer : nous verrons ensuite quels sont les principes qui doivent nous inspirer nos choix dans l'élection prochaine.

IV

» Le seul moyen de fonder une république durable en France, je vais vous le dire en un seul mot :

» C'est que cette république appartienne à tout le monde, et non à quelques-uns ; à la nation, et non à un parti. C'est que cette république soit la communauté des droits, des intérêts et des opinions de tous ceux qui ont le pied sur le sol de la patrie.

» Hors de là, point de salut, ou, du moins, point de paix pour la république.

» Cela n'est pas difficile à comprendre.

» République veut dire chose publique. Chose publique veut dire chose de chacun.

» Si la république n'est pas, en effet, et dans la proportion juste, la chose de chacun, elle n'est plus la république. Elle est un monopole, c'est-à-dire la propriété particulière de quelques-uns au préjudice de tous. Cela s'appelle un privilége. Tout privilége, pour se défendre, a besoin de constituer autour de lui une tyrannie. La république, si vous en faites un privilége d'opinion, sera donc une tyrannie de quelques-uns contre tous, au lieu d'être la liberté. Et cette tyrannie aura pour ennemis légitimes tous ceux qu'elle rejettera en dehors du droit et de la liberté générale des opinions.

» Or, comme il est de la nature des monopoles et des tyrannies de se resserrer, de se rétrécir, de se fortifier toujours davantage, par des exclusions et par des épurations toujours plus ombrageuses ou plus insolentes, qu'arrivera-t-il ? Il arrivera qu'au bout de très-peu de temps, les républicains privilégiés auront mis en dehors de la république, tantôt celui-ci, parce qu'il est suspect de regret pour la monarchie légitime ; tantôt celui-là, parce qu'il est soupçonné d'attachement pour la monarchie de juillet, tantôt l'un, parce qu'on le croit bonapartiste ; tantôt l'autre, parce qu'on l'imagine trop républicain ; tel parce qu'il est riche, tel parce qu'il est pauvre, tel parce qu'il est prêtre, tel parce qu'il fut noble, tel parce qu'il est banquier, tel parce qu'il est prolétaire et ouvrier, tel parce qu'il est fonctionnaire, tel parce qu'il est soldat, tel parce qu'il est d'hier, tel parce qu'il est d'aujourd'hui, tel parce qu'il n'est ni d'hier ni d'aujourd'hui, et qu'il est véhémentement soupçonné de préférer au fond de son cœur les vieilleries aux nouveautés et les royautés routinières des rois aux glorieuses royautés des peuples libres.

» Et quand les républicains privilégiés auront mis tout cela hors de la république, que sera alors la république ?

» Un gouvernement de minorité, c'est-à-dire un gouvernement du petit nombre contre le grand nombre ; autrement dit, une partie contre le tout ; autrement dit encore, une faction contre une nation.

» Je vous le demande à vous-mêmes, un pareil gouvernement pourrait-il durer ?

» L'histoire et le bon sens vous répondent sans hésiter : No.ı !

» Voici pourquoi :

V

» Un gouvernement de minorité ne peut exister qu'à deux conditions en France ;

» Ou sous la forme de gouvernement militaire, avec le prestige d'une conquête incessante et d'une gloire immense retrempée tous les six mois dans le sang des champs de bataille, comme le gouvernement de Napoléon pendant l'empire ;

» Ou sous la forme d'un gouvernement atroce, sous la terreur quotidienne de l'échafaud, des proscriptions et des supplices, comme sous le gouvernement de Robespierre.

» Le gouvernement militaire est impossible avec la république, car le jour où la nation se change en armée conquérante, elle prend pour chef un général ; et le jour où ce général victorieux possède la confiance d'un million de soldats qu'il a conduits à la victoire, il se couronne de sa gloire, et la liberté est perdue.

» Le gouvernement atroce de Robespierre n'est pas un gouvernement : c'est un supplice national, c'est le meurtre constitué, c'est la terreur pour esprit public, c'est la dictature du bourreau. Le sang crie, l'humanité se soulève, les victimes ont des vengeurs ; l'échafaud dévore ceux qui l'ont dressé. Le gouvernement qui a pris l'échafaud pour arme tombe dans l'exécration du pays et du genre humain. La cause qu'il a soutenue ainsi est déshonorée. La république ne survivrait pas trois mois au premier crime du gouvernement qui voudrait la fonder dans du sang. Et ce qu'il y a de pis, c'est que l'honneur de la démocratie n'y survivrait pas.

» Donc, tout gouvernement de minorité est impossible, puisqu'il n'est donné aujourd'hui ni à la gloire d'un Napoléon ni à la férocité d'un Marat de le faire durer.

» Que s'ensuit-il? Qu'il nous faut un gouvernement de majorité, ou qu'il faut périr.

» Or, pour avoir un gouvernement républicain de majorité, que faut-il faire? Donner la majorité à la république.

» Et pour donner la majorité à la république, que faut-il faire encore? Il faut cointéresser tous les partis à la république par les gages de liberté sincère que la république doit donner, sans préférence et sans exclusion, à tous les partis. Il faut faire ce que j'écrivais le 21 mars 1848 dans la proclamation du gouvernement provisoire au peuple français, à la veille des élections de l'Assemblée constituante ; élections qui furent si belles, si pures, si unanimes, si libres, et qui sauvèrent la France par l'émanation patriotique du suffrage universel.

» La société s'est raffermie, la souveraineté nationale a été retrouvée, la république a été constituée par ces élections de 1848. Pourquoi? Parce que le gouvernement provisoire, au lieu de se défier du pays, fit un appel courageux et impartial à l'unanimité des citoyens. Il se dit : « La » France a plus de droit que moi ; la France a plus d'inté-

» ret que moi ; la France a plus de génie que moi ; appe-
» lons la France, et elle se sauvera elle-même ! » Et, en
effet, la France répondit, choisit librement son Assemblée
nationale, et fut sauvée.

» Que serait-il arrivé si le gouvernement provisoire avait
dit à la France : « Vous n'êtes pas mûre pour la liberté.
» Vous n'êtes pas assez républicaine pour qu'on vous confie
» la république. Je vous ajourne ; je vous récuse, je me dé-
» fie de la nation. Ceux-ci sont des amis de Henri V, ceux-
» là des partisans de Louis-Philippe, ceux-ci de Bonaparte ;
» ceux-ci sont des Vendéens, ceux-ci des schismatiques,
» ceux-ci des catholiques asservis aux prêtres, ceux-ci des
» paysans inféodés aux nobles, ceux-ci des protestants,
» ceux-ci des prolétaires incapables de juger de leurs inté-
» rêts, ceux-ci des riches, ceux-ci des marchands, ceux-
» ci des soldats ! Rien de tout cela n'est digne de nommer
» le gouvernement de la république ; nous allons le conti-
» nuer ou le nommer nous-mêmes ; nous n'appellerons que
» des républicains aux élections ? » Il y avait assez
d'hommes à courte vue qui disaient cela ; les clubs de
Paris et des départements ne disaient pas autre chose.

» Eh bien, que serait-il arrivé si le gouvernement provisoire, mieux inspiré, ne leur avait pas courageusement
résisté, et s'il avait trié une nation soi-disant républicaine
dans la nation, comme vous triez une poignée d'épis dans
un champ de gerbes ?

» Il serait arrivé que la nation, indignée, se serait soulevée légitimement comme une seule vague contre cette
république de privilégiés insolents se croyant plus sages
qu'un peuple, et qu'en les submergeant elle aurait submergé la république elle-même !

» C'est évident. Aussi voilà ce que je répondais alors, au nom du gouvernement, à ceux qui donnaient à la république ces funestes conseils :

« Le gouvernement provisoire n'imitera pas les gouver-
» nements usurpateurs de la souveraineté du peuple, qui
» corrompaient les électeurs, et qui achetaient à prix immo-
» ral la conscience du pays.

« A quoi bon succéder à ces gouvernements, si c'est
» pour leur ressembler? A quoi bon avoir créé et adoré la
» république, si la république doit entrer dès le premier
» jour dans les ornières de la royauté abolie? Le gouverne-
» ment considère comme un de ses devoirs de répandre sur
» les opérations électorales cette lumière qui éclaire les
» consciences sans peser sur elles.

« Le gouvernement provisoire veut que la conscience
» publique règne. Il ne s'inquiète pas des vieux partis ; les
» vieux partis ont vieilli d'un siècle en trois jours. La répu-
» blique les convaincra, si elle est sûre et juste pour eux.
» La nécessité est un grand maître. La république, sachez-
» le bien, a le bonheur d'être un gouvernement de néces-
» sité. La réflexion est pour nous. On ne peut pas remonter
» aux royautés impossibles ; on ne veut pas descendre aux
» anarchies inconnues ; on sera républicain par raison.
» Donnez seulement sûreté, liberté, respect à tous ; assu-
» rez aux autres l'indépendance des suffrages que vous
» voulez pour vous ; ne regardez pas quel nom ceux que
» vous croyez vos ennemis écrivent sur leur bulletin, et
» soyez sûrs d'avance qu'ils écrivent le seul nom qui peut
» les sauver, c'est-à-dire celui d'un républicain capable et
» probe.

» Sûreté, liberté, respect aux consciences de tous les

» citoyens électeurs, voilà l'intention du gouvernement ré-
» publicain, voilà son devoir, voilà le vôtre, voilà le salut
» du peuple ! Ayez confiance dans le bon sens du pays, il
» aura confiance en vous. Donnez-lui la liberté, et il vous
» renverra la république.

» Sous la république, le gouvernement n'appartient
» pas seulement à ce petit nombre d'hommes que l'accla-
» mation publique a jetés momentanément à la tête du
» pays, le gouvernement appartient à trente-cinq millions
» de Français. »

« Ces principes, proclamés par moi alors comme les seuls vrais, les seuls justes, les seuls qui pussent faire accepter la république, sont encore les seuls qui puissent aujourd'hui la consolider.

VI

» Demandez-vous bien, en effet, quel est aujourd'hui le seul danger pour la république. Est-elle menacée par la coalition des rois? Non. L'horizon extérieur de la France est libre, grâce à la sagesse et à la fermeté des hommes de février, qui ont déclaré que la France faisait sa révolution chez elle, mais ne se croyait pas obligée de la faire chez les autres. Les peuples, voyant notre respect pour l'invio-labilité de leurs frontières, ont repris confiance et amitié pour nous. Les rois, voyant que nous n'attaquions pas leur trône, n'ont eu aucun prétexte pour soulever l'esprit de leurs peuples et de leurs armées contre nous. Le principe divin, qui est le principe de paix, a triomphé en Europe, grâce à nous et à l'Angleterre, qui comprend comme nous que la guerre pour la guerre est une barbarie.

» Si, aujourd'hui, une puissance quelconque, Prusse, Russie, Autriche, Angleterre, Espagne, voulait faire la guerre à la république française, cette puissance aurait contre elle toutes les autres puissances. Le sentiment de justice qui existe dans tous les peuples ferait dire à la conscience du genre humain : « Pourquoi attaque-t-on la ré-
» publique française, qui n'a attaqué personne, et qui a
» déclaré amitié et fraternité à tous les peuples qu'on atta-
» querait injustement? » Ce principe vaut mieux que les quatorze armées de la convention ; car il couvre la France d'un bouclier de justice, de bon droit et de force, et il ne verse pas une goutte de sang dans le monde. Nous y manquons à Rome, et nous avons tort.

» La république est-elle menacée par les aristocraties? Mais il y a soixante ans que les aristocraties sont détruites et nivelées en France. Ceux qui crient à l'aristocratie crient au fantôme.

» L'aristocratie, qui n'était déjà pas bien redoutable en France sous l'ancien régime, — car les rois la tenaient presque toute dans leurs antichambres, — n'est plus rien maintenant qu'un souvenir historique, une vieille médaille des temps passés, retrouvée, çà et là, dans un sillon. On la respecte, on ne s'en paye pas. L'aristocratie est tombée devant l'égalité des droits et l'égalité des partages. Le code civil est son acte mortuaire. L'aristocratie, aujourd'hui, c'est le droit de citoyen et le droit de propriété. Tout le monde a son aristocratie en main, dans ces deux droits, qui ne sont refusés à personne. Si quelqu'un voulait ravir ces deux droits à quelqu'un, celui à qui on les contesterait aurait trente-cinq millions de Français pour le défendre. Il n'y a qu'une espèce d'aristocrates, aujourd'hui : ce sont ceux qui veulent vivre sans travailler et partager le champ de leur voisin, qu'ils n'ont pas arrosé de leurs sueurs, ou habiter la maison qu'ils n'ont pas bâtie.

» Est-ce le clergé qui menace la république? Mais pourquoi? Les doctrines de la république sont précisément les doctrines morales et religieuses de l'égalité des enfants de Dieu devant la loi, de la charité sociale, de la fraternité civile, émanées de cet Évangile qui a versé le premier ces vérités divines de la pensée des philosophes dans l'âme des simples et des ignorants. En répudiant la république de 1848, le clergé répudierait ses propres doctrines. Aussi, rendons-lui justice et hommage, nous, républicains de 1848, le clergé n'a pas commis cette erreur et cette faute. Il n'a pas fait, comme en 1789, cause commune avec les trônes et avec les aristocraties. Il a béni le berceau de la république le 25 février, à l'hôtel de ville de Paris. Il a prêché l'acceptation pacifique du gouvernement nouveau et la concorde. L'archevêque de Paris est venu un des premiers, avec son clergé, saluer la république religieuse dans la personne du vénérable vieillard qui présidait le gouvernement de février, Dupont de l'Eure. Dupont de l'Eure a répondu à l'archevêque : « La liberté et la religion sont deux sœurs
» de la même famille, séparées autrefois par des priviléges
» et des préventions. Nous voulons qu'elles se reconnais-
» sent et qu'elles s'allient dans la république, telle que nous
» la fondons. »

» Le clergé, depuis ce jour-là, en général, a servi consciencieusement la république. Il a marché avec vous dans ces magnifiques processions de vos communes qui allaient porter le vote de vos consciences au scrutin électoral, pour la nomination de l'Assemblée constituante et pour celle du président de la république. Plusieurs de ses membres ou de ses chefs ont été nommés membres de cette Assemblée, non parce qu'ils étaient prêtres, mais parce qu'ils étaient bons citoyens. Ils n'y ont point fait de cabales contre la république. Ils y ont été (il faut le dire) des modèles d'impartialité, de conciliation, de patriotisme et de courage. L'archevêque de Paris est mort comme un soldat de l'humanité et de la patrie, pour pacifier la république.

» Pourquoi tout cela? Parce que la république de février, en venant au monde, n'avait dépossédé ni persécuté personne; parce qu'elle venait affranchir les consciences au lieu de les opprimer et de les profaner; parce qu'elle était et parce qu'elle veut être une révolution essentiellement religieuse; parce qu'elle croit en Dieu et qu'elle veut que l'idée de Dieu, la plus grande idée de l'humanité, rayonne de plus en plus, et s'épure de jour en jour davantage dans l'esprit des peuples, non pas sous l'empire des priviléges ou des persécutions, mais sous l'empire de la complète liberté des dogmes, des cultes et des consciences.

VII

» Est-ce la bourgeoisie qui menace la république? Mais la bourgeoisie c'est le commerce, l'industrie, l'agriculture, les propriétaires, les ouvriers sérieux, propriétaires aussi, et pères de famille, qui composent directement ou indirectement une masse d'au moins trente millions d'âmes sur trente-cinq millions. Ils n'ont qu'un seul et même ennemi commun, un seul danger : le communisme, les sectes socialistes, les révolutionnaires radicaux du travail et de la propriété.

» Or, cette bourgeoisie, ce commerce, cette industrie, ce travail propriétaire ou aspirant et arrivant jour par jour à la propriété, font, par instinct, un raisonnement bien simple. Ils se disent : Dans un temps où les fondements de la société sur lesquels nous, nos familles, nos terres, nos maisons, nos commerces, nos industries, nos capitaux, nos salaires, nous reposons tous, sont sapés, menacés, attaqués à coups de paroles, à coups de presse, à coups de club, à coups de fusil, avec une frénésie croissante depuis dix ans, que faut-il pour combattre ces dangers extrêmes ? il faut un gouvernement d'une force extrême aussi ! il faut une sorte d'association mutuelle de tout ce qui veut conserver un foyer social, contre ceux qui veulent le bouleverser et l'éteindre. Cette association de tous dans le gouvernement, c'est précisément la république. La royauté divise, la démocratie unit. La royauté a une base trop étroite. La base de la république, par le suffrage universel, est aussi large que le pays tout entier. On l'a dit vingt fois, on ne saurait trop le redire. Il n'y a pas de royauté qui eût résisté, à Paris, le 16 avril, le 15 mai et le 23 juin 1848, à des soulèvements de cent et de deux cent mille hommes contre le gouvernement. Il n'y a pas de royauté qui eût pu tirer le canon trois jours et trois nuits contre des masses de peuple égaré, et appeler à elle les gardes nationaux de tout l'empire, accourus comme pour sauver leur propre foyer. La république a pu le faire encore au berceau. Elle sera invincible dans sa vigueur actuelle et dans sa complète organisation future. Il n'y a que la république qui soit de force à se mesurer avec le communisme et le socialisme armés, parce que la république c'est tout le monde, et que la royauté c'est une fraction.

VIII

» Sont-ce les légitimistes qui menacent la république? On le dit beaucoup. Je ne l'ai jamais cru. J'ai vu, au contraire, les légitimistes raisonnables saluer, les premiers, la république de leurs acclamations, le 24 février. Et, dans toutes les journées où le gouvernement a eu de grands dangers à courir pendant les six premiers mois de son existence, j'ai vu les légitimistes de Paris et de la Bretagne prendre le fusil et marcher au premier rang des bons citoyens qui venaient défendre la république.

» Sans doute il y en a un petit nombre qui rêve de faire sortir la légitimité du suffrage universel, et la contre-révolution de la révolution. Ce rêve les amuse et ne fait de mal à personne. La république ne proscrit pas les songes.

» Sans doute aussi, il y en a un plus grand nombre qui gardent dans leur cœur la foi, le culte, le regret, l'espérance confuse et éloignée d'un retour possible de Henri V au trône de sa race, comme une indemnité du destin pour tous les malheurs de son berceau. Ce culte inoffensif des souvenirs,

cette religion du respect est honorable, et la république
ne proscrit pas l'honneur.

» Mais ces pensées des légitimistes sont ajournées à des
années incertaines. En attendant, ils donnent sagement du
temps et des forces à la république. Quand elle aura enfoncé
ses racines dans le sol, dans les habitudes, dans le suffrage universel, dans l'ordre, nous verrons qui est-ce qui
pourra exproprier le peuple français du suffrage universel.
La république? leur souffle n'a pas pu la renverser quand
elle était un roseau ; quand elle sera un chêne, que
pourra-t-il?

IX

» Enfin la république est-elle menacée par les orléanistes?
Oui. Voilà un des dangers. Lisez plutôt la lettre de M. Guizot
à ses électeurs. C'est une déclaration, non pas de guerre,
mais de dédain à la république; un défi à la France entière,
qui a proclamé, à l'unanimité, la république, par les élus
du suffrage universel, le 4 mai! C'est une langue d'émigration, c'est un manifeste du duc de Brunswick en habit
bourgeois.

» M. Guizot dit franchement : « La république, en
» France, n'est pas un gouvernement sérieux. Attendez-
» moi ; unissons-nous au nom de l'ordre, et puis nous dé-
» trônerons la démocratie. »

» Ce manifeste est une des plus étranges choses qu'il ait
été donné aux hommes de voir dans ce temps-ci. Voilà un

homme de talent, de mérite, de renom, de grande et sérieuse valeur politique, un pilote de la royauté ; hier à la tête d'un gouvernement établi, adossé à un trône, entouré d'une majorité dévouée dans les Chambres, servi par une administration disciplinée et formée par lui, soutenu par une armée fidèle et brave de quatre cent mille hommes et par une garde nationale attachée à la constitution, et cela où? dans Paris, enceint de forteresses! et cet homme vient de faire faire à la monarchie le plus effroyable naufrage, en temps calme, que les annales de l'histoire signalent depuis qu'on écrit l'histoire!... et cet homme, du haut d'un débris de son naufrage, s'arroge la prétention d'enseigner la route et d'éviter les écueils!... à qui?... à son pays qu'il vient de mettre en perdition!... et il ose dire à trente millions d'hommes et à la république : « Vous n'êtes pas sérieux!... »

» Eh bien! nous ne voterons pas pour M. Guizot; mais, malgré cela, si les électeurs de Lisieux envoient M. Guizot à l'Assemblée nationale, nous n'aurons aucune peur pour la république, et nous prendrons M. Guizot, non au tragique, mais au sérieux. La république est assez large et assez profonde pour absorber même ceux qui la nient. Un homme d'État n'est jamais de trop dans la représentation nationale d'un grand peuple. La tribune peut supporter, sans s'écrouler, le dialogue entre toutes les idées. La liberté ne vit pas de silence, elle ne se fortifie pas d'ombrage. Que M. Guizot entre s'il doit entrer; qu'il soit le bienvenu dans la république! ce sera une des plus belles gloires de cette révolution, de montrer à l'Europe l'homme qui est tombé avec la monarchie tuée sous lui, relevé par la république elle-même, admis et honoré dans son sein, et recevant d'elle la parole pour lui dire qu'elle n'est pas un gouvernement sérieux.

» Ceci, du moins, sera plus que sérieux, ce sera grand! la grandeur convient au gouvernement du peuple. Notre prudence vote contre M. Guizot, notre magnanimité voterait pour lui!

» Quant à ses amis, c'est-à-dire quant aux hommes qui tenaient le pouvoir sous le dernier gouvernement, ne les proscrivez pas. Au contraire, il y a parmi eux beaucoup d'hommes de talent, d'éloquence, de lumières, de capacités utiles au pays; une république qui proscrirait ces talents et ces capacités abaisserait son niveau d'intelligence. Point de 18 fructidor électoral contre les personnes de l'ancien gouvernement. Seulement défions-nous un peu des ressentiments de quelques meneurs de ce parti contre la république. Ils voudraient une revanche de février. C'est naturel. Mais Dieu les préserve d'obtenir cette revanche! car le lendemain, légitimistes, bonapartistes, libéraux, républicains modérés, démocrates violents, socialistes, communistes, peuple détrôné du suffrage universel, se rejetteraient honteux et indignés loin d'eux. Ils seraient submergés de nouveau dans une autre république, république irritée, peut-être moins magnanime et moins fraternelle que la nôtre, qui n'a ni proscrit un ennemi, ni insulté une opinion, ni froissé une conscience, ni versé une goutte de sang, ni touché à un cheveu de la tête, ni confisqué un centime de la propriété d'un citoyen, pas même de celle du roi!

» La république n'aurait donc en ce moment de danger à craindre que de ce côté : une tentative de restauration de la dynastie de juillet, par la folle imprudence de ses amis, s'ils se croyaient trop maîtres du pays en se voyant trop nombreux dans l'Assemblée nationale. Il ne faut pas proscrire, mais il ne faut pas tenter ce parti. N'en prenez que les hommes sages, estimés, considérables, responsables, et laissez dehors les aventuriers de restaurations.

X

» Mais il y a un autre parti qui fait courir à la république plus de dangers à lui seul que tous les autres à la fois. C'est le parti des républicains exclusifs, impatients, agitateurs, perturbateurs, vociférateurs, qui, dans les journaux et dans les clubs de Paris et des départements, se fait appeler le parti de la *Montagne*.

» Le parti de la Montagne, sous la première république, était le parti de la terreur. C'est le parti qui avait pris l'échafaud pour moyen de gouvernement, la mort pour premier ministre. Le parti qui décimait la France, grands et petits, riches et pauvres, jusqu'à ce qu'elle fût épurée de tout le vieux sang de ses veines, et qu'elle devînt républicaine par anéantissement de vie. C'était la torture appliquée en grand à une nation de vingt-six millions d'hommes par sept ou huit grands inquisiteurs de la soi-disant démocratie. Ce parti a détruit la république, et il a laissé derrière lui une clameur d'indignation contre les bourreaux et de pitié pour les victimes, qui ne s'éteindra qu'avec l'histoire!

» Eh bien, ce parti, tout odieux qu'il soit, avait du

moins alors, non pas une excuse (il n'y en a jamais pour le crime), mais une explication de ses fureurs. Il combattait dehors contre l'émigration et la coalition; dedans, contre les priviléges à peine vaincus. Il avait la passion de la lutte, la colère des idées, la démence du champ de bataille. La Montagne alors voulait dire le volcan d'une révolution comprimée, qui éclate contre ses ennemis, vomit sa flamme et ses scories sur ses propres flancs. On comprend cela. Mais aujourd'hui la Montagne veut dire : un parti de sang-froid, qui prend la colère, l'injure et la menace pour système de gouvernement; qui fait semblant de chercher des ennemis pour faire semblant de leur faire peur; un parti qui donne à la république unanime, magnanime, humaine et fraternelle de 1848, la coiffure, l'attitude, le geste, les propos de la république sanguinaire et implacable de 1793; un parti enfin qui semble croire que le drapeau rouge, le comité de salut public, le tribunal révolutionnaire, les assignats, le *maximum*, les proscriptions, le cachot et la guillotine sont des moyens bien propres à séduire à la république une nation industrieuse, agricole, propriétaire, amie de l'ordre, jalouse de sa liberté, de sa dignité, de sa renommée, de son caractère national et de sa sûreté individuelle!

» Vous voyez bien que cette terreur-là n'a pas le sens commun ; que cette terreur est une parodie posthume d'un drame terrible joué il y a soixante ans; que ces terroristes posthumes ne sont que des doublures de Danton et de Robespierre jouant à la guillottine sur un tréteau. Il manque deux choses essentielles aujourd'hui à la terreur de fantaisie de ces nouveaux Montagnards de clubs: un peuple qui veuille se laisser guillotiner, et un peuple qui veuille guillotiner.

Cela est donc très-odieux, mais pas sérieux. Aussi, voyez : cela se cache dans quelques clubs nocturnes et honteux.

» Mais cette manie des républicains terroristes a cependant un danger très-réel. Ce danger, c'est de servir de prétexte aux ennemis de la république pour la faire redouter et détester des âmes timides, des hommes de paix et des hommes de bien.

» Les peuples ont de l'imagination comme les individus. Cette imagination est restée frappée de l'horreur et de la terreur des jours sinistres où le sang coulait au nom de la première république. Il n'y a que cinquante ans de cela. Cinquante ans, c'est hier pour la vie d'un peuple. L'impression n'est pas effacée, elle ne s'effacera même jamais. La difficulté de la république actuelle, c'est de bien faire comprendre qu'elle n'a rien de commun avec l'autre que le nom. Ces hommes s'obstinent, par je ne sais quelle dépravation de sens commun, à vouloir que ces deux républiques se ressemblent par le costume, par la tyrannie, par le langage, par l'appareil des proscriptions. Ils épouvantent ainsi l'esprit du peuple; ils font de la république un fantôme vêtu de haillons sanglants, pour effrayer les yeux et écarter les cœurs. Et ils parlent de traîtres à la république! Ah! si jamais la république vient à succomber, l'histoire restituera bien son vrai nom à chacun, et s'il y a eu des traîtres, en effet, l'histoire dira s'il faut les chercher parmi ceux qui veulent faire adorer la république, ou parmi ceux qui semblent avoir juré de la faire haïr! Craignez ces hommes et écartez-les le plus possible de la tribune. Ils la feraient écrouler en y prononçant des mots qui seraient des crimes s'ils n'étaient pas des folies.

» Mais donnez à chacun des grands et sérieux partis que

je viens de vous signaler, la part d'élection et de souveraineté qui lui appartient dans la représentation nationale. Tous ces partis réunis forment la France. La république, c'est la France. Faites comme le gouvernement de février : nommez la France et ne vous inquiétez pas de la république. La France l'a instituée comme le seul gouvernement possible aujourd'hui : la France la maintiendra comme le seul gouvernement possible désormais.

XI

» Et surtout, ne tombez pas dans un excès de tendance irréfléchie vers l'ordre, en excluant de l'Assemblée nationale une des classes quelconques de citoyens estimables dont la France est composée. Je veux parler des ouvriers, de ceux qu'on appelait jadis les prolétaires. La mission de la république est de les élever, non par de folles chimères, mais par de sérieuses institutions, à la *dignité* et à la *capacité* de citoyens. Il faut, autant que possible, que chaque département envoie un ou deux de ces hommes utiles et laborieux à la représentation nationale; car, pour être complète, la représentation doit comprendre des citoyens de toutes les classes, de toutes les grandes professions du pays. Ayez soin de ne fermer l'Assemblée nationale à qui que ce soit. Sa force est dans son unanimité.

» Ces prolétaires ont généralement moins de lumières que les hommes des hautes professions libérales. C'est vrai; mais ils ont plus de besoins. S'ils étaient trop nombreux dans le gouvernement, le gouvernement périrait par l'ignorance des affaires humaines; s'ils n'y étaient pas du tout, le gouvernement pourrait les oublier, et il périrait par égoïsme. Appelez-en un certain nombre, afin qu'ils se forment par la discussion et par la pratique à la politique, et qu'ils soient les représentants vrais et raisonnables de ces quatre ou cinq millions d'hommes qui vivent de leurs bras, et dont la république doit soigner les légitimes intérêts. Seulement, ne les prenez ni dans les attroupements ni dans les clubs. Prenez-les dans leurs champs ou dans leurs ateliers. Ne les choisissez pas au volume de leur voix, mais aux bonnes mœurs et au bon sens. Laissez ceux qui crient, prenez ceux qui pensent. Un mauvais ouvrier sera un mauvais représentant; il prêtera l'oreille à tous les rêveurs et à tous les factieux communistes qui promettent au peuple le pain sans travail et qui déclament contre la propriété au lieu de s'en faire une. Ces ouvriers-là ne sont que des démolisseurs. Ce ne sont pas des ouvriers de république, ce sont des ouvriers de guerre civile.

» Ces ouvriers de guerre civile crient dans leurs clubs à la réaction! ils crient contre l'Assemblée nationale! Je ne veux pas nier qu'il n'y ait, dans certains esprits mécontents ou effrayés de la république, une réaction dépassant les bornes de l'ordre, et visant à réagir contre la république elle-même. Mais voyez qui est-ce qui a commencé la réaction! Est-ce l'Assemblée nationale? elle n'était pas encore réunie que ces hommes, exploités par les terroristes et par les socialistes des clubs, viennent attaquer, le 16 avril, le gouvernement provisoire, pour l'empêcher d'appeler l'Assemblée nationale à Paris, et pour usurper à eux seuls la souveraineté et la tyrannie.

» L'Assemblée nationale n'avait pas encore huit jours d'existence, que ces mêmes hommes viennent, le 15 mai, lui donner assaut et la chasser de Paris, pour confisquer la république dans leurs mains.

» Enfin, il n'y avait pas encore six semaines que l'Assemblée siégeait, et le 23 juin ils attaquent la république à coups de fusil et tirent sur les représentants, sur leurs concitoyens et sur leurs frères !

» Vous conviendrez que ces trois actes étaient de terribles actes de réaction ; que ces réactions des factions ne partaient pas de l'Assemblée nationale, puisqu'elle n'existait pas encore ou qu'elle commençait à peine à exister ; que des réactions pareilles étaient malheureusement de nature à indigner, à irriter la France et à faire rétrograder un peu la confiance et la bonne volonté que la république et l'Assemblée nationale avaient témoignées aux prolétaires. Tous les torts ne sont pas d'un côté. Il n'y avait même aucun tort du côté de l'Assemblée nationale quand la milice des clubs est venue l'attaquer le 15 mai et le 23 juin. Il ne leur sied pas de parler tant de réaction, quand ce sont eux qui l'ont commencée à coups de cris séditieux et à coups de fusil.

» Ces hommes-là ne sont pas plus justes que les autres. Moi qui vous parle, j'avais demandé pendant quinze ans qu'ils fussent représentés dans l'Assemblée nationale ; qu'ils eussent des députés comme toutes les autres classes ; c'est pour cela que j'avais voté et signé le suffrage universel qui leur donnait enfin l'exercice des droits de citoyen. Eh bien, savez-vous quel est le seul nom des membres du gouvernement provisoire qu'ils aient effacé de leur liste et proscrit de l'Assemblée nationale au Luxembourg, le 24 avril, la veille de la première élection? C'est le mien ! Ils ne voulaient dans l'Assemblée nationale que les tribuns de leurs clubs et que des prolétaires ! Voyez la justice et la sagesse de ces hommes ! La France proscrite du gouvernement de la France par une seule catégorie de citoyens ! Un gouvernement d'ateliers !

» Ne les imitons pas. Faisons leur leur place. Oublions leurs torts, et appelons-les parmi nous comme les enfants les plus faibles et les plus intéressants de la famille française. Voilà la vengeance de la république des braves gens.

XII

» Quant à la réaction véritable, ne vous en occupez pas. Elle reviendra d'elle-même au centre de gravité de la vraie république. Ne vous scandalisez pas de quelques gros noms bien contre-révolutionnaires qui vont peut-être sortir de l'urne. Ne dites pas : « Monsieur un tel est nommé ; monsieur un tel est ministre, la république est perdue ! » L'Assemblée législative tout entière serait composée de contre-révolutionnaires, que la république ne serait pas perdue. Ils y entreraient pour la détruire, qu'ils seraient forcés de la maintenir et de la consolider. La France veille ; le suffrage universel est là ; le salut public et leur propre salut les pousseront à être républicains demain par nécessité, bien qu'ils ne le fussent pas hier par opinion. Vous vous souvenez de ces prophètes qui ouvraient la bouche pour maudire et que Dieu forçait à bénir. Ce sera l'histoire des anciens conservateurs ennemis de la république. Ils ne l'aimaient pas quand elle était dans nos mains ; ils l'aimeront quand elle sera dans les leurs.

» Aussi, dès le 25 février, j'ai toujours aspiré au moment où nous remettrions la république au pays, par la souveraineté du suffrage universel. Bien loin de désirer que la république restât dans les mains des républicains exclusifs qui l'avaient reçue dans son berceau, j'ai toujours dit :
« Hâtez-vous, si vous voulez qu'elle vive, de la remettre à
» la nation tout entière. La nation, qui s'en défie avec rai-
» son pendant que nous la tenons seuls, parce qu'elle peut
» y craindre une tyrannie, s'y attachera quand elle la
» tiendra elle-même, parce qu'elle n'y verra que sa liberté
» et sa souveraineté. Hâtez-vous de nationaliser la répu-
» blique. Si elle est une faction, elle est perdue. Si elle est
» la nation, elle sera sauvée.

» La république est comme ces enfants des rois, qui
» doivent passer tour à tour, pour leur éducation, en
» grandissant, des mains des femmes dans les mains des
» hommes, puis dans les mains des soldats, puis dans les
» mains de la nation elle-même, et qui ne montent au trône
» qu'après avoir passé par toutes ces mains. Je ne croirai
» la république bien baptisée, bien vivace et bien impéris-
» sable, que quand je l'aurai vue servir par ceux-là mêmes
» qui auraient voulu l'étouffer dans son berceau. »

» Ce que je disais là à mes collègues, je vous le dis à vous avec la même confiance. Arrachez-la de nos mains si vous voulez, et donnez-la en garde à tout le monde. La république n'est pas faite pour nous, mais nous sommes faits pour la république.

» Elle me mettra de côté aussi. Qu'importe? Oubliez-moi

et pensez à elle. Je m'attends bien à ne pas être nommé, et je ne m'étonne pas de cet ostracisme : il est naturel après de grandes crises dont on porte sa part de responsabilité.

» En vous parlant d'élection, je suis un peu comme le prophète dont parle l'historien Josèphe, dans l'histoire du siége de Jérusalem par Titus : cet homme courait sur les murs de la ville en criant : *Malheur à celui-ci, malheur à celui-là!* puis, à la fin, il cria : *Malheur à moi!* et il tomba renversé par une pierre des assiégeants.

» Je dis : Ne nommez pas ceux-ci, ne nommez pas ceux-là! et je serai éliminé vraisemblablement moi-même du nombre des élus du peuple. Tant mieux! je resterai républicain modéré hors de l'Assemblée, et ceux qui y entreront à ma place le deviendront. Périssent nos candidatures mais que la république appartienne à tout le monde, même à nos ennemis!

» Ces pensées désintéressées et sages, qui seraient les vraies pensées d'un homme d'État, doivent être les pensées du peuple dans ce grand scrutin ; car le peuple est homme d'État par excellence, responsable envers lui-même, et responsable de lui-même à la patrie, au monde, à Dieu.

LIVRE VINGT-QUATRIÈME

I

Le troisième numéro du *Conseiller du Peuple* avouait la défaite des républicains honnêtes et modérés, et prémunissait l'opinion contre la guerre révolutionnaire au dehors. Il fit réfléchir la France. Je le cite encore :

« Le résultat des élections est de nature à faire tomber la plume de la main. Les bons citoyens sont tentés de s'envelopper la tête de leur manteau et de désespérer du peuple. Le peuple, dans plusieurs départements, a cherché, pour affermir la république, qui? beaucoup d'adversaires de la liberté ; et il a cherché, pour faire accepter, honorer et aimer la démocratie, qui? beaucoup de démagogues. On dirait qu'il se prend en moquerie, et qu'il veut donner raison aux partisans du despotisme, en se déclarant lui-même convaincu d'impuissance ou de vertige.

» Et, cependant, est-il permis aux bons citoyens de se décourager, de se croiser les bras et de gémir? Non. La politique est une religion; elle a ses épreuves et ses martyres. Il faut confesser sa foi et son espérance, même quand les démences du peuple assiègent l'esprit de tristesse et d'incrédulité. Les siècles ne se découragent pas pour un mauvais jour.

» Les Arabes racontent un de ces actes de constance et de foi, qui m'a toujours vivement frappé. Au commencement de l'islamisme, disent-ils, un des premiers apôtres de leur croyance passa un jour entier à parler de l'unité de Dieu dans les rues et sur les places de Damas, sans avoir rencontré un seul habitant, homme, femme, enfant, libre ou esclave, qui ne l'eût qualifié d'imposteur et qui ne l'eût couvert d'insultes et de mépris. Il rentra dans sa maison, doutant presque de lui-même. Abattu par le chagrin, il s'enveloppa dans son manteau et se coucha sur sa natte. Il s'endormit dans les pleurs, demandant à Dieu de ne pas se réveiller. Mais, vers le matin, une voix céleste entendue dans son cœur lui apporta ces paroles : « O toi qui dors » enveloppé du manteau, lève-toi et parle encore! » L'homme affligé reprit courage et recommença le lendemain à parler dans le désert, et le peuple revint un à un de son idolâtrie et de son égarement.

» Que cet acte de sainte obstination serve d'exemple aux bons citoyens! Plus leur patrie court de dangers, plus ils doivent s'acharner à la sauver. Le péril est grand, je ne veux pas vous le dissimuler. Nous sommes dans une crise. D'où vient cette crise? quelle est cette crise? comment conjurer cette crise? C'est ce que je vais vous dire comme je le conçois.

II

» Les élections du 27 avril 1848, les premières grandes élections du peuple tout entier par le suffrage universel, ont été une merveille de sagesse, de patriotisme et d'unanimité. Elles ont été faites sous l'empire de l'enthousiasme qui venait d'inspirer au peuple le cri, le courage et la vertu de la république, qui venait d'inspirer au gouvernement provisoire l'abolition de la peine de mort, la doctrine de la paix extérieure et de la concorde intérieure entre toutes les classes de la nation. Elles ont été faites, de plus, sous l'impression des immenses périls de guerre étrangère, de guerre civile et d'anarchie intestine, auxquels on venait d'échapper par la protection visible de Dieu et par le gouvernement ferme, doux et prudent de quelques hommes de bonne volonté.

» On craignait de rouvrir l'abîme des révolutions qui s'était tout à coup ouvert sous le trône de juillet et sous les fautes de ses aveugles amis. On se félicitait d'avoir été sauvé; on bénissait la Providence de ce que cet interrègne terrible s'était passé sans qu'une colère eût saisi le peuple, sans qu'un vertige eût saisi les dictateurs, sans que la France se fût humiliée devant l'Europe, sans que l'Europe eût osé jeter un défi ou une insulte à la France, sans qu'une conscience eût été froissée, sans qu'une opinion eût été proscrite, sans qu'une propriété eût été violée, sans qu'une misère eût été méprisée, sans qu'une goutte de sang eût été répandue, soit par la main du gouvernement, soit par le crime d'un seul citoyen.

» La France alors fut admirablement bien inspirée dans le choix des hommes qu'elle envoya pour la représenter dans son Assemblée nationale. Pourquoi cela, encore une fois? Parce qu'il y a deux choses qui inspirent bien un peuple : le péril extrême auquel on vient d'échapper, et l'enthousiasme qui ouvre le cœur aux bons sentiments.

III

» L'Assemblée nationale, en immense majorité, on pourrait presque dire à l'unanimité, fut digne de ce beau mouvement de la France. Patriotique, désintéressée, courageuse, modérée, instinctivement habile, maîtresse de ses passions, tolérante envers la partie souffrante du peuple, charitable et prudente à la fois, elle ne brusqua rien, elle temporisa sagement avec toutes les impatiences et avec toutes les difficultés, elle s'associa sans ambition personnelle à toutes les bonnes pensées de la majorité du gouvernement provisoire; elle voulut, avec lui et comme lui, dénouer sagement la crise au lieu de la trancher violemment; elle fut, en un mot, l'honnêteté et la bonne conscience de la France, personnifiées dans une Assemblée d'hommes de bien!

» Voilà mon jugement impartial sur elle, et je crois que ce jugement sera celui de la postérité.

IV

» Et cependant, me direz-vous, puisque cette Assemblée fut si miraculeusement produite par le pays et si sagement inspirée à son commencement, comment se fait-il qu'en se retirant, elle nous lègue encore une crise et des dangers? Je pourrais vous répondre que, de même que la vie humaine, pour les individus, ne se compose que de vicissitudes, de difficultés, de travail, de maladies et de crises : de même la vie des nations ne se compose que de crises perpétuelles. Mais je vais vous répondre moins philosophiquement et plus historiquement. Vous me comprendrez mieux.

V

« L'Assemblée de 1848 arrivait à Paris après une révolution qu'on avait traversée avec sagesse, vigueur et bonheur. Mais, enfin, c'était une révolution, c'est-à-dire un déplacement de vieilles choses écroulées pour faire place à quelques choses nouvelles. Or, avec les vieilles choses, il était tombé des hommes aussi. Quelques-uns de ces hommes tombés avaient été rappelés, à cause de leur importance dans l'État et de leur mérite personnel, dans le

sein de l'Assemblée. C'était bien, c'était sage. Le gouvernement provisoire n'avait pas voulu être un gouvernement de proscription, de jalousie, d'arbitraire. Il avait dit aux électeurs, dans sa proclamation à la nation française :
« Nommez tous vos bons citoyens qui accepteront loyale-
» ment votre mandat, sans leur demander d'où ils vien-
» nent. Les vieux partis sont d'autant plus morts que vous
» ne vous informerez pas s'ils sont vieux ou s'ils sont nou-
» veaux. Ne décapitez pas le peuple en excluant ses supé-
» riorités parce qu'elles ont vécu sous d'autres régimes. Ce
» serait l'exclusion, ce ne serait pas la république. »

» La France avait entendu cette voix. Elle avait fait comme on lui disait. Au milieu de beaucoup d'hommes nouveaux, il y avait des hommes des vieilles dates monarchiques dans l'Assemblée. Je n'accuse pas ces hommes d'être ainsi entrés dans la république pour la trahir. Non ! la trahison est un vieux mauvais mot, des plus mauvais jours, de nos plus mauvais temps, qu'il ne faut pas jeter au peuple, de peur qu'il n'y morde jusqu'au sang. C'est une odieuse calomnie que tous les partis en colère se prodiguent tour à tour et qui est presque toujours aussi un mensonge et une lâcheté. La trahison n'est pas un vice français. La France est trop légère pour être hypocrite.

» Ces hommes n'étaient point entrés dans la république pour trahir. Mais ces hommes étaient des hommes et, qui plus est, des hommes renversés. Ils devaient être très-désorientés dans cette république. Ces choses nouvelles, ces noms nouveaux, ces hommes neufs, devaient leur inspirer sinon une certaine aversion, du moins un certain étonnement. La démocratie devait être un grand scandale à leurs yeux. Ils n'étaient pas accoutumés à nager dans cette pleine eau d'une nation. Étonnés et scandalisés d'abord, ils durent naturellement penser à balayer, le plus tôt possible, toutes les doctrines du gouvernement de février et tous les hommes de cette révolution, afin de rétablir tout le vieux personnel et toute la vieille domination de leur parti sous le nom de république. La république, ainsi épurée des républicains, serait devenue ce que le caprice des événements aurait voulu plus tard. C'est ce que l'on appelle la réaction.

» Ces hommes furent admirablement servis par les circonstances. Une révolution, dans les premiers temps, est toujours un certain chaos ; il faut déblayer et reconstruire ; il faut refaire de l'ordre et de la force dans la société. Le gouvernement provisoire en avait déjà beaucoup fait, puisqu'il avait pacifié l'étranger, recréé une armée de cinq cent mille hommes, organisé la garde mobile, cette milice de l'ordre dans Paris, décrété les trois cents bataillons de gardes mobiles départementales, convoqué, retrouvé, installé le gouvernement définitif de la république dans l'Assemblée constituante.

» Mais les ateliers nationaux subsistaient encore. C'était l'entrepôt de misère, d'indigence et d'oisiveté qu'une révolution laisse toujours un moment après l'orage sur ses bords. Il fallait le dissoudre jour à jour, lentement, prudemment, moitié par dérivation, moitié par assistance, puis enfin par le déploiement dans Paris d'une force armée irrésistible. Le gouvernement combinait ces trois moyens à la fois. Le camp sous Paris était commandé. L'Assemblée nationale perdit patience quelques jours trop tôt. Les ateliers nationaux se soulevèrent sous le vent des clubs le 15 mai, sous le pressentiment de leur dissolution. Le

23 juin, le sang coula. L'Assemblée nationale et la nation furent légitimement indignées de cet attentat d'une partie du peuple contre la souveraineté même du peuple.

» La réaction contre ces attentats fut un devoir pour tous les bons citoyens. Elle fournit malheureusement des armes aussi à la réaction des hommes irrités contre la république. Ils s'organisèrent en parti dans l'Assemblée, en réunion parlementaire dehors. Ils soulevèrent la France contre les républicains de février comme complices de l'insurrection, tandis que ces républicains versaient avec moi leur sang sous les balles mêmes des insurgés. Ils favorisèrent l'élection d'un Bonaparte à la présidence, espérant que ce prestige de gloire et de despotisme servirait d'amorce au peuple pour se reprendre par un nom à la monarchie. Heureusement ils se trompaient, et le président du 10 décembre, plus sage qu'eux, comprenait que sa seule légitimité était dans son élection et dans la constitution.

» Enfin, ils tournaient autant qu'ils pouvaient la république contre elle-même. Ils soldaient des journaux et des brochures contre tous ses principes et contre toutes ses œuvres. Ils prédisaient avec audace son renversement prochain. Ils raillaient jusqu'à sa modération à l'extérieur. Ils l'accusaient de n'avoir pas incendié l'Europe en allumant la guerre universelle. Ils annonçaient que les élections dirigées par eux ne laisseraient pas un seul républicain modéré debout dans la représentation future. Ils déchiraient lettre à lettre tout le manifeste du gouvernement provisoire aux puissances étrangères, manifeste qui avait rompu la coalition contre la France, et tenu l'Europe en paix et en respect pendant toute notre transformation intérieure. Ils laissaient succomber le Piémont à nos portes, sans mettre l'armée des Alpes, préparée pour cela par nous, comme un poids dans la négociation. Ils finissaient enfin par faire eux-mêmes la plus immorale et la plus impuissante des interventions à Rome pour le rétablissement, non pas de l'indépendance spirituelle du pontife, mais de la souveraineté temporelle, théocratique et sacerdotale du pape !

VI

» Pendant ces imprudences et ces témérités du parti de la réaction dans l'Assemblée, que se passait-il dans le parti contraire ? Ceux qu'on appelle les Montagnards, c'est-à-dire les républicains renouvelés de la Convention, excessifs, radicaux, acerbes, farouches, ceux qui font peur à la France, se sentant faibles et menacés, faisaient une alliance désespérée avec ceux qu'on appelle les socialistes et les communistes, destructeurs avoués de l'ordre social connu, démolisseurs de la propriété et de la famille, rêveurs quelquefois bien intentionnés, quelquefois ingénieux, quelquefois ridicules, mais quelquefois furieux de ce que la réalité ne peut pas admettre leurs songes. Ces socialistes, à leur tour, pour grossir leur parti, faisaient alliance avec la plus terrible des factions, avec le paupérisme, avec la misère et avec la faim.

» Cette triple coalition de la démagogie, du communisme et du paupérisme faisait courir une autre nature de dangers à la république. La sagesse avait séparé ces partis au commencement de l'Assemblée constituante. En admettant quelques républicains foncés, mais politiques et pratiques alors dans le gouvernement, on les avait séparés des démagogues sanguinaires et des communistes. On avait proposé des lois d'assistance et de travail qui séparaient aussi le paupérisme du communisme. L'imprévoyance de la réaction a rejoint tous ces tronçons de factions. Il faudra recommencer l'œuvre de sagesse avec moins de chances favorables et beaucoup de temps perdu et d'hommes importants compromis.

» De plus, beaucoup d'hommes considérables parmi les républicains modérés, voyant la réaction grandir et menacer tout ce qui avait tenu à la république, se sont rejetés du côté de la Montagne, et trop près d'elle. L'Assemblée a paru ainsi divisée en deux camps. Du jour où elle a été divisée en deux, elle a été orageuse et tracassière. Le gouvernement n'a plus eu de base solide et permanente. Malgré la sagesse, le patriotisme, le courage et le grand talent déployé par M. Barrot, l'Assemblée, craignant d'apercevoir l'ombre de la réaction derrière les ministres, leur a échappé à chaque instant. On a vu combien étaient fous les hommes qui me reprochaient de n'avoir pas voulu diviser cette Assemblée en deux camps dès le premier jour. La république, faible alors, n'aurait pas survécu deux mois à ce déchirement. La diviser devant ses ennemis, c'était la trahir. Le 24 février nous avait chargés de préserver la société, de faire faire un pas au peuple, et non de trahir la république.

VII

» Ainsi est arrivé le jour des élections. Les démagogues, les communistes, les socialistes réunis, en exploitant le paupérisme et l'ignorance, ont profité des manœuvres de la réaction, et ont exclu de l'Assemblée législative un nombre considérable de représentants républicains, patriotes, modérés. Les hommes de 1830, les ministres de la monarchie tombée, les hommes de 1815, les hommes même du moyen âge, les partisans surannés, quoique jeunes, du gouvernement sacerdotal, les inventeurs de l'intervention antirépublicaine, antifrançaise, anti-italienne à Rome, vont se trouver en face des hommes surannés aussi de la Convention, du comité de salut public et de la postérité de Babeuf!

VIII

» Je sais bien que le bon sens public et la sagesse du temps corrigeront vite ces folies des partis, et que la popularité des imitateurs de Danton et de Babeuf ne prendra pas racine dans un sol propriétaire, commerçant, industriel, et dans le caractère d'un peuple qui a une fraîche expérience de ces atrocités et de ces folies. Néanmoins, cela rend la situation de la France inquiète et agitée, et le gouvernement très-compliqué et très-difficile. De plus, les affaires extérieures de la France se compliquent et s'enveniment, et vous entendez déjà le cri de guerre. Voilà un sombre horizon. Tout est-il perdu? Non. Il nous reste trois choses : Dieu, l'espérance et la sagesse.

» Dieu veille sur la république, parce qu'elle est un progrès de civilisation et de moralité dans les formes de gouvernement, un pas fait dans la lumière vers lui. Il nous l'a montré depuis février. Toutes les fois que dans des journées terribles, 26 février, 19 mars, 16 avril, 15 mai, 23 juin, la république a paru perdue, il l'a miraculeusement sauvée. Si nous avons besoin de miracles, nous avons le droit de compter encore sur des miracles! Or, ces miracles, savez-vous qui il charge de les faire pour lui? Le peuple et l'opinion! Comptons-y encore.

» L'espérance? Elle est la moitié du courage. La France est courageuse.

» La sagesse, enfin? Il n'y a pas de révolution qui puisse s'en passer. Voyons quels conseils elle nous donne, et quels sont les remèdes à la situation extérieure et intérieure que je viens de vous exposer.

IX

» A l'intérieur, la sagesse est toute, selon moi, tracée par le devoir au gouvernement et aux républicains consciencieux qui veulent avec lui et par lui défendre la société. La souveraine habileté, c'est la conscience. Donc, point de panique, et point de coup d'État fondé sur la panique contre la minorité ou contre la majorité de l'Assemblée législative nommée par le dernier suffrage. La constitution est élastique. Laissez-la accomplir librement son jeu. Cherchez un ministère qui concilie le plus possible ce qu'il y a de raisonnable et de praticable dans les instincts de conservation de la majorité. Que ce ministère présente successivement à l'Assemblée toutes les lois d'équité, de secours, d'assistance, de protection, de sage fraternité, qui peuvent corriger les griefs, élever l'intelligence, alimenter le travail, adoucir les misères, améliorer la situation matérielle et morale de la partie souffrante et déshéritée du peuple. Qu'il essaye de réaliser le programme que le gouvernement provisoire apporta à l'Assemblée constituante le jour où il lui remit le pouvoir. Une loi des pauvres, un code complet du paupérisme avant tout, c'est ce qui a sauvé l'Angleterre de dix révolutions !

» Que dans toutes ces lois le gouvernement ne porte pas la moindre atteinte à la propriété, base de tout ! et à la famille, unité divine, source de tout ! Si le communisme et la démagogie veulent dépasser cette limite dans l'Assemblée, que le gouvernement les combatte en face par la parole et par la constitution ! Il aura le pays, et, bien plus que le pays, il aura la société humaine, Dieu et les hommes derrière lui. Avec ces auxiliaires on n'est pas vaincu longtemps !

» Si le communisme et la démagogie conspirent, descendent dans la rue, donnent des armes à leurs complices, qu'il les combatte avec les armes ! Sous le drapeau de l'ordre social, sur le terrain de la constitution, pour la cause de la propriété, devant le seuil de chaque famille et de chaque citoyen qu'on défend, on peut mourir, on meurt encore victorieux !

» Enfin, si le communisme et la démagogie triomphent légalement dans l'Assemblée législative et obtiennent une majorité de surprise, de violence et de démence, que les ministres se retirent et qu'ils leur remettent le gouvernement ! La constitution violée s'écroulera à l'instant sur cette Assemblée usurpatrice et antisociale ! la vie se retirera d'elle avec l'opinion ! le suffrage universel et la garde nationale rentreront dans leur droit ! chaque citoyen, chaque baïonnette, seront une protestation armée contre cette Convention posthume ! elle n'aura pas quinze jours de folies et de crimes ! peut-être, comme au 15 mai 1848, n'aura-t-elle pas la soirée tout entière ! Il se trouvera d'autres hommes pour marcher à l'instant, comme moi, sur l'hôtel de ville, et pour y venger la constitution et la société !

» Le lendemain, qu'on fasse appel au suffrage universel, élagué du scrutin de liste qui en fait une élection de ténèbres. La France relèvera elle-même la constitution violée. Elle renverra une autre Constituante républicaine chargée de corriger les trois ou quatre fautes de sa première constitution et de rentrer dans le programme de la république civilisée, honnête, morale, pacifique et fraternelle du 26 février !

» Que le gouvernement ait foi dans la société ! qu'il ne la défende que par les armes de la constitution et de la liberté, et qu'il dorme en paix au bruit des plus grosses voix et au roulis des plus gros orages ! La société ainsi défendue est impérissable. Elle peut avoir une émeute qui l'éclipse un jour ! elle a le lendemain une révolution légitime et sainte qui la venge et qui la rétablit !

» Voilà mon conseil pour l'intérieur.

X

» Quant à l'extérieur, la question est moins simple. Le peuple, peu versé dans la science des cabinets, des diplomaties et de la politique européenne, est facilement entraîné dans des erreurs qui lui paraissent consciencieusement des vérités. Ainsi on lui dit avec une apparence de raison : « Les trônes sont ébranlés ici et là, partout. Vous
» êtes républiqne. Faites la guerre aux trônes ! passez le
» Rhin ! entreprenez la croisade des peuples ! Vous balaye-
» rez l'Europe de toutes les monarchies et de toutes les
» aristocraties qui vous offusquent ; vous serez le peuple de
» Dieu, le peuple de la démocratie ! Vous trouverez aux
» extrémités de votre course la Jérusalem de la république
» universelle !... » Il ne manque pas de Pierre-l'Ermite, nouveaux prédicateurs fanatiques et insensés, poussant la France à sa perte comme ces apôtres des croisades, qui vous disent ces démences à la tribune, dans leurs journaux et dans leurs clubs.

» Eh bien, déployez avec moi une carte de l'Europe, et voyez.

» Ici, voilà l'Espagne qui a fait sa révolution constitutionnelle en conservant une immense superstition monarchique, et qui se dispute seulement pour le choix de telle ou telle maison régnante. Elle n'a ni classe moyenne ni peuple éclairé comme vous pour fonder une république. Elle n'a que des grands, des soldats, des prêtres et un peuple guerrier et pastoral. Aucun élément de républicanisme démocratique. Elle a conservé de plus une patriotique horreur de vous. Le pied d'un Français ferait soulelever son sol. Elle se souvient que vous avez voulu la conquérir et l'humilier. Vos armées de propagande républicaine y seraient reçues par un peuple tout entier debout contre vous. Si vous voulez y dépopulariser pour un siècle la république, donnez-lui le nom de la France en Espagne. Elle y répondra par la guerre de 1812.

» Voilà l'Italie! C'est une terre d'idées, mais jusqu'ici ce n'est pas une terre qui produise des armées. Elle a un noble et grand instinct d'indépendance nationale, mais elle a peu d'instincts démocratiques ou républicains. La propriété n'y est pas divisée comme chez vous. Il n'y a que de grands propriétaires et un peuple pauvre. Ce peuple a l'habitude des prêtres et des cours. Il est capable d'actes d'héroïsme momentané, il n'est guère façonné encore aux institutions représentatives et populaires. De plus, il n'a aucune unité : il est divisé en sept ou huit nationalités distinctes qui se répugnent et se combattent souvent les unes les autres. Si vous y portez la république sans qu'il se la donne à lui-même, il faudra la défendre éternellement aussi vous-mêmes, avec une armée de deux cent mille hommes, contre ses ennemis intérieurs et contre ses ennemis extérieurs. Vous serez forcés d'en devenir les conquérants et les maîtres, comme vous le fûtes en 1812. De ce jour vous serez ses ennemis au lieu d'être ses protecteurs. L'Italie vous répudiera et répudiera avec vous la république, pour invoquer, comme elle le fait alternativement, d'autres libérateurs ou d'autres tyrans. Comment supporterez-vous, sans les forces de l'empire, ce poids de cent mille hommes en Afrique et de deux cent mille en Italie? et que vous restera-t-il pour vous défendre contre le reste du monde?

» Gardez-vous de vous mêler des institutions intérieures de l'Italie. Bornez-vous à favoriser la cause de son indépendance, quand elle vous appellera elle-même comme auxiliaires de quelque grand mouvement national digne d'elle et de vous. Protégez un système de ligue italienne entre les différentes puissances démocratiques, constitutionnelles ou monarchiques dont elle est composée, et surtout hâtez-vous de saisir le premier prétexte honorable pour sortir de Rome, où l'étourderie et l'inconséquence vous ont fourvoyés! Vous y avez marché contre votre principe; vous avez le pied dans un piége où vous ne pouvez trouver que le déshonneur ou la guerre. Retirez de ce piége le pied de la France, ou bien la France entière peut y tomber.

XI

» Enfin voilà l'Autriche, la Prusse, la Belgique, les puissances secondaires de l'Allemagne. Tout cela est en confusion depuis que nous avons loyalement et habilement déclaré, dans le manifeste du gouvernement provisoire, que nous respecterions à tout prix l'inviolabilité du sol germanique, et que nous ne voulions de l'Allemagne que l'amitié des peuples allemands. Tantôt ce sont les peuples qui sont vainqueurs, tantôt ce sont les armées des princes; quelquefois ce sont les peuples mêmes qui s'y divisent par races, comme en Bohême, en Hongrie, en Croatie, pour des origines et des extraits de naissance nationale. Ailleurs, c'est pour la cause d'une unité allemande entendue par ceux-ci d'une façon, par ceux-là d'une autre façon. Au milieu de tout cela, quelques mouvements municipaux, quelques jacqueries communistes, quelques assassinats démagogiques. L'œil de Dieu seul peut discerner le sens confus, obscur, divers, contradictoire, de toutes ces convulsions ! Et l'on vous dit : « Allez-y ! »

» Et de quel droit et à quel titre iriez-vous ? Vous appelle-t-on ? et qui vous appelle ? Sont-ce les princes ? vous n'avez pas mission de les restaurer, pas plus que vous n'avez mission de les renverser. Est-ce l'unité allemande ? mais elle est votre plus grand danger, si elle n'est pas un rêve. Elle vous donnerait un seul ennemi de quarante millions d'hommes, au lieu d'une Allemagne diverse d'intérêts et de vues. Mais la représentation de l'unité allemande à Francfort a déjà hautement offert à l'Autriche ses forces contre vous en Lombardie ! Sont-ce les Hongrois ? Ils sont héroïques, mais lesquels ? La moitié de la Hongrie combat contre l'autre : les uns pour les Slaves, les autres pour les Madgyars ; les uns pour l'empereur, les autres contre lui. D'ailleurs, tous se battent pour avoir de meilleures conditions fédératives avec l'Autriche, et, aussitôt que ces conditions seront obtenues, ils fourniront, comme ils fournissent encore en ce moment, cent mille soldats à la cour de Vienne pour opprimer les Italiens et pour combattre la France en Lombardie. Où est donc là la cause démocratique? la cause républicaine? la cause française surtout, jusqu'ici en Allemagne? Elle n'est que dans l'ignorance et dans les non-sens de vos orateurs et de vos journaux démagogiques.

» Enfin, sont-ce les communistes de l'Allemagne qui vous appellent? Mais pourquoi iriez-vous verser le sang de vos enfants en Allemagne pour des communistes qui tirent sur vous et que vous avez à combattre à Paris?

» Tout cela est absurde. Il n'y a pas, jusqu'à présent, un atome de cause républicaine française en jeu de l'autre côté du Rhin. Vous n'avez rien à y faire que des fautes irrémédiables comme à Rome.

» Je me trompe : vous avez à y réunir contre vous ce que notre prudence et notre respect pour l'Allemagne a séparé depuis février, les princes et les sujets, les rois et les peuples, les races et les partis, les armées et les parlements. Il n'y aurait qu'un cri : « Voilà le Français! Voilà
» la violation du territoire! Voilà la conquête et l'humilia-
» tion de l'Allemagne? Unissons-nous! Vengeons le sol
» germain! Guerre d'expiation à la France! » Quelques démagogues allemands fêteraient vos bataillons comme en 1792, à Mayence et à Cologne, tout le reste des peuples serait contre vous. La Russie, que l'Allemagne voit avec ombrage et haine aujourd'hui intervenir dans ses affaires, serait invoquée comme auxiliaire. Les armées de l'empereur de Russie, de l'empereur d'Autriche, du roi de Prusse et de tous les contingents allemands vous attendraient au cœur de l'Allemagne. Vous trouveriez six cent mille hommes au milieu d'un peuple désaffectionné devant vous. Vous auriez une bataille. Êtes-vous assez forts aujourd'hui pour livrer une bataille à Leipzig? Si vous étiez vainqueurs,

que feriez-vous de la victoire? Si vous étiez vaincus, ce serait le Waterloo de la république!

» L'Angleterre, que notre politique droite, digne, mais respectueuse pour les nationalités, a retenue et retiendra avec nous du côté de la paix, serait entraînée par un ministère aristocratique et par le cri de la Russie, de l'Autriche et de la Prusse, à se coaliser avec le continent contre vous. L'Angleterre est le nerf des coalitions. Il n'y en a point de dangereuse sans elle. Elle tient l'Allemagne à sa solde. Et vous la pousseriez à réformer la coalition de 1813!... Ah! si je voulais trahir et perdre la république et retarder de trente ans les progrès réguliers de la démocratie dans le monde, je n'aurais qu'un cri! le cri de vos tribunes, de vos démagogues et de vos orateurs : «Faites » passer le Rhin *avant l'heure* à un soldat français! »

» Et moi je vous dis, et je vous le dis au nom de cette politique du manifeste de février qui a pour elle les résultats, qui a tenu l'Europe en respect et décomposé le continent hostile sans une goutte de sang : Ne faites pas la guerre! Acceptez-la si on vous la fait sur votre sol. Ayez deux cent mille hommes que vous puissiez rassembler toujours en six semaines sur le Rhin, cent cinquante mille de Toulon à Besançon, trois cent mille des gardes mobiles que nous avons décrétés dans leurs foyers, et dormez tranquilles! Si une baïonnette prussienne, autrichienne ou russe franchit le Rhin, le continent est à vous! Pourquoi? Parce que vous serez dans votre droit, que l'Allemagne vous appellera pour la délivrer, et qu'elle se lèvera alors non plus contre vous, mais contre les Russes!

» La paix jusque-là est donc la meilleure guerre. Réfléchissez! et résistez à ceux qui vous poussent à votre perte.

XII

» Mais on vous dit : « Voyez ce qui se passe au nord.
» Voilà l'empereur de Russie qui reconnaît la république
» française, c'est vrai; mais le voilà qui, au mépris de
» l'équilibre du monde, fait intervenir ses armées en faveur
» de l'Autriche en Hongrie; le voilà qui contracte une
» alliance défensive avec le jeune empereur d'Autriche; le
» voilà qui lui prête ses forces pour reconquérir ses États;
» le voilà enfin qui paraît s'allier avec le roi de Prusse
» pour peser avec ces triples forces de répression et de
» compression sur la généreuse Hongrie et sur une partie
» de l'Allemagne, pour balayer le parlement de Francfort,
» pour rétablir le *statu quo* des trônes à la place de ce fan-
» tôme d'unité germanique, dans lequel il a cru reconnaître
» le fantôme d'une démocratie allemande. Ce n'est pas
» tout : cette armée russe intervenant ainsi en Autriche,
» permet à l'Autriche de détacher une plus grande partie
» de ses troupes en Italie; cette armée russe devient ainsi
» en réalité une arrière-garde de l'Autriche contre l'in-
» fluence de la France au delà des Alpes. La France peut-
» elle rester indifférente à un tel déplacement des poids de
» l'équilibre européen? Peut-elle se dissimuler que les rois
» du Nord ne se liguent pas pour les républiques? peut-elle
» ne pas reconnaître là quelques symptômes d'une sainte-
» alliance à trois, au lieu d'une sainte-alliance à sept?
» Peut-elle permettre impunément que les cabinets de

» Saint-Pétersbourg, de Vienne et de Berlin se concertent,
» se coalisent, s'empruntent et se prêtent des armées et
» des territoires pour une défense mutuelle de leurs intérêts
» intérieurs, et se constituent ainsi en unité, en solidarité,
» en fédération de trônes contre leurs propres provinces
» d'abord, et puis bientôt après peut-être contre leurs
» adversaires communs? N'y a-t-il pas dans ce fait un cas
» de guerre formel? La France n'est-elle pas en droit de la
» déclarer pour ce seul fait? Et si elle doit la déclarer un
» jour, n'est-il pas mille fois plus politique et plus prudent
» de la déclarer aujourd'hui que d'attendre (ce qui paraît
» prochain et certain) l'extinction du foyer d'agitation
» germanique sous les pas réunis des Russes, des Autri-
» chiens et des Prussiens? »

XIII

» Sans doute il y a une grande apparence de vérité dans ce qu'on vous dit là, et si les choses en étaient où elles étaient en 1810, si la France avait un gouvernement bien assis, un peuple tranquille, des finances prospères, un despotisme tout-puissant, un César couronné à sa tête et douze cent mille hommes sous les armes, on vous dirait avec raison. N'attendez pas, coupez avec l'épée ce noyau de ligue austro-russe et austro-prussienne avant qu'il ait germé et grandi! faites du jour à la France au nord avec le canon d'Austerlitz et d'Iéna! n'attendez pas qu'un nouvel Alexandre vienne dicter des ukases sur le Rhin, à Milan ou à Paris!

» Mais la manie des hommes d'État sans invention, sans réflexion et sans génie, comme ceux qui vous conseillent dans vos clubs, dans vos journaux et même dans vos assemblées nationales, est de confondre perpétuellement les choses et les dates, de prendre le présent pour le passé, de croire que 1810 et 1849 sont une même année, et d'imiter toujours ce qui a été fait à une époque pour l'appliquer à une autre époque et à des circonstances toutes différentes. C'est là ce qu'on appelle une parodie. C'est la maladie du moment. C'est le vice des esprits sans force, sans jugement, sans originalité. C'est ce qui fait qu'on vous propose tantôt d'imiter 1793 et de jouer pour passe-temps à la guillotine ; tantôt d'imiter le 18 brumaire et de jouer aux coups d'État par désœuvrement! tantôt d'imiter l'Empire et de jouer à la guerre universelle pour distraire quelques démagogues et quelques généraux désorientés!

» Voyez un peu la différence entre la situation de l'empereur Nicolas en 1849 et la situation de l'empereur Alexandre en 1813. Vous jugerez tout de suite s'il est bien à craindre que l'empereur Nicolas entraîne le continent sur les pas d'une armée russe, coalisée avec l'Autriche et la Prusse, traverse l'Allemagne en triomphateur, passe le Rhin suivi de toute la Germanie en armes, et vienne dicter des ukases à la république à Paris.

» Sans doute l'empereur de Russie, souverain absolu, politique et guerrier de soixante-dix millions de sujets, actif, généreux et brave, peut être tenté quelquefois de ce rôle d'Agamemnon des rois du Nord. Il peut être flatté de prendre la tutelle du jeune empereur d'Autriche, de lui prêter son épée pour le rasseoir à Vienne, et pour lui restituer, à des conditions plus ou moins constitutionnelles, quelques-unes de ces provinces qui composent cette fédération militaire d'États semi-indépendants qu'on appelle la monarchie de la maison d'Autriche ; il peut être impatient de prêter aussi des contingents au roi de Prusse, pour l'aider à triompher de l'insurrection tantôt germanique, tantôt aristocratique, tantôt démocratique, tantôt démagogique de ses villes du Rhin ; il peut être séduit même par la gloriole de souffler sur la chimère métaphysique du parlement idéal de Francfort, et par le titre de restaurateur du vieux et éternel *statu quo* allemand. C'est une affaire entre l'Allemagne et lui. Si quarante millions d'Allemands, libres et braves, ne savent pas dire et maintenir ce qu'ils veulent contre quelques détachements des armées russes, qui est-ce qui le saura pour eux ?

» J'admets cette éventualité. Je suppose, et je ne suis pas éloigné de le croire, que les armées, très-distinctes des nations, de l'empereur de Russie, du roi de Prusse et de la cour de Vienne, compriment un moment le mouvement germanique, unitaire, démocratique, démagogique, confus, obscur, divers, insaisissable, indéfinissable, rationnel et antirationel, libéral et antilibéral, slave, madgyar, croate, italien et anti-italien, de l'Allemagne; j'admets que les Russes auxiliaires des cours viennent même jusque sur les rives du Rhin servir de garnisaires à deux ou trois grands ou petits souverains de la basse Germanie, je dis que le pouls de la France sensée ne battra pas d'une pulsation de plus par minute, et que la république sera plus inaccessible aux Russes à Paris, que Paris ne l'était aux Russes quand nos aigles étaient à Moscou ! Je dis plus, je dis que cette heure, heure d'humiliation pour l'Allemagne, serait le prélude triste, mais certain, d'une des plus glorieuses heures que l'histoire puisse réserver à la France !

» Cela vous paraît du paradoxe? ce n'est que du coup d'œil.

» Qu'est-ce qui a amené l'empereur Alexandre à Paris ? C'est que la France avait débordé de toutes ses frontières sur les peuples ; c'est que la France avait pris l'Égypte et Malte, la Hollande, la Belgique, et jeté ainsi l'Angleterre, justement inquiète, dans les bras de la Russie ; c'est que la France avait occupé l'Italie, usurpé l'Espagne, assujetti la Suisse, disloqué, démembré, dépecé l'Allemagne, humilié Vienne et Berlin, et enfin brûlé Moscou. La liberté du monde, l'indépendance du continent, le principe de toutes les nationalités profanées, s'étaient acculés en Russie. L'empereur Alexandre, en sortant de ses déserts, trouvait le monde entier pour armée ! Il était la vengeance de l'Europe, trônes et républiques, rois et peuples contre nous : l'Angleterre soldait la croisade ; l'Allemagne, l'Italie, l'Espagne, la Hollande, le Danemark, la Suède, recrutaient ses bataillons. Il était le reflux de l'océan des peuples : il nous submergea. La main de Napoléon n'y put rien ! Il avait soulevé les nationalités ; les nationalités l'engloutissaient. C'était inévitable, car c'était logique. C'était fatal, car c'était talion. La conquête amenait et légitimait l'insurrection du continent.

XIV

» Mais aujourd'hui ne voyez-vous pas que tout ce qui était alors du côté des Russes est contre eux? qu'ils étaient dans leur droit et qu'ils sont dans leur tort? que la république française n'a pas donné jusqu'ici un grief légitime à l'Europe? qu'elle a déclaré la paix au lieu de la conquête au continent? qu'elle n'a pas même accepté les fragments de nationalités limitrophes qui s'offraient à elle, de peur d'être suspectée d'ambition territoriale? qu'elle n'a pas mis sa main dans une querelle des rois et des peuples qui ne l'appelaient pas directement? qu'elle n'a pas froissé le droit, la susceptibilité, l'amour-propre même de la plus petite municipalité souveraine hors de chez elle? qu'elle a poussé le désintéressement jusqu'au scrupule et le respect des nationalités jusqu'au danger pour elle-même?

» A quel titre donc un nouvel empereur Alexandre soulèverait-il contre la république le reflux de ces peuples que nous n'avons pas foulés? à quel mot ces peuples se lèveraient-ils pour sa cause contre la nôtre? sous quel prétexte l'Angleterre, qui veut la paix comme nous, lui solderait-elle l'armée d'un million d'hommes nécessaires, au moins, pour qu'il pût passer le Rhin? comment l'Allemagne se lèverait-elle pour son oppresseur? comment les trente-six millions de Français insultés dans leur droit et dans leur sol accueilleraient-ils ses bataillons? et pendant qu'il lutterait ici contre un peuple de soldats et de citoyens, comment ses forces se recruteraient-elles ? Il lui faudrait une armée de deux cent mille hommes pour contenir le Caucase, une armée de deux cent mille hommes pour contenir les Turcs, la Valachie et la Moldavie, une armée de deux cent mille hommes pour contenir la Pologne, une armée de deux cent mille hommes pour contenir la Hongrie, une armée de deux cent mille hommes pour contenir l'Allemagne elle-même et l'Italie, plus un million d'hommes pour conquérir la France ! Cela fait plus de deux millions de soldats !!! Et qui payerait la solde de cette oppression de l'univers ?

» Croyez-moi, on vous présente des rêves de danger pour vous donner le délire de la guerre ! Il n'y a plus de Xerxès, et il y a un peu mieux que des Athéniens en Asie et en France !

» Savez-vous ce qui est vrai ? C'est que si la Russie rêvait cette démence, il faudrait prier Dieu qu'elle l'accomplît ; car c'est à votre voix alors que le continent humilié se lèverait, que l'Allemagne, la Hongrie, la Pologne, recruteraient elles-mêmes les cinq cent mille hommes que vous jetteriez au delà du Rhin pour faire la croisade légitime et triomphante de la liberté des nations contre le despotisme des libérateurs ! On aurait voulu être l'Agamemnon des rois, on aurait suscité en vous l'Agamemnon des peuples !

» Jusque-là, je vous le répète, ne bougez pas ! Organisez votre gouvernement, faites travailler vos ouvriers ! évaporez votre communisme, qui n'est que la misère aigrie par les clubs ! Restaurez votre crédit, réparez vos finances, votre administration, et armez-vous ! mais l'arme au bras pendant deux ans encore ! Voilà la vraie politique.

XV

» Il y a deux partis réunis en ce moment, quoique s'abhorrant entre eux, qui vous crient la guerre!

» Les démagogues et les peureux.

» Les démagogues? C'est tout simple, ils font ce raisonnement, et ils raisonnent juste : « Nous sommes une imper-
» ceptible minorité et nous voulons tyranniser la nation.
» Comment faire? Il n'y a qu'un moyen : la terreur. Mais
» pour qu'on nous accorde les moyens de terreur, c'est-à-
» dire les accusations de trahison, les tribunaux révolution-
» naires, les proscriptions, les échafauds, les prisons, les
» emprunts forcés, les papiers-monnaie, les *maximum*,
» tout cet arsenal de 1793, il faut un prétexte? Ce prétexte,
» il n'y en pas deux, c'est la guerre. Avec la guerre, le
» trésor public tarit : les impôts sont triplés, l'argent se
» cache, une population industrielle de six millions de tra-
» vailleurs, qui n'existait pas en 1792, où toute la nation
» était agricole et soldat, tombe dans le chômage. Elle
» meurt de faim, car on ne consomme plus. Les ateliers se
» ferment, la crise est suprême, la colère saisit le peuple
» avec la faim, nous sommes le gouvernement de la colère
» du peuple. Rien ne nous résiste. La guerre donc, c'est
» notre dictature! Nous rêvons la Convention! Voilà notre
» rêve réalisé! Il sera court, mais il sera terrible! »

» Je comprends cela. Cela est logique comme un instinct de crime, et l'instinct ne trompe pas ici la démagogie.

Mais aurez-vous moins d'instinct qu'elle, vous, peuple de six millions d'ouvriers, de vingt millions d'agriculteurs et de dix millions d'industriels et de commerçants? et parce qu'on vous demande en phrases sonores la hache pour vous décimer, la donnerez-vous?...

XVI

» Il y a un autre parti qui demande à grands cris la guerre. Vous ne le croiriez pas, eh bien, ce sont les peureux ! — Quoi, les peureux demander la guerre? — Oui; et parmi ces peureux il faut compter de très-braves officiers et de vaillants généraux du parti militaire, qui ont la bravoure du champ de bataille, et qui n'ont pas autant le courage impassible du conseil; il faut compter aussi beaucoup de demi-hommes d'État, politiques empiriques de routine et d'expédient. — Mais pourquoi? mais comment? des peureux demander la guerre! Expliquez-nous encore cela. — Je vais vous l'expliquer.

XVII

» Toutes les révolutions posent quelques problèmes à résoudre au gouvernement et au pays où elles s'accomplissent. Dans ces crises des peuples, les masses de citoyens se déclassent comme les idées. Ces idées et ces masses se reclassent ensuite, avec des progrès acquis, dans un ordre modifié et nouveau. Mais avant que les révolutions s'apaisent tout à fait et marchent sous leur nouveau gouvernement, il s'écoule un temps. Pendant ce temps-là, il y a des agitations, des inquiétudes, des séditions, des paniques, des journaux incendiaires, des clubs frénétiques, des tribunes retentissantes, des tribuns, des orateurs, des démagogues, des factieux, des masses remuées et remuantes à leur voix.

» Alors, devant les gouvernements se posent deux systèmes pour sortir des difficultés temporaires d'un pareil moment : *résoudre peu à peu laborieusement, législativement ces problèmes, ou bien les éluder.*

» Le premier moyen est le plus sûr, mais c'est le plus lent et le plus laborieux. La peur saisit les gouvernements et les hommes faibles. Ils se disent : « Jamais nous ne cal-
» merons cette nation. Jamais nous ne traverserons ces
» crises. L'anarchie nous submergera si nous ne lui trou-
» vons pas une issue. Le volcan nous emportera si nous
» n'ouvrons pas une soupape à son foyer. Il n'y en a qu'une :
» la guerre! Faisons la guerre dehors par peur de l'agi-
» tation au dedans! »

» Les insensés, ils ne se souviennent pas des Girondins !

» Les Girondins parlèrent de même, les généraux parlèrent de même : ils crurent que la guerre allait les débarrasser des Montagnards. La guerre centupla la force des Montagnards. Elle leur donna les cris *à la trahison !* les accusations des généraux, les commissaires aux armées, les tribunaux exceptionnels, la disette, l'assignat, l'échafaud! Les Girondins et le parti militaire furent les premiers décimés par la faux révolutionnaire que la guerre mit dans la main de leurs ennemis! Cette histoire du passé est encore l'histoire de demain. Si vous donnez la guerre aux démagogues, sachez-le bien, c'est le gouvernement révolutionnaire que vous leur donnerez! En prenant l'épée, vous leur donnez la hache. Pensez-y.

XVIII

» Et, d'ailleurs, y a-t-il quelque chose de plus immoral au monde, pour des républicains qui se disent et qui doivent être animés d'un principe divin de fraternité et d'humanité pour les hommes, que de faire ainsi une diversion de sang aux difficultés d'une situation? Quoi! parce que vous avez des embarras et des agitations en France, vous ferez couler à flots le sang des hommes étrangers à votre révolution? Vous direz : « Périssent des milliers d'hommes, » pourvu que je donne un passe-temps d'extermination à » mes bras désoccupés à Paris! » Est-ce qu'un crime de plus a jamais simplifié les choses humaines? Est-ce que le sang de la France et de l'Europe vous appartient?

» Nous raisonnions autrement dans les premiers beaux jours de février, et voilà pourquoi Dieu nous assistait et l'Europe se taisait devant nous! Je me souviens d'avoir dit souvent alors aux ambassadeurs, en leur montrant ces magnifiques revues de l'armée, de la garde nationale et du peuple, comme celles du 20 avril, du 4 mai, du 20 mai, comme celle même du 19 mars! ces revues de deux et trois

cent mille hommes, faisant résonner le sol de la patrie sous le pas accéléré de ses bataillons, revues qui, commencées au lever du soleil, n'avaient pas encore défilé tout entières à son coucher; je me souviens d'avoir dit souvent à ces ministres étrangers, de l'Angleterre, de la Russie, de l'Autriche, de la Prusse : « Vous voyez ce peuple de baïonnettes qui dé-
» borde de toutes nos villes et de toutes nos campagnes!
» vous voyez leur enthousiasme, leur impatience martiale,
» leurs frémissements au nom de république et de patrie! Il
» nous serait bien aisé, dites-le à vos gouvernements, de
» faire la guerre. Nous avons plus de peine à la contenir
» qu'à la déchaîner. Elle calmerait pour un moment de
» grandes fermentations à l'intérieur; elle soulagerait le
» pavé de Paris et nos grandes villes manufacturières d'un
» surabondant de population, d'oisiveté, d'énergie, qui
» souvent nous inquiète! Les politiques empiriques nous
» la demandent à grands cris comme les démagogues. Elle
» nous populariserait, elle motiverait dans nos mains des
» pouvoirs irrésistibles, elle prolongerait notre dictature!
» Eh bien, si vos souverains nous comprennent et nous
» respectent, nous ne la ferons pas! Ce n'est pas par fai-
» blesse, vous le voyez, c'est par principe et par vertu.
» Nous ne nous croyons pas le droit de déverser sur les
» autres le fléau d'une guerre impie et universelle pour
» distraire cette nation et pour simplifier nos embarras de
» gouvernement. Nous ne nous jetterons pas, comme des
» enfants, dans un abîme pour éviter un autre abîme. Nous
» aborderons courageusement, patiemment, nos difficultés
» intérieures de travail, d'industrie, de paupérisme, de
» terrorisme même, et nous les résoudrons avec l'aide du
» bon sens de ce peuple dont nous n'aurons pas jeté le sang

» au vent! et Dieu sera avec nous, parce que nous sommes
» avec l'humanité ! »

» Ce que nous disions alors, et ce qui se vérifiait pendant quinze mois par le respect de l'Europe pour la république et par l'explosion spontanée de ses principes dans la moitié du continent, dites-le encore quelque temps. Vous conserverez la paix, le travail, le trésor, le sang de la France, vous accumulerez vos forces vitales pour le jour où la guerre deviendra légitime. Vous préviendrez le ravage des peuples hors de chez vous, la terreur chez vous, et vous aurez par surcroît l'estime de vous-mêmes, la protection de Dieu et l'empire intellectuel et moral de la vraie démocratie sur le continent.

LIVRE VINGT-CINQUIÈME

I

La grande manifestation du 13 juin 1849, dans laquelle M. Ledru-Rollin se laissa entraîner contre la Chambre et le président de la république, donna lieu, de ma part, à la vigoureuse réfutation que voici :

« Nous disions, dans notre dernier entretien, avec la partie saine et vraiment républicaine du peuple : « Chaque
» fois que la république a semblé perdue le matin, elle a
» été miraculeusement sauvée le soir. S'il nous faut donc de
» nouveaux miracles, la Providence nous a donné le droit
» d'y compter. »

» A peine avions-nous adressé ces lignes à nos lecteurs qu'un nouveau miracle, en effet, sauvait l'Assemblée législative, la république et la société. La journée du 13 juin 1849 est le pendant de la journée du 16 avril 1848. La garde nationale a fait le 16 avril à la voix d'un homme. L'armée, la garde nationale, le gouvernement et l'Assemblée législative ont fait le 13 juin au cri du péril commun.

» Rendons grâces à Dieu! et serrons-nous autour de la constitution et du gouvernement républicain.

II

» Que serait-il arrivé si cette manifestation, armée de sa masse, de son nombre, de son poids, de ses clameurs, recrutée dans sa marche par tous les éléments de vagabondage, de turbulence et de démagogie qui flottent toujours, comme l'écume après la tempête, sur la surface d'une capitale de quinze cent mille âmes, avait balayé même involontairement l'Assemblée législative?

» Que serait-il arrivé si cet appel aux armes lancé par une opinion insurrectionnelle ou téméraire eût été entendu dans toute la république et eût armé en effet la partie séditieuse du peuple contre la représentation nationale, contre la constitution, contre les pouvoirs établis?

» Que serait-il arrivé si cette parodie de Convention dont on parle, rêve constant et puéril de quelques démagogues depuis quinze ans, s'était installée dans un coin de Paris pour organiser impunément de là son comité de prétendu salut public, ses comités révolutionnaires dans toutes les villes et dans tous les villages, et si elle eût proclamé la dictature du plus fou ou du plus obéissant d'entre eux?

» Ce qui serait arrivé? je vais vous le dire; et Dieu veuille que les événements ne vous le disent jamais mieux que moi.

III

» Ces hommes qui auraient tenté de faire violence à la nation dans sa souveraineté constituée, de proclamer la déchéance du premier magistrat de la république nommé par les six millions de suffrages du peuple, de chasser la représentation légale des départements par les mains des clubistes et des sections conspiratrices de Paris, de mettre hors la loi la majorité, les ministres, les autorités, la garde nationale, l'armée et les électeurs, c'est-à-dire la France tout entière; ces hommes, instituant le gouvernement de la Montagne ou d'une faction à la place du gouvernement de la république, n'auraient pas pu s'appuyer le lendemain sur cette nation qu'ils venaient de violer, de proscrire, de détrôner, de nier, de tyranniser dans sa représentation. Ils étaient donc condamnés d'avance à s'appuyer exclusivement sur quoi? sur leurs complices à Paris et sur leurs complices dans les départements.

» Or, qui sont ces complices? ai-je besoin de vous le dire? vous les connaissez comme moi. Ce sont tous ceux qui, sous tous les régimes, monarchiques, constitutionnels ou républicains, ne peuvent supporter le joug d'aucune loi, même des lois qu'ils se sont faites eux-mêmes; ce sont tous les convulsionnaires de club, tous les vociférateurs de place publique, tous les recruteurs d'attroupements, tous les remueurs de séditions, tous les moteurs de troubles, tous les inventeurs de factions; ce sont ceux qui se réunissent toutes les nuits pour comploter quelque nouveau cri de nature à troubler la paix publique, à effrayer les bons citoyens, à faire disparaître et enfouir l'argent, à paralyser le crédit, à arrêter le travail, à créer la faim, la soif et le désespoir parmi les ouvriers; ce sont ceux qui, après avoir crié le lendemain de la révolution : « Vive la république ! » ont crié le surlendemain : « Vive le drapeau rouge ! » ce sont ceux qui, huit jours après que la république a été assise avec l'Assemblée constituante, ont crié : « Vive la » Pologne ! A bas l'Assemblée nationale ! » ce sont ceux qui, un mois après, ont crié : « Vive l'empereur ! » ce sont ceux qui, après avoir crié : « Vive l'empereur ! » ont crié : « Vive » la république démocratique et sociale ! » avec accompagnement de coups de fusil et d'assassinats ! ce sont ceux qui, après avoir crié : « Vive la république sociale ! » ont crié : « A bas les blancs ! Vive la guillotine ! Vive la guerre ! Vive » le meurtre ! Vive l'échafaud ! » ce sont ceux qui crieront demain : « Vive le dictateur ! » et après demain : « Vive le » bourreau ! »

» Leurs complices, ce sont ces braves ouvriers sans mauvaises intentions, mais sans lumières, prêtant l'oreille aux rêveries des prétendus socialistes et des communistes qui leur promettent de refaire en trois jours l'œuvre de la société parfaite, œuvre que Dieu et la nature n'ont pas fait en six mille ans, d'enlever de la vie les inégalités, les labeurs, les misères méritées ou imméritées, les souffrances, les vices, les maladies, les infirmités, la mort, et de leur créer même, comme les apôtres de Fourier en prennent l'engagement, de nouveaux sens pour de nouvelles jouissances!

» Leurs complices involontaires enfin, ce sont ces milliers de travailleurs souffrants de l'industrie, accumulés dans les grandes villes, ces mains du pays que les agitations de ces démagogues empêchent de gagner honorablement leur vie, et qui, par oisiveté et par dénûment, deviennent l'armée en disponibilité des factions, parce que ces factions, stupides ou perverses, les empêchent à dessein de redevenir l'armée du travail!

» Voilà sur quels éléments cette Convention et ces dictateurs du 13 juin auraient été forcés de s'appuyer pour opprimer, ruiner, ravager et décimer quelque temps les trente six millions d'hommes abandonnés par Dieu au fléau d'un tel gouvernement!

IV

» Or, pour retenir à eux cette armée prétorienne de la sédition, de la tyrannie et de la dictature, il aurait fallu une solde à cette milice dès le lendemain. Où la prendre, cette solde? Tout crédit, tout numéraire, tout impôt, tout commerce, toute industrie, tout travail, toute consommation, auraient disparu le soir même du 13 juin dans une société surprise par une telle cessation de vie. Il n'y avait qu'un moyen de solder cette armée de la démolition sociale : c'était de proclamer la guerre des prolétaires contre les propriétaires! la *guerre servile*, comme cela s'appelait dans l'antiquité. C'était de déclarer la *victoire* et le *droit aux dépouilles* d'une seule classe du peuple, la classe prolétaire, contre toutes les autres classes possédantes, industrielles, libérales ou commerçantes. C'était de leur donner la France en nature pour solde et pour proie.

» Mais, pour piller et ravager la France sous toutes ses formes de propriété, de commerce, d'industrie ou d'impôt, il faut d'abord l'enchaîner; car vingt-six millions de possesseurs grands ou petits se défendent. Et pour enchaîner la France, il faut la frapper, et quelquefois la tuer. On aurait donc inévitablement et presque immédiatement enchaîné, frappé et tué malgré soi, pour solder l'armée prétorienne de cette dictature des prolétaires.

V

» Je sais bien que les habiles de ce parti des violences disent : « Non : nous n'aurions livré que les riches aux » pauvres. Les riches sont très-peu nombreux ; il n'y en a » que deux ou trois par village, quelques centaines par » ville. Cela aurait fait satisfaction à l'envie des autres. » Avec les propriétés des riches nous aurions cointéressé » les pauvres et soldé notre armée révolutionnaire. »

» Mais cette réponse est une absurdité de plus. Qui est-ce qui aurait acheté ces dépouilles, puisque le numéraire aurait disparu? Qui est-ce qui se serait fié à se déclarer le recéleur de cette maison ou de ce champ marqué à perpétuité du deuil, des larmes, du sang de ces possesseurs expulsés ou immolés pour le seul crime irrémissible de propriété d'une maison trop haute ou d'un champ trop large? Qui est-ce qui n'aurait pas senti sur son nom, sur sa conscience, sur sa tête et sur la tête de ses enfants, la vengeance, ajournée mais certaine, du fils, de la femme, de l'héritier, de la famille, de l'ami du propriétaire proscrit ou supplicié? Croyez-vous donc que le remords, la honte, la peur, soient des feuilles de roses dans la couche du spoliateur, du recéleur ou de l'assassin?

» Non! personne n'aurait acheté, et tout le monde aurait laissé le champ volé inculte comme le champ du potier, prix de la trahison du Christ.

VI

« Nous aurions fait des assignats, » ajoutent les prolétaires.

» Impossibilité de plus. Car, le jour où vous auriez fait des assignats en les hypothéquant sur le pillage, vos assignats auraient représenté non la confiance, mais la terreur, mais la spoliation, mais le remords, mais le crime! Ceux de la Convention, hypothéqués cependant sur les biens de l'Église et des émigrés, représentaient la cinq centième partie de leur valeur. Les vôtres auraient représenté pour gage à leurs possesseurs, l'anéantissement du droit de posséder!.....

» Quels économistes! quels financiers que vos dictateurs?

«Mais nous les aurions fait accepter et circuler par force, nos assignats? »

» C'est là qu'on vous attend? Cela veut dire que toutes les fois qu'un acheteur serait entré chez un marchand et lui aurait demandé le pain, le vin, le vêtement, le logement, l'eau ou le feu du jour, il aurait fallu un gendarme de la dictature démocratique et sociale derrière l'acheteur, pour contraindre le marchand ou le propriétaire à donner son blé, son vin, son pain, sa chambre, son meuble, son eau, son feu, contre un morceau de papier signé de votre dictateur!

» Quels inventeurs que vos démagogues!

» Oui, en effet, il aurait fallu la violence, et bientôt la prison, et quelques jours après le supplice, pour opérer dans trois mois cette destruction de toute société!

» Ils le savent bien, les séides de votre Convention dans nos départements, dans nos grandes villes, dans nos villages. Ils le savent bien, quand ils crient si haut et si atrocement : « Vive la guillotine! vive l'échafaud! » C'est qu'en effet la guillotine, l'échafaud, le supplice, sont le dernier mot de votre système et la seule arme possible de cette dictature des prolétaires que vous rêvez depuis si longtemps et que nous avons si souvent brisée dans vos mains.

VII

» Or, savez-vous, à votre tour, quel est le dernier mot de votre guillotine et de vos dictatures?

» Ce dernier mot? c'est l'insurrection, c'est le soulèvement général et prompt de tout ce qui a un écu, une conscience et un cœur, contre ce qui n'a ni écu, ni conscience, ni cœur, dans l'écume de la population.

» Comptez-vous! vous êtes un sur mille. Dieu vous préserve pour nous, pour la France et pour vous-mêmes, de triompher, ne fût-ce qu'un jour! Ce jour serait la veille de vos catastrophes et de vos châtiments! la veille du chaos!

» Quand vous auriez fermé la bouche de vos complices socialistes et terroristes pendant quelques jours avec les dépouilles d'une classe (de ce que vous appelez les riches), huit jours après, ces mêmes complices, ou d'autres avides d'une nouvelle curée, vous demanderaient de leur livrer une seconde catégorie de citoyens.

» La refuseriez-vous? vous seriez vous-mêmes appelés *blancs* et *aristocrates*, et précipités du pouvoir à l'échafaud.

» L'accorderiez-vous? on vous ferait descendre ainsi d'échelons en échelons l'échelle descendante de la spoliation, de propriété en propriété jusqu'à la base. Le sol chancellerait sous les pieds de l'avant-dernier des citoyens. Le mendiant même tremblerait pour son haillon et pour sa place au soleil ou au foyer. Les vingt-six millions de propriétaires dépossédés de leur champ ou de leur industrie, ou de leur négoce, ou de leur mobilier, se réveilleraient sous l'excès de la ruine ou de la terreur, s'armeraient, eux, leurs enfants, leurs vieillards et leurs femmes, du dernier morceau de fer que vous n'auriez pas pu leur enlever; ils arracheraient, les armes du désespoir dans la main, l'eau et le feu, le sol et le toit, à vos cinq ou six millions de prolétaires. On a vu trois fois, depuis que le monde est monde, des guerres pareilles pour le foyer : deux fois à Rome, une fois en Allemagne, du temps des *anabaptistes*, ces socialistes de plus vieille date que vous. Il n'y avait pas alors un propriétaire sur vingt que nous comptons aujourd'hui. Ces trois guerres ont fini par l'anéantissement jusqu'au dernier homme de ces insurgés contre la nature. Ils ont commencé par s'entre-tuer pour la distribution des dépouilles et des femmes, et par se disputer la dictature sur ces hordes d'insensés qu'ils avaient ameutées comme vous faites à force d'illusions, puis ils sont venus s'éteindre, eux, leurs maîtres, leurs disciples et leurs doctrines comme des charbons dans le sang !...

» Voilà l'avenir que vos tribuns vous préparaient et qu'ils se préparaient à eux-mêmes. La société, la propriété, l'inégalité naturelle des facultés et des biens, peuvent être corrigées, perfectionnées par la raison et par la vertu des gouvernements; jamais détruites. Ceux qui les attaquent attaquent la nature et Dieu. La nature et Dieu ne sont jamais vaincus; et s'ils pouvaient être vaincus un jour, ce serait le cas de retourner le mot des barbares et de dire : Malheur aux vainqueurs !

VIII

« Nous nous moquons au fond, nous-mêmes, de ces
» rêves absurdes du communisme et du socialisme, disent
» tout bas les chefs pervers et ambitieux de la déma-
» gogie ; nous faisons briller ces bulles de savon pour le
» peuple, à la lueur des torches de nos clubs, pour faire
» croire aux imbéciles que nous tenons des étoiles célestes
» et des mondes merveilleux dans la main. Nous savons
» bien que ce n'est que de l'eau trouble, de la couleur et du
» vent ! Nous savons bien que le lendemain du jour où la
» loi aurait partagé les écus, les maisons, les marchandises
» et les terres en autant de parts géométriques égales qu'il
» y a d'habitants sur le globe, l'inégalité de la fortune se
» rétablirait d'elle-même par l'inégalité d'intelligence, par
» l'inégalité de force physique, par l'inégalité de travail,
» par l'inégalité d'économie, par l'inégalité de prévoyance,
» par l'inégalité du nombre d'enfants, d'infirmes, de vieil-
» lards dans chaque famille, par l'inégalité enfin de vice
» ou de vertu entre les individus.

» Pensez-vous que nous soyons assez hébétés de socia-
» lisme pour croire à l'égalité des salaires entre les bons et
» les mauvais ouvriers, comme les disciples du Luxem-
» bourg? pour croire à la Banque du peuple et à cet ingé-
» nieux système de monnaie portative où l'on échangera un
» morceau de maison contre un morceau de pain, et un
» morceau de cheval vivant contre une livre de sel? pour

» croire à ces phalanstères, couvents de prostitution légale,
» où l'on changera de femmes, d'enfants et de famille,
» selon les saisons ? pour croire à cette *queue* servant de
» télescope rétrospectif que Fourier, le Mahomet de ces
» nouveaux croyants, promet d'ajouter aux cinq sens de
» ses fidèles sectateurs ?

» Non, nous rions dans nos barbes de ces niaiseries
» et de ces contes de fées que nous faisons débiter le
» matin dans nos journaux et le soir dans nos clubs
» aux oisifs des faubourgs et aux badauds des villages,
» pour que ces chimères leur portent à la tête, comme
» on enivre l'éléphant d'eau-de-vie pour le faire com-
» battre et pour le rendre furieux ! L'organisation du
» travail, la Banque d'échange, l'extinction du capital,
» l'égalité de propriété, la loi agraire, le saint-simonisme,
» le fouriérisme, le communisme, le cabétisme, sont des
» moyens ; la démagogie c'est le but. Et pourquoi la déma-
» gie ? Parce que la démagogie étant le gouvernement
» renversé, le gouvernement où l'on met les pieds où Dieu
» a mis la tête, le gouvernement de l'ignorance, de la bru-
» talité et du vice, le gouvernement des plus stupides et
» des plus scélérats, comme dit Danton, qui s'y connais-
» sait, au lieu du gouvernement de l'intelligence, de la mo-
» ralité et de la vertu, qui est le vrai gouvernement des
» républicains raisonnables ; et de plus, la démagogie
» étant incapable de se gouverner vingt-quatre heures par
» elle-même, elle nous acceptera pour maîtres, et nous
» donnera ce que nous voulons : la dictature ! la tyrannie !
» la hache ! les faisceaux ! les licteurs ! le despotisme, enfin,
» au nom de la démagogie, au lieu du despotisme au nom
» de la gloire ! »

IX

« Voilà le dernier mot! voilà le rêve obstiné d'une centaine de tribuns de la démagogie à Paris, de quelques centaines de sous-tribuns des clubs dans les départements. Soyez tranquilles, les dictateurs ne vous manqueront pas! La dictature est la maladie d'esprit, l'épidémie d'ambition du moment. Vous n'aurez pas Danton, mais vous aurez sa monnaie en cinq ou six cents dictateurs de capitale, de villes, de villages, qui brûlent de marcher sur ses traces? Les places vont être étroites et pressées dans notre histoire pour ces milliers de dictateurs qui veulent chacun un morceau de cette immortalité des grands démagogues!

X

» Mais savez-vous leur vraie pensée? Je vais vous la dire, moi qui la sais!

» Chacun de ces grands agitateurs du peuple dit tout bas et tout haut :

« Aussitôt que l'insurrection des communistes, des socia-
» listes, des terroristes et des badauds m'aura porté à la
» dictature, comme je ne saurai que faire, et que, si je ne
» fais rien après avoir tant promis, on m'accusera de ne

» rien faire, et on me précipitera vite de mon sommet dans
» mon néant, il faudra bien faire quelque chose. Eh bien,
» savez-vous ce que je ferai pour occuper la critique, pour
» ajourner sous un bon prétexte mes miracles d'égalité et
» de félicité promis au peuple, et pour fermer la bouche à
» mes accusateurs? Je ferai deux choses : la terreur au de-
» dedans et la guerre au dehors.

» Avec la terreur, je ferai bien taire tout le monde. Une
» proscription et un échafaud sont des réponses sans ré-
» plique aux dénigrements des journaux et aux vocifera-
» teurs des clubs. Voyez comme les Jacobins furent souples
» et disciplinés aussitôt qu'ils eurent le tribunal révolution-
» naire à côté d'eux et au niveau de leur tribune. Robes-
» pierre n'eut plus un contradicteur, le bourreau n'eu t plu s
» un rival.

» Et avec la guerre je ferai une diversion terrible à la
» malignité du peuple qui aurait l'insolence de me rappeler
» mes promesses. Je dirai aux mécontents : « Allez aux
» frontières ! Vous voulez du pain ? Voilà du sang ! »

XI

» La guerre ! donc, voilà le second mot de ces insurrections, de ces Conventions, de ces dictatures.

» Ne vous y trompez pas. C'est avec le sabre qu'on se
propose de couper le nœud inextricable de contradictions,
d'absurdités, d'impossibilités, de passions cupides surexcitées et non assouvies, de fanatismes et de délires qu'on

noue aujourd'hui dans les clubs, sans aucune autre possibilité de le dénouer.

» Le lendemain de son élévation au pouvoir sur le pavois du socialisme et du nouveau jacobinisme, le dictateur quelconque aurait crié : « Aux armes! formez vos batail-
» lons, passez les Alpes d'un côté, passez le Rhin ici, pas-
» sez les Pyrénées là, envahissez la Belgique au nord,
» inondez l'Allemagne, la Hollande, la Prusse, la Pologne,
» la Hongrie, soulevez tous les peuples, révolutionnez le
» continent, faites la croisade de la démagogie partout! »

» Et vous suivriez, n'en doutez pas, les uns par fanatisme, les autres par peur.

XII

» Eh bien, savez-vous ce qui vous arriverait? Je vais vous le dire avec la même franchise et avec la même certitude que si l'événement fatal était déjà là sous mes yeux. Je vais vous le dire, parce que je le sais; parce que c'est mon métier de connaître l'esprit des nations étrangères, la force ou la faiblesse des cabinets, les dispositions des peuples, le nombre des armées; eh bien, le voici :

» Au premier moment, vous auriez la force d'une inondation qui rompt ses digues. Ici et là, en Italie et en Belgique, sur les bords du Rhin, dans les petits États insignifiants de l'Allemagne surtout, vous auriez quelque beau succès. Vous chanteriez quelques *Te Deum*, c'est-à-dire quelques *Ça ira*, *Te Deum* des guillotineurs. Vous entreriez à Bruxelles; vous fraterniseriez avec la démagogie allemande et belge, dans les villes prussiennes des provinces rhénanes; vous soulèveriez un peu de Savoie, de Piémont, de Gênes, de Naples, peut-être; peut-être même remporteriez-vous une première victoire de Jemmapes sur la première armée autrichienne ou prussienne qui accourrait pour vous disputer la Germanie.

» Mais au second pas, savez-vous qui vous rencontreriez pour arrière-garde? Le monde continental sous les armes!

» Oui, le lendemain du jour où vous aurez déclaré la guerre au continent, l'Angleterre déclarera la coalition. C'est elle seule qui la retient dans sa main, sachez-le bien. Et tant que vous êtes dans votre droit, sur votre sol, dans les conditions du droit des gens et du respect des nationalités, l'Angleterre ne pourrait nouer la coalition sans se perdre elle-même. Car l'Angleterre est un pays libre, un pays où l'opinion règne sur les rois, les reines, les ministres. L'opinion anglaise destituerait à l'instant, et d'acclamation, son gouvernement qui déclarerait la coalition contre la république française, si la république française n'avait attaqué personne. Le sentiment du bon droit est souverain à Londres. Or, le droit étant pour vous, personne n'oserait solder un soldat contre vous.

XIII

» Mais la république démocratique et sociale déclarant la guerre et passant le Rhin, l'Angleterre passe la Manche à l'instant. Elle soutient la Belgique d'un corps d'armée ; elle protége la Hollande d'une flotte. Elle solde à Berlin la Prusse, le Hanovre, et tous les États germaniques secondaires du Nord. Leurs contingents, unis à l'armée prussienne, forment en deux mois trois cent cinquante mille hommes déjà disciplinés et aguerris.

» L'Angleterre donne à Vienne les subsides nécessaires pour solder les quatre cent mille hommes de l'armée autrichienne, et pour entraîner avec l'armée autrichienne les armées de l'Allemagne méridionale, de la Bavière, du Wurtemberg et des petits États du midi de l'Allemagne limitrophes du Rhin jusqu'à Bâle. Elle fait faire à l'instant la paix ou la trêve du salut commun et de la patrie allemande entre la Hongrie et l'Autriche, à des conditions d'indépendance fédérative en faveur de la Hongrie, pour prix de son concours à la ligue germanique contre vous. La Hongrie redevient, avec ses grenadiers et sa cavalerie, le nerf et les ailes de l'armée allemande ; elle y verse cent mille hommes en trois mois.

» Enfin, l'Angleterre, l'or à la main, la gloire en perspective, fait signe à l'empereur de Russie que la cause du continent et de la société l'appelle sur le Danube ou sur le Rhin. Elle lui rouvre librement la carrière. Elle lui assigne le rendez-vous de la croisade des nations contre vous. L'empereur de Russie, laissant derrière lui quatre cent mille hommes pour lui répondre de la Pologne et des palpitations de la Hongrie, en emmène trois cent mille sur le champ de bataille. Il y trouve au moins soixante mille Anglais, Belges ou Hollandais sous un nouveau Wellington, ou peut-être sous l'ancien Wellington lui-même, cet Annibal de la France, car les vieux généraux ne vieillissent pas au feu.

» C'est un total de contingents nationalisés et soldés contre votre guerre agressive de douze cent ou douze cent cinquante mille combattants. Je n'exagère pas d'une baïonnette.

XIV

» Les vaincrez-vous? Sur votre sol, je réponds hardiment : Oui! Vous avez deux millions de gardes nationaux mobilisables, et le sol national dévore ses envahisseurs.

» Mais en pays ennemi, mais au cœur de l'Allemagne, mais au milieu des villes, des campagnes, de l'esprit de race et d'honneur des peuples, refoulé et soulevé par votre invasion contre vous, je dis hardiment : Non! Vous serez submergés! Vous n'êtes pas Napoléon! vous n'avez pas le continent pour vous recruter, l'Espagne et l'Italie pour vous solder et pour vous nourrir. Napoléon, avec tous ces moyens et tout son génie, l'a bien été, lui! il a bien reculé, dans cette guerre d'un contre tous, de Moscou à Dresde, de Dresde à Leipzig, de Leipzig à Paris, de Paris à Waterloo! Vous serez refoulés, usés, noyés dans ces douze cent mille hommes d'armées sérieuses et aguerries. Vous serez poursuivis, après des défaites qui auront démoralisé la France, jusqu'où Napoléon fut poursuivi lui-même : je ne veux pas dire où : vous le savez trop. Vous serez allés provoquer le monde, et le monde viendra, huit mois après, exiger, sous les pas d'un million d'Allemands, de Russes, d'Anglais, d'Espagnols, non plus l'abdication de Fontainebleau, mais l'abdication de la France! O honte!

XV

» Voilà le sort que vous préparent vos socialistes, vos démagogues, vos Conventions, vos dictateurs. Après avoir sapé la société, ils vous mènent droit à la destruction de la république. Après avoir détruit la république, ils vous bandent les yeux pour vous conduire à l'anéantissement de la patrie.

« Ce sont donc des traîtres? » me direz-vous. Non; ils ne trahissent jusqu'ici que le sens commun. Mais si les puissances ennemies de la France payaient en effet des traîtres pour vous conduire à votre ruine et à votre perte, ces traîtres, ces Simon, ces Judas du peuple, ne gagneraient pas autrement l'infâme salaire de leur trahison! Chaque fois que j'ai entendu un discours, que j'ai lu un journal insurrectionnel ou un compte rendu de vos clubs suburbains ou ruraux, je me suis demandé sincèrement s'il n'y avait pas au fond de tout cela une grande conspiration des trônes pour perdre la démocratie par la démagogie, la république par les républicains, la France par des Français?...

» Et cependant, non, encore une fois, il n'y a pas de conspiration de cette nature. Mais il y a en ce moment, comme il y eut en Amérique au commencement de la république, une grande et exécrable conspiration, l'éternelle conspiration des démagogies contre les républiques, des insensés contre les sages! des scélérats, selon la langue de Danton, contre les honnêtes gens! des tribuns contre les patriotes! des dictateurs contre la liberté!

XVI

» En voulez-vous la preuve? Voulez-vous vous rendre bien compte des dangers qu'a courus la république depuis la révolution de février, jour par jour, heure par heure, homme par homme? Voulez-vous voir par quels ennemis elle a été attaquée? sous quelles séditions, sous quelles insurrections elle a failli, cinq ou six fois, périr? Écoutez-moi : je n'invente rien; je vous parle l'histoire à la main.

» La république est proclamée le 24 février pour finir la révolution et pour donner au peuple, qui la redemande, sa part légitime de souveraineté représentative. Tout le monde applaudit; tout le monde est juste; tout le monde est patriote; la démocratie raisonnable et régulière est fondée.

» Mais, dès le surlendemain, la démagogie, c'est-à-dire la dépravation de la démocratie, veille et s'insurge. Elle monte à l'hôtel de ville de Paris, entraînant à sa suite quarante mille hommes de l'écume des grandes capitales avec le drapeau rouge à la main, et elle commande au gouvernement de lui livrer la république de liberté et de justice, pour en faire un gouvernement révolutionnaire de parti, de violence et d'échafaud. Le gouvernement résiste, le drapeau tricolore est conservé. La France entière respire. Quels étaient donc ces premiers ennemis de la république ? Étaient-ce des républicains modérés ? des royalistes et des aristocrates, comme on appelle aujourd'hui les meilleurs républicains ? Ces royalistes venaient de brûler le trône, d'incendier Neuilly ! ces aristocrates n'avaient pas de souliers ! Non, c'était la hideuse démagogie qui s'insurgeait déjà contre la république !

» Le 19 mars, deux cent mille ouvriers, presque tous trompés par les meneurs et ayant à leur tête sept ou huit cents suppôts des clubs, marchent de nouveau sur le gouvernement de la république, à l'hôtel de ville. Ils demandent que la France entière soit mise hors la loi, que les départements n'aient ni droits ni voix dans les conseils de la république, et qu'on prenne la dictature au nom d'une manifestation de promeneurs dans les rues de Paris. Quels étaient ces seconds ennemis de la république ? Étaient-ce des républicains modérés ? des bourgeois ? des royalistes, des aristocrates, comme on vous dit ? Ces royalistes venaient demander la proscription des royalistes ! ces aristocrates n'étaient vêtus que de leurs vestes, et n'avaient pour armes que leurs outils de travail, l'équerre, le niveau, le compas, la truelle, la pioche ou le marteau !

» Le 16 avril, une autre conspiration, la plus dangereuse, la mieux combinée de toutes, éclate contre le gouvernement de la république. Quarante mille hommes se réunissent au Champ de Mars, sous les drapeaux des clubs, appellent à eux les cent mille hommes des ateliers nationaux, se forment en colonnes, et marchent sur l'hôtel de ville pour renverser le pouvoir, pour en expulser les républicains modérés du 24 février, et pour mettre à leur place cinq ou six chefs de la démagogie, dont la France ne savait pas même les noms. Je résiste, je reçois l'assaut, j'accepte le combat. La garde nationale, c'est-à-dire deux cent mille hommes de véritable peuple de toutes les professions, se lève en armes à ma voix et à l'appel de mes collègues et disperse cette armée des démagogues avant qu'elle soit arrivée sur le champ de bataille. Quels étaient ces hommes ? Étaient-ce des républicains modérés ? des bourgeois ? des royalistes ? des aristocrates ? Ces royalistes demandaient à grands cris le règne de Robespierre ! ces aristocrates portaient la blouse bleue, uniforme du prolétaire ! Non, c'était l'armée des clubs et de la démagogie.

» Le 15 mai, huit jours après la réunion de l'Assemblée constituante, avant même que cette Assemblée si patriotique et si républicaine ait dit un mot, avant qu'elle ait pu mériter ou démériter du pays, les démagogues et les clubs rassemblent une horde de sectaires, marchent sur la représentation nationale, la violent par surprise, l'insultent, la dispersent, la dissolvent, et proclament, à la place de la souveraineté du peuple, la souveraineté des clubs, de Barbès et de Blanqui ! Nous marchons à l'hôtel de ville et nous étouffons ce gouvernement des clubs dans son germe avant que la guerre civile en soit sortie. Quels étaient ces hommes? Étaient-ce des républicains constitutionnels? des bourgeois? des royalistes? des aristocrates, qui renversaient ainsi la république? Ces royalistes proclamaient les trois milliards de confiscation sur les riches! ces aristocrates sortaient des cachots de la monarchie! Non, c'était la troisième conjuration de la démagogie contre la république!

» Le 23 juin, les ateliers nationaux, composés de cent mille hommes, les uns dignes de l'assistance et de l'estime de la république par leur indigence laborieuse, les autres pervertis par l'oisiveté et infectés de vices et de factions par les clubs, s'insurgent contre la république parce que les départements et Paris ne veulent pas les alimenter plus longtemps sans travailler, et leur offrent un travail et un salaire sur la surface de la France. Ils courent aux armes. Ils tirent pendant trois jours et trois nuits sur leurs frères, sur leurs concitoyens, sur leurs bienfaiteurs. Ils tuent soldats, gardes nationaux, officiers, généraux, magistrats, représentants du peuple, archevêque. Ils changent Paris en un champ de carnage. La France accourt en armes au secours de la république, et ils sont vaincus. Quels étaient ces hommes? Étaient-ce des républicains modérés? des bourgeois? des blancs? des royalistes? des aristocrates, qui tentaient de noyer ainsi la république dans le plus pur de son sang? Ces royalistes ne voulaient pas même du gouvernement d'un magistrat et d'une Assemblée nommée par eux! ces aristocrates sortaient des ateliers, des cabarets, des clubs et des prisons! Non, c'était le bouillonnement de la population vicieuse d'une grande ville oisive que la prédication des clubs socialistes avait fait fermenter pour la soulever contre tout gouvernement.

C'était l'explosion sanglante de la dernière démagogie !

» Et, enfin, le 13 juin, quels sont à Paris et à Lyon, et partout, les hommes qui proclament et qui perpétuent les insurrections ou les manifestations contre le gouvernement, la constitution, la représentation nationale, la république constituée enfin? Sont-ce des républicains modérés? des bourgeois? des blancs? des royalistes? des aristocrates? Ces aristocrates sont des blasphémateurs du capital, des confiscateurs de revenus, des décimateurs de la propriété! Non, ce sont les tribuns les plus véhéments et les promoteurs les plus radicaux de la plus déplorable démagogie !

» Ils ont été vaincus encore, comme au 23 juin, malgré le trop heureux cri de guerre, que la faute du gouvernement leur avait prêté cette fois par l'odieuse et impolitique intervention contre les républicains de Rome. Mais enfin la faute de Rome n'autorisait pas le crime du renversement de la république à Paris. Ils ont été vaincus comme aux journées de juin, et la république est sauvée. Savez-vous pourquoi? C'est qu'aux journées de juin l'armée de la démagogie combattait sans les chefs, et que le 13 juin les chefs démagogues ont combattu sans leur armée. Rendez-en grâce à la prévoyance de ceux qui ne voulurent pas chasser les républicains de la république après la réunion de l'Assemblée constituante ; ils séparèrent ainsi la cause de la république de la cause de la démagogie et du communisme. Le 23 juin ne fut qu'une émeute, une proportion d'une guerre civile. Le 13 juin aurait été une révotion. Mais le peuple et l'armée ont été plus sensés que les tribuns et plus républicains que les démagogues.

XVII

» Vous le voyez donc aussi clairement que les faits peuvent éclairer le raisonnement : la république jusqu'ici n'a été menacée, dépravée, outragée, attaquée, que par les ultrà-républicains, c'est-à-dire par les démagogues; elle n'a eu de danger que de ce côté. C'est le péril des républiques naissantes.

» Les démagogues sont les courtisans du peuple quand le peuple est souverain. Ils le pervertissent pour exploiter ses vices et ses crimes. Ils l'enivrent pour le précipiter dans tous les abîmes. Ils exaltent ses ressentiments, ses misères, ses ambitions jusqu'à la tyrannie contre les autres classes de citoyens. Ils le poussent aux conspirations et aux violences contre son propre gouvernement dès le surlendemain du jour d'une révolution faite pour lui donner la liberté légale et l'égalité possible. Ils l'arment contre sa représentation, contre sa constitution, contre le suffrage universel, contre la bourgeoisie, contre l'industrie, contre le commerce, contre la propriété, contre la famille, contre la société, contre lui-même, contre tout ce qui fait le travail, la production, la consommation, le salaire, le bien-être, la vie des peuples. Ils lui conseillent le suicide; ils lui prêtent des armes pour se déchirer de ses propres mains !

» Voilà les courtisans de la multitude, pires, s'il est possible, que les courtisans des rois ; car ceux-là du moins ne pervertissent qu'un homme, et les vôtres s'efforcent de pervertir toute une nation ! Oui, vos clubs, si vous n'y mettez pas ordre vous-mêmes, nous feraient regretter les cours ! Car les cours des rois n'ont que des soifs d'or, mais ces cours du peuple ont des soifs de sang !

» Voyez quels choix ces ateliers de démagogie vous ont fait faire dans certains départements ! Voyez quelles listes ils vous ont glissées dans la main ! et apprenez à vous défier des anarchistes, si vous voulez rester républicains !

XVIII

» Les démagogues ont été le fléau du peuple dans tous les temps et dans tous les lieux : ce sont eux qui ont perdu Athènes, ce sont eux qui ont perdu Rome, ce sont eux qui ont perdu la première république en 1793, ce sont eux qui ont attaqué la seconde dès le lendemain du 25 février, et cinq fois depuis en quinze mois ! ce sont eux, enfin, qui ont failli perdre, un an après sa fondation, cette magnifique république américaine, l'exemple et l'admiration du monde aujourd'hui.

» A peine Washington, son vertueux fondateur, avait-il conquis l'indépendance de son pays, et convoqué le Congrès, assemblée nationale souveraine des États-Unis, que les démagogues, organisant partout des clubs comme chez nous, commencèrent, comme chez nous, à rassembler le peuple, à l'ameuter contre la vraie et unique souveraineté : le Congrès ; à calomnier les grands citoyens, à accuser de concussion et de trahison ce Washington lui-même qui venait de cimenter de sa médiocre fortune et de son généreux sang la liberté de la république ; à le proscrire, à le déshonorer, à le rejeter dans une espèce d'exil moral des affaires publiques, pour appeler à sa place des soldats insubordonnés, des agitateurs de place publique et des banqueroutiers de Boston, la lie de l'Europe rejetée par le mépris public sur les bords de l'Atlantique.

« Mon ami, écrivait alors Washington, l'ami de La
» Fayette, à un de ses compagnons d'armes, je verse des
» larmes de sang sur l'avenir de mon pays si la sagesse du
» peuple américain ne parvient pas à le soustraire à de tels
» hommes. Les démagogues sont plus difficiles à vaincre
» pour nous que les Anglais. Ils compromettent tout ce
» que nous avons fait. Ils établissent un gouvernement
» d'agitation permanente et de sociétés démagogiques en
» face du Congrès national. *Imperium in imperio*. Et quel
» empire ? L'empire des plus audacieux, des plus impru-
» dents et des plus pervers. Si l'Amérique permet cette
» anarchie, si le Congrès ne refrène pas les clubs, c'en est
» fait de la république ! »

» L'Amérique, après un an d'agitation et de folie qui compromit en effet son indépendance, eut la sagesse de refréner et même de s'interdire les clubs. Une fois les démagogues vaincus, elle devint la plus grande et la plus solide des démocraties.

» Si vous ne faites pas de même, vous êtes perdus. Car la France démagogique a un danger de plus que l'Amérique ; ce danger, c'est la guerre. La démagogie triomphante jettera le lendemain de son succès la France dans la guerre ; la guerre démagogique, c'est la coalition ; la coalition, c'est l'invasion à jour fixe ; l'invasion, c'est la fin de la liberté et de la patrie! *Finis Germaniæ*, comme disent les vieilles chroniques. Les démagogues auront écrit avec votre sang de leurs propres mains l'épitaphe de notre infortunée patrie! Je le dis et je le signe, et l'avenir me démentira si je mens!

XIX

» Et, si vous me demandez de quel droit je vous prédis ces calamités et je vous donne avec tant d'assurance ces conseils, moi, descendu du pouvoir, relégué par le suffrage de mon propre département hors des rangs des conseillers légaux de mon pays? je vous répondrai qne c'est du droit de ma conviction personnelle, profonde, sincère, éclairée et réfléchie. Je vous répondrai que ces conseils doivent vous inspirer d'autant plus de confiance que celui qui vous les donne est plus désintéressé de toute ambition et de tout intérêt personnel dans les affaires présentes et même dans l'avenir de son pays. Je ne puis vouloir ni trahir, ni flatter, ni tromper la république. Je dois tenir au salut et à la régularisation du gouvernement républicain plus qu'aucun des citoyens qui respirent aujourd'hui l'air de la France. Je suis un de ceux qui ont proclamé la république le lendemain de la révolution, pour servir d'asile à la société écroulée, et pour améliorer les conditions morales et matérielles du peuple. J'ai donné ce jour-là ma tête et mon honneur en gage à la république. La royauté ne pourrait ni me les rendre, ni m'excuser, ni me pardonner.

» Je n'ai aucun intérêt à ce que la république soit gouvernée par tels ou tels citoyens. J'ai pu être son premier magistrat à l'arrivée de l'Assemblée constituante. Quand des millions de voix m'offraient la première place, je l'ai refusée pour que la confiance publique ne se détournât pas sur un seul citoyen et s'attachât tout entière à l'Assemblée nationale. On ne retrouve jamais un pareil sommet de popularité quand on en est descendu. C'est le Capitole qu'on ne remonte pas deux fois. Je n'ai donc aucun intérêt de pouvoir à reconquérir dans la république. Mon ambition est morte avant moi.

» Est-ce pour ma fortune? Pas davantage. Cette fortune a reçu les coups et éprouvé les revers de toutes les existences depuis nos orages. Je la donnerais très-volontiers au peuple, si elle n'appartenait qu'à moi. En m'en dépouillant, on ne me dépouillerait de rien. Je ne vis plus que de mon travail, et mon travail me suivrait partout.

» Est-ce pour ma vie enfin que je tremblerais devant la démagogie, et que je vous presserais tant de museler l'anarchie dans notre pays? Ma vie est avancée; j'ai fait ma tâche; je crois en Dieu; j'ai foi dans la postérité; je n'ai pas peur du plomb ou du fer; j'ai toujours pensé que l'échafaud était la plus belle place pour mourir, quand on mourait pour une noble et sainte cause : y en a-t-il une plus sainte que celle de la société et de la patrie?

» Je n'ai donc aucun intérêt quelconque, de caste, d'opinion, de fortune, d'ambition ou de vie, à vous tromper. Je vous parle comme si je vous parlais de l'autre côté du tombeau. Ou plutôt j'ai un immense et sublime intérêt à vous dire la vérité : cet intérêt, c'est le vôtre! c'est celui de votre avenir! celui de la république! celui de la patrie!

celui de l'humanité! Eh bien, c'est à ce titre que je vous dis ce que je vous dis, c'est à ce titre que je vous redirai sans cesse : Défiez-vous de la démagogie! refrénez vos clubs! régularisez le droit de réunion, qui n'est pas le droit d'attroupement à domicile! Gardez-vous des démagogues, ou les démagogues vous mèneront en huit mois du club à l'insurrection, de l'insurrection à l'anarchie, de l'anarchie à la guerre générale, et de la guerre générale à l'invasion, à la monarchie par l'étranger et au morcellement de la patrie!

» Voilà les Cosaques, citoyens! Les Cosaques, dont on vous parle tant, cherchez-les bien; ils ne sont pas dans les châteaux, qu'ils brûleraient! ils ne sont pas dans les maisons de la bourgeoisie, qu'ils ravageraient! ils ne sont pas dans les comptoirs des riches, qu'ils pilleraient! ils ne sont pas dans les magasins des commerçants, qu'ils saccageraient! ils ne sont pas dans les ateliers des fabricants, qu'ils dévasteraient! ils ne sont pas dans les foyers des braves cultivateurs, qu'ils disperseraient! ils ne sont pas dans les mansardes des honnêtes ouvriers, dont ils mangeraient le salaire et le pain! Les Cosaques? sachez-le bien, ils ne sont pas tous en Russie! ils sont aussi dans ces hordes nomades qui hurlent le pillage et la guillotine au sortir des clubs! Écoutez ces discours! lisez ces journaux! soulevez ces faux haillons! regardez ces drapeaux! voyez ces visages! étudiez ces cris! entendez ces coups de feu tirés en pleine paix sur des Français, sur des concitoyens, sur des frères! et demandez-vous en conscience s'il n'y a à penser qu'aux barbares du despotisme et s'il n'y a pas aussi à repousser et à vaincre les barbares de la république?

LIVRE VINGT-SIXIÈME

I

Le 13 juin 1849 avait ramené la réflexion. On attribuait au prince Bonaparte des pensées précoces de coup d'État pour détourner sur lui les ombrages du peuple. On va voir comment je les combattis. Voici ce que j'écrivais le 29 juillet 1849. Quel qu'ait été l'événement depuis, je suis persuadé encore qu'il ne le méditait pas à cette heure.

« La république respire; l'Assemblée nationale, comme un équipage à qui un vent régulier et une mer calmée laissent un moment de repos, abandonne pour quelques semaines le navire bien orienté, et va prendre part aux délibérations départementales des conseils généraux ou surveiller ses foyers et ses champs domestiques. Les opinions violentes désarment, elles s'efforcent de retrouver un peu de recueillement dans un peu de silence, et de chercher dans l'équilibre et dans la concorde des volontés ce progrès qui ne se trouve jamais dans les luttes intestines. Le bon sens du peuple, un instant égaré par les fumées du communisme et du terrorisme, juge à leurs fruits les détestables doctrines qu'on lui a prêchées dans les journaux et dans les clubs démagogiques; il répudie presque unanimement les faux oracles, les organes menteurs, les plats tribuns qui lui prêtaient leurs démences et leurs idiotismes. Le peuple s'est aperçu enfin qu'on le menait au chaos sous le nom de république sociale, et à l'extermination civile sous le drapeau rouge, rouge de sang passé et rouge de sang à venir; il reprend la route de l'ordre et de la république régulière, honnête, propriétaire, morale, civilisée. Le ministère est entre des mains à la fois sûres pour la république et non suspectes pour la défense de l'ordre; les hommes qui le composent sont connus de la France comme des hommes incapables de trahison; ils répondent par leurs antécédents à la France d'avant la révolution; ils répondent par leur loyauté et leur franche acceptation des institutions nouvelles à la France d'après la révolution; ils ont assez de liens avec la majorité pour lui enlever tout prétexte de défiance, pas assez pour être entraînés par cette majorité à des excès de gouvernement, si la partie extrême de cette majorité voulait les égarer hors de la ligne droite de la république. Le pouvoir exécutif se fortifie peu à peu, en tendant, sans le forcer néanmoins, le nerf de l'administration, et en montrant au peuple que la république doit être le plus fort et le plus obéi des gouvernements, précisément parce qu'il est le plus populaire et le plus universel. L'armée, comme je l'ai toujours cru, est incorruptible à la sédition et à l'indiscipline, précisément aussi parce qu'elle est la fille légitime du pays tout entier, la représentation responsable, instruite et disciplinée de toutes les familles du vrai peuple, la force saine de la nation. Excepté à Rome, où une expédition brillante, mais à contre-sens de l'esprit et de la politique de la France, nous force à baisser les yeux et à nous taire, nos affaires extérieures n'offrent aucun danger de guerre en perspective : l'Angleterre, la France, la Prusse, veulent la paix ; qui oserait intenter la guerre ? Enfin, l'année est féconde en fruits de la terre ; les saisons, ce gouvernement de la Providence, sont bonnes ; les récoltes de toute espèce sont abondantes et rentrent bien dans les granges ou dans les celliers ; tout annonce au peuple que Dieu veille sur la république, et que la partie souffrante de la population, qui manque encore un peu de travail dans les villes de luxe, ne manquera pas, du moins, d'assistance, de feu et de pain.

» Voilà le tableau vrai et exact de la situation générale, depuis que la folle tempête du socialisme et de la démagogie, dissipée au souffle des bons citoyens, de la garde nationale et de l'armée, a calmé l'atmosphère de la république. On peut travailler de concert et en paix maintenant à améliorer tout, gouvernement, institutions et situation du peuple.

II

» Mais la France a les défauts de ses qualités, c'est-à-dire qu'elle a tout à la fois un bon sens très-clair et très-prompt, et une imagination très-vive, très-ombrageuse, qui ne se repose jamais : aussitôt qu'elle ne souffre plus, elle se met à rêver, et dès qu'elle n'a plus de difficultés réelles devant les yeux, elle se forge à l'instant ou bien on lui forge des fantômes pour lui faire peur ou pour l'empêcher de jouir de sa propre sécurité.

» De ces fantômes, en voici un qui s'est levé tout à coup en plein jour devant votre imagination. Je veux vous le faire approcher des yeux et toucher du doigt aujourd'hui, mes amis, pour bien vous prouver que c'est un fantôme, et pour le faire évanouir dans le bon sens et dans la lumière, devant vous et devant ceux qui l'auraient conçu.

III

» Qu'entendez-vous dire partout depuis six semaines? Le gouvernement va faire un coup d'État (c'est-à-dire une révolution par le gouvernement lui-même). Le gouvernement va entourer un beau matin le palais de l'Assemblée nationale de troupes fanatisées par une vieille ombre d'empire, endormie depuis trente-trois ans dans les catacombes des Invalides ; ces troupes, soufflées par je ne sais quel vertige soldatesque inspiré par un petit conciliabule de bonapartistes posthumes, crieront : « Vive l'empereur ! A » bas la république ! » Une partie affidée de la majorité, avertie la veille, fera écho aux troupes, et répondra : « Vive la monarchie ! A bas la république ! » La minorité sortira par la porte et non par les fenêtres, attendu que les coups d'État ont fait des progrès en politesse depuis le 18 brumaire et l'orangerie de Saint-Cloud ; les républicains honteux iront se cacher à Londres, à Bruxelles, en Amérique ; les républicains intrépides seront conduits à Ham et à Vincennes ; on ira chercher le président de la république, on le proclamera empereur héréditaire de la nation française ; dans les huit jours qui suivront, on fera appel au peuple pour ratifier par le suffrage universel l'élection au trône du nouvel empereur ; le peuple, désorienté et craignant de se compromettre, restera chez lui ; les royalistes, les orléanistes, les bonapartistes, les complaisants, les courtisans, bien stylés par l'administration et bien protégés par l'armée, iront seuls au scrutin ; la majorité ainsi sera certaine et unanime ; on dépouillera les votes ; le président aura toutes les voix ; on dira : La France l'a voulu ! Et la république sera restée au fond de l'urne, jusqu'au jour, hélas ! prochain, où la guerre civile, la guerre dynastique, la guerre sociale et l'anarchie en sortiront au lieu de la monarchie !

IV

» Voilà le beau plan, et j'ajoute, moi, le plan facile à exécuter, mais absurde à réfléchir, que la calomnie des uns, les espérances secrètes des autres, la bêtise de tous, prêtent au gouvernement, au président de la république ou à ses faux amis. Voilà le coup de théâtre, le changement de décoration à vue, le couronnement de mélodrame que beaucoup de braves gens sans réflexion et sans portée désireraient au fond du cœur voir s'opérer en un tour de main bien joué, à leur bénéfice et à la confusion de la république!

» Ai-je besoin de vous dire que je n'en crois pas un mot, et que je croirais faire injure à la fois à la loyauté du gouvernement, au bon sens du président, au patriotisme de l'armée, au caractère de la majorité, si j'en croyais un mot? Mais pour que vous n'en croyiez rien vous-même, et pour que cette prétendue conspiration n'agite pas la stabilité et la sécurité à peine retrouvées, dont nous avons tant besoin pour rétablir la confiance et les affaires, et pour marcher en avant et en ordre sur le sol raffermi de la société, je vais vous dire et je vais vous expliquer pourquoi je n'en crois rien.

V

» J'ai été de tous les Français le plus ombrageux, pendant qu'on faisait la constitution, contre le nom de Bonaparte. C'est tout simple : j'aimais la liberté depuis que j'avais l'âge de raison politique; ce nom ne rappelait que gloire et despotisme. Je craignais (ce qui est arrivé) que le peuple, ébloui par ce nom, ne le préférât à son propre nom, à lui peuple, au nom de république. Je craignais que l'introduction d'un homme revêtu de ce nom de Bonaparte, et qui avait manifesté dans sa première jeunesse des prétentions au trône, n'offrît un prétexte et un chef à une faction dynastique de plus dans ces premières années de l'avénement de la république, où chaque faction de plus est une agitation de plus ; je craignais que ce nom ne menaçât la république, ne dominât l'Assemblée, ne donnât une illusion au peuple, un effroi à l'Europe, un vertige momentané à l'armée. Je demandai moi-même et je signai hardiment alors la continuation de l'exil de Louis Bonaparte, comme prétendant avoué au trône, jusqu'à ce que la constitution républicaine fût promulguée et fût en vigueur. J'eus tort, puisque le suffrage universel en décida autrement. Mais enfin vous voyez que je ne suis pas suspect de me dissimuler à moi-même les dangers qui pourraient surgir du nom de Bonaparte à la tête d'un gouvernement républicain, et qu'en tout cas ce n'est pas moi qui serais responsable de ces dangers devant l'histoire.

» Mais je ne suis pas obstiné de ma nature, je reconnais que Dieu et mon pays sont infiniment plus sages que moi, je m'incline ; et quand un événement que je redoutais est accompli, et que cet événement produit du bien au lieu de produire du mal, je reconnais ce bien, je bénis la Providence d'avoir écarté ce mal, et je tâche, en bon citoyen, de tirer de cet événement le meilleur parti possible pour mon pays. Voilà mon caractère et ma politique.

VI

» Je ne connaissais pas personnellement le président que la nation a placé par son vote à la tête du pouvoir exécutif. Je l'imaginais tel que mes préventions républicaines et que des fautes de jeunesse, qu'il a noblement avouées et condamnées lui-même l'autre jour en face de son ancienne prison de Ham, me le faisaient redouter pour mon pays : léger, remuant, ambitieux, impatient de régner. Je me trompais encore une fois. Les années l'avaient mûri, les réflexions l'avaient éclairé, les adversités l'avaient transformé. Les murailles d'un cachot sont la serre chaude d'une âme enfermée : elles sèchent les fleurs, elles hâtent les fruits. J'ai vu, j'ai lu, j'ai écouté, j'ai observé, j'ai connu depuis le président de la république ; je dois à la vérité de déclarer que j'ai cru apercevoir en lui un homme au niveau de sa situation actuelle, un homme à la hauteur de ses devoirs envers le pays qui lui a donné le gouvernement en lui rendant sa patrie, un homme d'État d'un coup d'œil juste et serein, un bon cœur, un grand bon sens, une sincère honnêteté d'esprit, une modestie qui voile l'éclat et non la lumière. Je vous le dis parce que je le pense ; je n'ai aucun intérêt à le flatter, je n'ai rien à en attendre de plus ou de moins que chacun d'entre vous. J'ai refusé souvent dans ma vie, jamais rien demandé. Mais je crois que la république a eu la main heureuse et qu'elle a rencontré un homme là où elle cherchait un nom ! La Providence a mis sa main dans le scrutin.

VII

» Je sais bien que ce nom serait une perpétuelle tentation pour un homme vulgaire ; je sais bien qu'autour d'un tel nom il pourrait se trouver des ambitions ou des folies obsédant les oreilles du président de conseils séduisants et funestes pour la république et pour lui. « Quoi ! vous vous
» appelez Bonaparte, et vous ne briseriez pas d'un seul mou-
» vement de votre volonté ces langes constitutionnels, ces
» liens de Lilliput, dont une faible constitution républicaine,
» à peine tissue par ces pygmées, garrotte la toute-puissance
» de votre popularité sur les imaginations serviles de ce
» peuple ? Quoi ! vous vous appelez Napoléon, et un seul de
» vos accents ne ferait pas palpiter de souvenir ces aigles
» réveillées à la tête de ces bataillons ? et vous laisseriez
» ces baïonnettes, prêtes à s'agiter pour vous, se courber
» devant la loi ? Quoi ! vous vous appelez Napoléon, et vous
» vous arrêteriez devant ce crime éblouissant et pardonné

» d'avance, que le lendemain transforme en vertu ou en
» empire, et qu'on appelle un 18 brumaire? Quoi! vous
» vous appelez Napoléon, et après avoir été ballotté comme
» un nom obscur dans une urne, et après avoir été quatre
» ans le simple premier magistrat responsable d'une démo-
» cratie, vous redescendriez humblement comme les dicta-
» teurs du gouvernement provisoire, comme les membres
» de la commission exécutive, comme le général Cavaignac,
» de ce pouvoir précaire et limité pour vous perdre dans
» les rangs des citoyens vulgaires, ou pour revenir vous
» asseoir dans une assemblée de représentants entre Arago
» et Dupont de l'Eure? Mais pourquoi donc êtes-vous monté,
» si vous vouliez redescendre? Mais vous savez bien que de
» pareils noms ne descendent pas : ils tombent, ils s'éva-
» nouissent, ils sont oubliés ou encensés! Mais vous voyez
» bien que le pays lui-même a su ce qu'il faisait en vous
» tentant par son élection! il vous a dit tacitement :

« La république m'inquiète et me trouble, je n'ose pas
» y croire, je n'ai pas la vertu de m'y fier; je te mettrai si
» près d'un sceptre que tu n'auras qu'à étendre la main
» pour le prendre, et pour me débarrasser de ces institu-
» tions libres qui me gênent comme la liberté gêne l'homme
» qui a été longtemps entravé dans la captivité. Tu seras
» coupable devant la constitution? Oui, mais je veux que
» tu sois coupable, ma lâcheté t'absout! Ose! prends!
» règne! Je ne t'ai placé à la tête de la république qu'à la
» charge de ne pas croire à la république et de la confis-
» quer! c'est l'escabeau que j'ai mis moi-même sous tes
» pieds pour atteindre au trône : monte au trône et repousse
» la république du pied! »

VIII

» Oui, il y a des gens qui tiennent vraisemblablement de pareils discours à un Bonaparte ; mais je suis convaincu que le président juge ces discours ce qu'ils sont : des contre-sens brillants à sa conscience d'honnête homme, des contre-sens coupables au véritable intérêt du pays, des contre-sens puérils à sa véritable et grande ambition s'il en a. Cette gloire à contre-sens ne tentera jamais un homme de vrai bon sens.

» Dérober la république après avoir juré à la nation de la servir et de la défendre, n'est pas d'un homme de bien. Quand on veut un trône, on le conquiert, on ne le vole pas. Contre-sens à la probité du président !

» Supprimer la liberté, sous prétexte des difficultés qu'elle offre à un peuple, dans les premiers temps de sa fondation, n'est pas d'un grand homme d'État. Toute transformation est une crise, tout commencement est une peine, toute croissance est un travail. D'après ce principe des irrésolus et des lâches, il faudrait laisser l'homme dans ses langes jusqu'à ses cheveux blancs, car il chancelle et il tombe aussi en apprenant à marcher. Contre-sens à l'intelligence élevée du président !

» Enfin, préférer une misérable parodie du 18 brumaire, un calque de gloire derrière la vitre de l'Élysée, un plagiat sans honneur d'empire à la gloire nouvelle et sérieuse de dévouer un grand nom à un grand peuple, de contribuer à fonder la liberté moderne, d'être le premier citoyen au lieu du dernier empereur d'une race, et se retirer dans l'histoire, seul alors de son nom, et couronné de reconnaissance par la démocratie à venir, ce serait prendre l'ombre pour la réalité, l'imitation pour l'originalité, l'étiquette pour la gloire, la petitesse pour la grandeur. Contre-sens à ce qui doit être la véritable ambition du président!

» Je ne l'en soupçonne donc pas. Je le soupçonne de ce qui est sensé et non de ce qui est absurde, de ce qui est grand et non de ce qui est misérable. L'avenir dira si j'ai trop bonne opinion de l'esprit humain.

IX

» En soupçonnerai-je davantage le ministère? Mais il faudrait avoir perdu tout sens moral en soi-même pour supposer une telle absence de moralité, de probité, de conscience, de respect de sa mémoire dans les hommes que le président a mis à la tête de ses conseils et dont les noms sont depuis vingt ans pour tous les partis le synonyme de conscience, d'honneur et de probité. Quoi? M. Odilon Barrot, un escamoteur? M. Dufaure, un complaisant? M. Passy, un bonapartiste? M. Lanjuinais, le fils de l'intègre républicain, un courtisan? M. Tracy, un conjuré? M. de Tocqueville, un intrigant et un jongleur? M. Lacrosse, un lâche? M. de Falloux, un traître sous tant d'audace? M. de Rulhières, un Monk d'occasion pour une dynastie de troisième branche? Quoi, tous ces hommes à qui vous confieriez votre fortune et votre vie sur parole et sans témoins, vous supposeriez qu'ils déroberaient sans un scrupule la constitution que vous leur avez confiée à la face du monde? dont ils sont responsables et qu'ils ont juré de défendre? Quoi, ils consentiraient à sortir déshonorés à jamais devant Dieu, devant eux-mêmes et devant la postérité, d'une trahison applaudie par quelques séides d'antichambre, maudite et flétrie à jamais par la vengeance de leur patrie! Ah! cherchez des erreurs et des fautes si vous voulez dans leur administration, mais des bassesses et des crimes dans leur âme, vous n'y croyez pas : ce ne serait plus là calomnier des hommes, ce serait calomnier l'espèce humaine!

X

« C'est juste, dit-on, mais dans l'armée ne pourrait-il
» pas se rencontrer quelque général aventureux, incrédule
» à la liberté, indifférent aux institutions, impatient de
» renommée à tout prix, tenté de couper avec un sabre le
» nœud gordien des situations compliquées de son pays, et
» qui, prenant une témérité facile pour du génie, jetterait
» le fourreau de son épée dans l'Assemblée et proclame-
» rait, au nom d'un second Bas-Empire, la souveraineté
» d'un arrière-neveu de César? »

« Tous les rêves sont possibles dans une tête légère échauffée par l'ardeur d'un sang impétueux. Je ne le nie pas : il ne faut défier de rien un soldat brave et provoqué par des séditions; mais à supposer qu'un tel homme se rencontrât, assez doué de coup d'œil pour bien juger et bien saisir l'heure d'une *journée*, assez aveuglé d'étourderie pour ne pas voir le lendemain, il faudrait deux conditions au succès de ce coup de sabre : la première, que le président fût son complice et que Bonaparte lui prêtât son nom. Nous venons de voir que c'était faire outrage au caractère, à la nature, au bon sens du premier magistrat de la république, et qu'il avait à la fois trop de respect de son nom et trop de sentiment de la vraie gloire pour confier sa fortune et son honneur à un mouvement de caserne, et pour préférer les acclamations précaires d'une soldatesque à l'estime réfléchie d'une nation. Il faudrait de plus que l'armée consentît tout entière au rôle humiliant et antinational qu'on aurait voulu lui faire jouer dans cette comédie. Supposer cela, c'est méconnaître et insulter l'armée française.

XI

» Qu'après sept ans d'atroces anarchies, de terreurs, de proscriptions, d'échafauds, de supplices, de partis égorgeurs et égorgés tour à tour, au moment de cette lassitude et de cet affaissement qui suivent les grandes convulsions et les grandes pertes de sang dans un peuple, un jeune général, couvert de gloire en défendant sa patrie au dehors, adoré des armées qu'il a illustrées, attendu et appelé comme le second Messie de la civilisation par la nation, parti des confins de l'Orient précédé de la prophétie de son nom, traverse la mer miraculeusement à travers les croisières anglaises, débarque à Fréjus, arrive à Paris, rassemble ses compagnons d'armes, s'entend avec les chefs de la majorité dans les conseils, et avec les directeurs eux-mêmes ; qu'à un jour préfixé il commande une revue, marche avec quelques milliers de grenadiers à Saint-Cloud, qu'il balaye ces restes d'une révolution éteinte et abandonnée par l'esprit public, et fasse voter sur sa tête une constitution où le pouvoir exécutif et réparateur se concentre pour un temps dans la main d'un héros qui a déjà, sans qu'on le lui donne, la toute-puissance de l'opinion et de la nécessité : cela se conçoit, l'armée alors n'est que la ressource extrême et suprême du peuple.

» Vous avez vu périr à l'œuvre ou vous avez proscrit ou tué tous vos grands hommes, toutes vos popularités, tous vos chefs civils, tous vos tribuns, tous vos dictateurs, Mirabeau, Bailly, La Fayette, Barnave, Vergniaud, Danton, les conventionnels, les républicains, la Gironde, la Montagne ; l'échafaud même s'est abîmé sous vos pieds. Voilà un soldat, voilà Bonaparte, il vous faut quelqu'un, essayez-en ! La nation, épuisée et éblouie, dit : Oui ! Encore une fois cela se comprend. L'armée est là dans sa nature si elle n'est pas dans son droit. On pardonne aux coups d'État nécessaires, ou plutôt les coups d'État nécessaires ne sont pas des coups d'État, ce sont des coups de salut public, ce sont des coups de raison générale, ce sont des coups de nation. Tout le monde est complice, tout le monde est dans la confidence, tout le monde est coupable, tout le monde est innocent ! l'armée comme le peuple.

» Mais à quelques mois d'une révolution de quelques heures, que personne n'a faite, mais qui s'est faite d'elle-même comme par un tremblement de terre limité et circonscrit, et qui n'a englouti que le trône usé d'un pays ; mais après la proclamation unanime et sans opposition d'un seul sabre tiré, d'une seule main levée au milieu d'une nation libre de trente-six millions d'âmes ; mais après une Assemblée nationale élue en liberté, avec réflexion, on peut même dire avec religion, prêtres et magistrats en tête, dans la plus vaste manifestation de souveraineté publique et électorale dont jamais un peuple ait été témoin ; mais après une dictature républicaine de quatre mois, où la république n'a coûté ni une goutte de sang, ni une proscription, ni une confiscation, ni une heure de prison, ni un procès pour opinion, ni un centime extorqué, ni un cheveu dérobé à la tête d'un seul citoyen ; mais après l'installation d'une première Assemblée qui a combattu avec le gouvernement, avec la garde nationale et avec l'armée, qui a vaincu les anarchistes et les spoliateurs de la propriété, et qui a fait à la presque unanimité la constitution républicaine ; mais après que le peuple consulté a élu le pouvoir exécutif selon les formes prescrites par cette constitution ; mais après que cette première Assemblée a abdiqué paisiblement et constitutionnellement ses pouvoirs souverains pour se soumettre elle-même à la réélection, afin d'obéir à ses propres lois ; mais après qu'une seconde Assemblée, investie de pouvoirs moins absolus, est venue remplacer la première, et que cette seconde Assemblée, en plein accord avec le pouvoir exécutif et entourée d'une force invincible, travaille en sécurité à reconstruire l'administration et à fortifier légalement l'action et le nerf de l'autorité républicaine; mais au moment où l'opinion publique, souveraine des souverains, seconde ou modère, encourage ou retient sagement cette Assemblée, et se prête partout d'elle-même à une forte restauration du pouvoir exécutif et républicain; que dans un tel moment, que dans une telle absence de raisons ou de prétextes, que dans un tel caprice de violence et d'insolence contre la volonté de la nation, l'armée vienne s'inscrire en faux contre les actes libres et raisonnables de la nation et lui dire par la bouche de tel ou tel soldat : « La » nation, c'est mon épée; vous voulez la république, je » veux l'empire; vous voulez des institutions, je veux un » homme. » Non, je ne le croirai jamais avant de l'avoir vu! Et je ne le verrai pas, à moins que la république, tombant par la faute de la nation dans les mains perverses des terroristes et des guillotineurs, ne fît de telles démences et de tels crimes que l'insurrection contre ses attentats ne devînt pour l'armée, pour vous, pour nous tous, le plus triste mais le plus saint des devoirs! Il dépend de vous que cela ne soit jamais.

XII

» Et croient-ils donc, ces rapsodes de coups d'État, que l'armée soit sans conscience, sans réflexion, sans respect pour sa propre part de souveraineté civique, sans prévoyance et sans honneur? Ils se trompent; l'armée n'est plus ce qu'elle fut dans d'autres temps, une milice vénale au milieu de la nation, recrutée à prix d'argent parmi les

étrangers ou les vagabonds achetés et vendus par des recruteurs à l'intérêt ou à la fortune de tel ou tel chef qui pouvait à son gré la tourner contre son pays. Non, grâce à Dieu! l'armée n'est plus cela; vous la voyez aussi incorruptible aux factions anarchiques et socialistes qui ne sont pas le peuple, qu'elle serait inaccessible et incorruptible en masse aux ambitions et aux séductions qui ne seraient pas la patrie. L'armée n'est pas autre chose aujourd'hui que *cinq ans de la vie d'une nation* employée à défendre la nation sous toutes ses formes au dedans et au dehors. Elle est une fraction du pays en temps de service et en nombre, mais identique au pays lui-même; une faction montée à son heure sous le drapeau ! Voilà l'armée ! Je vous défie de la séparer et de la distinguer même du pays. Elle fait son devoir, mais elle sait son droit; elle obéit, mais elle raisonne son obéissance; elle est disciplinée, mais elle est nationale, elle dépose son arme pour aller exercer sa part d'intelligence et de souveraineté civique au scrutin; le soldat devient électeur, l'électeur redevient soldat, c'est un même homme. Comptez inébranlablement sur l'armée pour défendre le pouvoir exécutif, le président, l'Assemblée, la constitution, la loi, la propriété, le foyer, la famille, la patrie; n'y comptez pas pour violer la constitution et pour renverser la république, tant que la république sera la constitution. Il n'y a pas un de ses chefs, il n'y a pas un de ses officiers, il n'y a pas un de ses soldats qui ne tienne à sa nature d'homme libre, il n'y en a pas un qui ne se dise au fond du cœur : « Prenons garde de ne pas
» déchirer avec ma baïonnette ou avec mon épée le titre de
» ma dignité et de ma liberté futures; car je suis soldat
» aujourd'hui, mais demain que serai-je? Citoyen : citoyen

» libre et fier de l'être si je défends ma constitution ; citoyen
» asservi et dégradé si je la déchire ! »

» Encore une fois, vous calomniez l'armée !

XIII

» Le plan que vous prêtez d'ailleurs au président, ou à je ne sais quel gouvernement occulte autour de lui, ou à je ne sais quelle extrémité droite de la majorité de l'Assemblée, est invraisemblable, car il est absurde. Si le président était en décadence dans l'opinion saine du pays, s'il était menacé dans son titre et dans son exercice du pouvoir exécutif, si on brisait et si l'on rebrisait tous ses ministères successivement, si on jetait au vent toutes ses propositions de loi, si la majorité de l'Assemblée lui échappait par l'intrigue ou par les coalitions, comme à Louis-Philippe en 1839 et en 1840, si l'élection lui donnait des symptômes de soulèvement de l'opinion contre son gouvernement, si l'armée lui manquait par l'indiscipline et pactisait indignement avec la sédition, si, en un mot, tout était menace et danger autour de lui, si la guerre à l'extérieur était complotée en même temps dans tous les cabinets de l'Europe contre nos frontières, et que les armées de cette coalition s'avançassent traînant deux ou trois restaurations dans leurs bagages, on comprendrait que, sous la pression de tant de nuages et au bord de tant d'extrémités, un chef de pouvoir exécutif, d'un nom dynastique, jouât le reste croulant de sa fortune contre une fortune tout entière, et se précipitât dans un coup d'État comme un aventurier dans un hasard, comme un coupable dans un asile; on comprendrait qu'un reste de majorité, près d'être décimée, encourageât et secondât ses entreprises; on comprendrait que quelques bataillons ameutés à la voix d'un Bonaparte lui fissent un trône de leurs faisceaux.

XIV

» Mais le président et la majorité, l'armée et la patrie en sont-ils là? C'est justement le contraire qui se passe de tout point. La patrie n'est nullement menacée au dehors, la guerre de coalition contre nous est impossible, je vous l'ai démontré, à moins que nous ne la motivions nous-mêmes en allant comme des fous violer l'Allemagne au delà du Rhin. Depuis qu'il est au pouvoir, le président a plus gagné en estime réfléchie du pays qu'il n'a perdu en vociférations populaires. Sa fortune ne monte pas, mais elle s'élargit par la base. Les idées n'en désespèrent pas et les intérêts s'attachent à lui. La majorité de l'Assemblée nationale est immense et irrésistible; le jour où elle viendrait à se briser par quelques excès d'ultrà-conservation de l'extrême droite, la moitié de la gauche se détacherait de ce qu'on appelle la Montagne, et reformerait ainsi en faveur du président républicain une majorité de centre entre deux extrémités, véritable base de tout solide gouvernement.

» L'élection revient honteuse et repentante du court vertige que les clubs socialistes avaient donné à nos villages éblouis de mensonges et ivres d'illusions. Le bon sens remonte en France comme le liége sur l'eau. L'administration s'organise, les lois d'ordre se font peu à peu, le pays se prête même à ce qu'elles ont momentanément d'excessif; il ne pense jamais à deux choses à la fois : il veut d'abord de la sécurité pour son ordre social, il reviendra à la liberté et au progrès dans quelques mois. Le gouvernement n'a qu'à dire : « Je veux, » et le pays dit : « Je consens. »

» L'armée, portée enfin, par un mouvement de prévoyance du gouvernement provisoire, à plus de cinq cent mille hommes, est inspirée de l'âme même du pays : ordre, force, modération. L'armée française est le symptôme éclatant du véritable esprit de la nation : l'horreur de l'anarchie.

» L'Assemblée, après avoir guéri les finances par le crédit, seul remède, guérira le travail avec les ressources fournies par le crédit, et ensuite les misères des classes souffrantes, perverties par les clubs et envenimées par le socialisme. La France est en convalescence; l'ordre en sécurité; le pouvoir exécutif en progrès. Ce pouvoir, ébauché seulement par l'Assemblée constituante, a besoin d'être retouché par une Assemblée constituante nouvelle. La première Assemblée a prévu le cas; elle n'a pas eu la folie de décréter des constitutions immobiles et pétrifiées pour une république qui représente les modifications, le mouvement et le progrès élastique et continu des institutions. Il n'y a pas besoin de coup d'État pour cela. La constitution, quand elle paraît vicieuse ou incomplète, porte en soi son propre salut; elle se corrige.

Si, dans trois ans, le pays trouve que la période de durée du pouvoir exécutif de la république est trop limitée en nombre d'années; qu'il doit pouvoir être réélu pour une seconde période, quand il a bien accompli sa fonction; que le suffrage universel doit être modifié dans son mode vicieux et confus d'exécution, le scrutin de liste par le vote à la commune; qu'il faut prévenir le conflit sans issue entre l'Assemblée nationale et le pouvoir exécutif, en donnant au président le droit d'appel au pays une ou deux fois pendant la durée de sa période de présidence : dans trois ans une Assemblée nationale investie du pouvoir constituant peut faire légalement ces trois amendements à la constitution de 1848. Tout sera légal, régulier, irréprochable; la France se sera respectée elle-même dans sa propre loi. Elle n'aura pas fait une révolution nouvelle par horreur des révolutions; elle n'aura pas appris ainsi aux factions à en faire à leur tour. Elle aura fait simplement un acte de sa vie constitutionnelle; elle aura approprié la république à ses mœurs, à ses intérêts industriels, à ses besoins, à ses habitudes d'autorité plus durable et plus forte. La république ne lui va qu'à ces conditions. Les hommes sages du 24 février n'ont jamais douté que la France ne modelât ainsi successivement les formes de la république sur le caractère et sur la nature d'un pays continental et centralisé. Il n'y a de bonnes institutions que celles qu'un pays façonne à son image. Il n'y a pas de crime là, il n'y a que progrès!

» Mais quand toutes ces choses, encore une fois, se font d'elles-mêmes et constitutionnellement, par le seul mouvement naturel et intestin des opinions, des intérêts, des tendances, quel est donc le gouvernement, quelle est donc la majorité aveugle, quels sont donc les partis impatients, turbulents, violents, pressés de jouir ou de détruire, qui iraient demander au crime ce que la légalité leur assure? au hasard, ce que la nature des choses leur donne? aux coups d'État, ce que leur permet la constitution? Ce serait faire comme ces enfants qui trouvent plus de saveur aux choses dérobées, et qui cassent la branche pour vouloir cueillir quelques heures plus tôt le fruit qui mûrissait et qui allait tomber à leurs pieds. Je ne puis croire à ces perversités ou à ces puérilités.

» Et vous qui encouragez de vos applaudissements de pareils rêves sous prétexte que vous n'avez pas assez de sécurité ainsi pour reprendre vos entreprises à longue échéance, vos commerces, vos industries, vos échanges, vos trafics, vos cultures, vos navigations; banquiers! commerçants! industriels! fabricants! agriculteurs! propriétaires! bourgeois aveugles! nous vous avons ramenés au bord du plus terrible cataclysme où une société sans gouvernement soit jamais tombée, vous êtes au port de la république, et vous voulez, par effroi du mot, vous rejeter en pleine tempête? Vous êtes les maîtres! allez si vous voulez, et que votre sort s'accomplisse! Ah! vous ne tarderez pas à vous repentir de n'avoir pas écouté notre voix!

XV

» Mais je suppose que je me trompe par une trop bonne opinion que j'ai du bon sens du président et de la majorité, et qu'on rêve en effet un coup d'État, et qu'on le fasse, ce que je reconnais très-aisé. Eh bien, le voilà fait! allons! vous êtes contents! Vous avez crié : « Vive l'empereur! » ou : « Vive le consulat à vie! » vous avez conduit en triomphe le président aux Tuileries, et vous avez conduit les républicains modérés et moi à Vincennes, à Ham, ou le long de ce mur encore sanglant de l'Observatoire où l'on fusillait il y a trente ans ceux qui avaient sauvé leur pays sur la Bérésina? C'est bien; ce mot importun de *République* n'obsédera plus vos oreilles, ce mot inquiétant de *Fraternité* n'obsédera plus vos yeux. Vous aurez un empire, un consulat, une cour! vous serez bien fiers et bien heureux, n'est-ce pas? Vous direz : « Nous allons vendre » et acheter dans une longue et inviolable sécurité. » Cette joie durera combien de temps? voulez-vous que je vous le dise? Un jour et une nuit; juste le temps d'une revue et d'une illumination. Elle s'éteindra au réveil de Paris avec les lampions de cette nuit.

XVI

» Dès le lendemain vous réfléchirez, vous direz :
» Qu'avons-nous fait? Nous avons nommé un consul ou
» un empereur pour substituer capricieusement et fantasti-
» quement la souveraineté d'un jeune homme que nous
» connaissons peu à cette immense et indiscutable souve-
» raineté naturelle, divine, universelle, que Dieu et la na-
» ture ont mise dans la volonté de tous les membres vivants

» d'une nation, et qui, sous le nom de démocratie orga-
» nisée ou de république, répond irrésistiblement à la fois,
» avec le droit et avec la force de tous, à toutes les ambi-
» tions des prétendants, à toutes les résurrections des
» castes privilégiées, à toutes les violences des factions
» plébéiennes. Mais ce consul ou cet empereur, chargé par
» nous de répondre seul avec quelques soldats à tous ces
» périls, de repousser seul avec quelques courtisans tous
» ces assauts, de couvrir seul, avec une majorité emprun-
» tée aux partis de ses ennemis, cette société : est-ce bien
» lui que nous aurions dû choisir? N'aurions-nous pas
» mieux fait de nommer celui-ci ou celui-là? Voyons! rai-
» sonnons, et recommençons si nous nous sommes trompés;
» car pour une monarchie il faut un monarque, et pour une
» monarchie à relever de terre et à fonder sur les débris
» d'une république qui n'a pas de crimes, qui n'a pas de
» sang sur ses mains, il faut bien plus qu'un monarque,
» il faut un politique, un conquérant, un libérateur, un
» héros, un homme évidemment au-dessus de l'homme, un
» homme désigné par le doigt de Dieu, et sacré d'avance
» par l'immensité et par l'éclat des services rendus à sa
» nation. Où est-il cet homme providentiel? Bonaparte n'est
» qu'un souvenir et une espérance; il sera plus peut-être,
» mais il fallait lui donner le temps. D'ailleurs des souve-
» nirs et des espérances, il y en a partout et plus près de
» nos yeux et de nos cœurs; il y en a à Londres, en Es-
» pagne, à Cobourg, dans ces jeunes princes, dans ces veuves
» et dans ces enfants d'une dynastie de seconde branche
» qui n'ont pas démérité, car ils n'ont pas gouverné. Il y
» en a en Bohême, dans ce jeune et unique rejeton d'un
» tronc royal de tant de siècles, qui végète encore de la

» vraie séve des rois, qui n'a pas besoin de conspirer, dont
» le droit conspire dans l'esprit de ceux qui croient qu'il y
» a un droit dans le sang; qui est non pas seulement la
» dynastie, mais qui est la religion d'un immense parti en
» France! Pourquoi n'avons-nous pas rappelé ces symboles
» monarchiques pour les couronnes, puisque nous voulons
» une royauté? En fait de royauté il ne faut pas se trom-
» per, il faut prendre la plus royale. Bonaparte n'a qu'un
» règne derrière lui, ceux-là en ont soixante. Bonaparte
» n'a qu'un nom dans ses aïeux, ceux-là en ont mille!
» Bonaparte a un parti à se faire, ceux-là ont des partis
» tout faits dans l'Église, dans l'aristocratie, dans la bour-
» geoisie, dans le Midi, dans le Nord, dans l'Ouest. Déci-
» dément nous nous sommes trompés!... »

» Voilà ce qui se dira, soyez-en sûrs; le doute commencera avec la discussion, la désaffection avec le doute, le prestige sera évanoui avant que les salves du canon de la république aient appris à nos ports et à nos colonies que la France s'est encore une fois retournée dans son lit de sang, de vicissitudes, de démentis à elle-même et de révolutions.

XVII

» Or, pendant que l'opinion, la bourgeoisie et le peuple s'étonneront et se désaffectionneront ainsi en huit jours, que fera l'armée? L'armée rougira devant les citoyens du rôle oppresseur qu'on lui aura fait jouer contre la république. Elle demandera à l'instant la guerre, la grande guerre pour se réhabiliter! Si son empereur la lui accorde, le monde est en feu, la patrie est perdue, les peuples que nos doctrines sagement républicaines attiraient à nous, il y a un an, se lèveront comme un seul homme contre le drapeau conquérant et abhorré du second empire français? Vous commencerez la conquête de l'Europe par un Waterloo après un second retour de l'île d'Elbe !

» Si son empereur refuse sagement la guerre à son armée, l'armée rongera son frein et expiera son crime dans l'humiliation et dans les conspirations militaires qui la livreront par la honte et par le repentir aux factions socialistes. Que voulez-vous qu'elle réponde au peuple qui la couvrira de reproches et de sarcasmes, et qui lui dira, le sourire du mépris sur les lèvres : « Armée liberticide! » armée des ombres! armée napoléonienne sans Napo- » léon! »

» En six mois votre armée si intègre, si justement fière d'être l'armée de la liberté et de la société, si patriotique et si obéissante, sera démoralisée par le coup d'État qu'elle aura fait!

» Et la majorité de l'Assemblée? Croyez-vous qu'elle soit à vous? Non, elle est à elle-même, à ses opinions, à ses préférences diverses, à ses intérêts, à ses souvenirs, à l'ordre, à la patrie surtout. Elle vous tentera, je l'accorde sans le croire, mais enfin elle vous tentera, si vous voulez, par la perspective d'une restauration semi-monarchique, parce qu'il faut bien que quelqu'un se déchire la main en cassant la glace de la république. Mais une fois la glace cassée et la république renversée par votre main, elle vous dira ce qu'elle a dit à tant d'autres : « Nous

» n'avons plus besoin de vous, vous êtes un levier monar-
» chique seulement, nous vous rejetons, retirez-vous, et
» faites place à la véritable monarchie ! »

XVIII

» Et quelle sera cette véritable monarchie? Oh ! c'est là
que je vous attends ; c'est alors que les questions mortes
par la république ou sans danger sous la république se
soulèveront et soulèveront immédiatement au milieu de
vous des tempêtes civiles mille fois plus terribles et plus
sanglantes que celles que nous avons apaisées en opposant
à toutes ces prétentions l'incontestable droit et l'irrésistible
force de la république. Quatre minorités irréconciliables et
implacables s'entre-choqueront dans l'Assemblée nationale,
dans les comices électoraux, dans les départements de
divers esprits, dans les conjurations nocturnes, dans les
camps, dans les rues, dans les champs de bataille, sur le
sol de la patrie : le parti républicain, le parti bonapartiste
ou impérial, le parti orléaniste, le parti légitimiste enfin :
celui-ci aura le peuple, celui-là l'armée, celui-ci la bourgeoisie, celui-là le clergé, l'Ouest, le Midi, les campagnes.
La France sera un volcan en ébullition et en explosion continue, et, pendant ce temps-là, les socialistes se dispute-
ront les débris de la propriété dans le sang. Vous l'aurez
voulu ! vous aurez étouffé la souveraineté du peuple qui
donnait de l'air à ce volcan, des limites à cette lave ; vous
aurez muré ce terrain commun sur lequel tous ces partis se

rencontraient et se faisaient place et jour dans la liberté : la république !

» Que l'œil qui peut envisager sans se troubler ce chaos, dans lequel vous précipiterait en six mois la suppression de la république, le fasse ; quant à moi, je ne le puis pas, je détourne mon regard et je prie Dieu d'éloigner de l'oreille du président et de l'oreille de la bourgeoisie de Paris les fous qui lui donnent de pareils conseils. Un coup d'État dans de pareilles circonstances vous submergerait dans un océan de catastrophes et d'impossibilités dix fois plus difficiles à traverser qu'il n'est difficile aujourd'hui d'achever de fortifier et de régulariser la république.

XIX

« Mais, me disent certains hommes d'État de la majorité,
» hommes de beaucoup de ressentiment et de peu de mé-
» moire, s'il est si difficile et si dangereux de sortir de la
» république, pourquoi donc nous avez-vous jetés dans la
» république ? »

» Je pourrais leur répondre que c'est précisément parce que j'ai été plus homme d'État qu'eux une heure de ma vie, et que, voyant le trône renversé à nos pieds, et ayant un sentiment prompt, juste, prophétique et vrai des énormes difficultés d'asseoir désormais un trône solide quelconque sur la lave brûlante et mobile d'une démocratie victorieuse, j'ai eu l'instinct du moment comme la France, et j'ai dit : « Précipitons hardiment pour son salut

» la société dans la république! Sauvons la famille et la
» propriété par la main de tous! Réfugions la France dans
» la liberté! » Vous voyez aujourd'hui si nous avons eu tort!
et vous le verrez bien mieux et bien plus cruellement si
vous faites vos deux ou trois tentatives de restaurations
échelonnées; échelonnées d'un Bonaparte à un d'Orléans,
d'un d'Orléans à une régence, d'une régence à un Bourbon, à un Bourbon innocent, que je plains, que je respecte, dont j'ai vu et béni le berceau dans ma jeunesse,
à qui je voudrais rendre une patrie comme à tous les
exilés, mais que je n'appelle pas à ce trône qui dévorerait quatre dynasties en quatre ans, en dévorant aussi la
patrie elle-même! »

XX

» Mais je réponds de plus à ces hommes qui intervertissent aujourd'hui si étonnamment tous les rôles, parce qu'ils
ont des mains pour battre à toutes les audaces de réaction
dans leurs journaux et à la tribune :

» Si la révolution est un crime, est-ce nous ou est-ce
vous qui l'avons fait? Est-ce nous qui avons sapé dans des
conspirations dont nous pouvons vous rappeler le *lieu*, le
jour et l'*heure* par vos propres bouches, les bases de la
monarchie de la branche aînée avant les ordonnances de
juillet? Est-ce nous qui avons jeté à la porte de Paris,
dans la personne du duc de Bordeaux et de sa mère, le
vieux droit monarchique que vous sanctifiez aujourd'hui de

vos larmes? Est-ce nous qui avons été chercher un prince en réserve dans son palais et dans ses jardins auprès de Paris pour dire à sa sœur : « Qu'il vienne, un trône est va-
» cant, qu'il se glisse entre une veuve et un enfant qui se
» sauvent et la république ! L'usurpation est notre légitimité
» à nous? »

» Est-ce nous qui avons dévoré ce règne, selon la prophétique expression de Tacite? Est-ce nous qui l'avons laissé se consolider sans objection par des mesures que je ne veux pas rappeler et qu'Auguste, peu scrupuleux en matière de règne, craignait de prendre envers une princesse de sa maison? Est-ce nous qui avons souffert en silence qu'on fît de la captivité d'une femme un instrument de règne, *instrumentum regni?*

» Est-ce nous qui, après avoir affermi ce règne, l'avons ébranlé, saccadé, déraciné à coups de journaux et de discours?

» Est-ce nous qui avons fait, de 1837 à 1840, cette coalition contre la couronne avec tous les ennemis de la monarchie, et qui avons dit à celui que nous avions élevé au trône : « Tu seras le captif couronné de notre parti, ou
» tu ne seras pas! »

» Est-ce nous qui, après avoir ainsi reconquis l'empire, avons ébranlé la paix du monde en 1840, renoué une coalition universelle contre notre pays, et replié ensuite le drapeau étonné de la France depuis les côtes de Syrie et d'Égypte jusqu'au fond de la rade de Toulon? Est-ce nous qui avons dépopularisé ainsi la paix en l'humiliant aux yeux d'un pays qui n'avait jamais perdu l'honneur?

» Est-ce nous qui, pour consoler la France de cet échec, avons muré sa capitale dans une enceinte de bastions et de forts, pronostics de la détresse des empires? Est-ce nous qui avons ainsi obéré nos finances et aggloméré dans les faubourgs de Paris cent mille prolétaires arrachés aux travaux des champs, corrompus par le séjour des grandes villes, sans salaire après l'ouvrage terminé, élément de misère imprévoyante, de sédition incessante et de révolution imminente dans une capitale?

» Est-ce nous qui, remontés au pouvoir par l'opposition, avons dit : « *Enterrons les réformes?* »

» Est ce nous qui avons repris après notre chute nos oppositions directes et personnelles contre la couronne?

» Est-ce nous qui avons mis souvent la tribune dans les confidences des conseils de la couronne?

» Est-ce nous qui avons dit au roi, du haut de la tribune, ce mot fameux, la plus directe et la plus cruelle menace de détrônement que jamais un ministre ait adressée à son souverain constitutionnel : « *Il fallait nous le
» dire en* 1830! »

» Est-ce nous qui avons fait le blocus de la Suisse et le mariage espagnol?

» Est-ce nous dont les amis ont donné le signal des *banquets* à tous les partis ennemis de la monarchie, et promené de Paris dans les départements l'agitation confuse et illimitée d'où ne pouvait sortir qu'une révolution, ou l'état de siége du royaume?

» Est-ce nous, enfin, qui avons saisi trop tard le timon de la monarchie constitutionnelle déjà à demi brisé 'par nous, et qui n'avons pu que lever les mains au ciel et verser des larmes, honorables mais tardives, sur cette fuite, sur ce cortége funèbre des Tuileries, en face de cinquante mille soldats immobiles, d'une garde nationale muette ou complice, d'une nation désaffectionnée, d'une Chambre des députés violée, d'une constitution engloutie sous nos pieds?

XXI

» Non, ce n'est pas nous, et l'histoire, qui ne se venge pas mais qui juge, dira quels sont les divers hommes d'État de la monarchie sur qui pèsera à jamais la responsabilité de ce règne, de ces coalitions, de ces ébranlements, de ces agitations, de cette chute, de cette catastrophe, de cette éclipse totale de la monarchie! Quant à moi, je le dis d'avance : Je suis là, je ne rejette mon fardeau sur personne, j'accepte ma part, mais je vous restitue la vôtre.

» Or, savez-vous ce qui est vrai? C'est que vous avez fait la révolution et que nous avons fait la république; la république pour saisir, grandir, utiliser et régulariser la révolution. Oui, voilà la vérité, voilà la justice! A vous la révolution, à moi et à mes amis la république! A vous l'écroulement, à moi et à mes amis le déblayement de ce volcan! A vous la ruine, à moi et à mes amis la reconstruction! A vous la perte de la monarchie, à nous le poids de la société renversée et le salut laborieux de la patrie!

» Voulez-vous recommencer? Voulez-vous rouvrir le cratère? Voulez-vous remonter cette cataracte du Niagara que le vaisseau de la France, si fatalement dirigé par vous et par vos amis, a miraculeusement traversée, sous la protec-

tion visible de la Providence et grâce à l'enthousiasme calme et à la modération intrépide du peuple? Vous en êtes les maîtres!... Nous avons franchi l'abîme; nous avons supporté le choc, la vague et l'écume; nous avons radoubé le navire et conservé le pavillon; nous avons fortifié et armé l'équipage; nous vous avons remis le vaisseau de la république; allez maintenant! Nous n'imiterons pas, sous la république, votre conduite sous la monarchie; nous ne calomnierons pas vos efforts, nous ne rirons pas de vos difficultés, nous ne raillerons pas vos fautes involontaires, nous n'épuiserons pas nos dénigrements contre vos vertus, nous n'aurons point de basse envie contre vos triomphes, nous ne nous allierons pas avec vos ennemis naturels, parce qu'ils sont aussi les nôtres, pour tramer d'immorales coalitions contre vous; nous ne dirons point aux démagogues, aux socialistes, aux communistes, aux démolisseurs, aux factieux de toute doctrine et de toute couleur : « Ve-
» nez! nous allons saper ensemble ce ministère, ruiner
» ensemble cette constitution, frapper ensemble ces rivaux
» de pouvoir pour que vous nous releviez sur leur ruine. »
Non! nous nous réjouirons de voir vos éloquences, vos probités, vos expériences, vos honorables repentirs, vos talents, vos lumières, vos hautes capacités, s'employer, avec honneur pour vous, avec profit pour le pays, à l'affermissement de la république. Nous serons même tolérants, longanimes envers vos fautes, si vous en commettez comme nous. La république n'a pas un homme de mérite de trop. Nous vous l'avons dit dès le 24 février, nous ne vous avons pas proscrit, nous n'avons pas insulté lâchement à votre chute! nous ne nous sommes pas permis un sourire impie contre votre douleur. Nous avons dit au

peuple : « Respectez ces hommes d'hier, la république en
» aura besoin peut-être demain. Qu'ils s'éloignent un mo-
» ment pour pleurer leur œuvre et pour porter le deuil de
» leurs pensées écroulées et qu'ils rentrent vite pour éclai-
» rer, inspirer, gouverner même la république. La répu-
» blique leur appartient comme à nous. La république est
» l'amnistie de tous les passés, la main à l'œuvre de tous
» les talents, le gouvernement de toutes les intelligences,
» le passe-port de tous les patriotismes! » Ce que nous
avons dit alors, nous le pensons encore aujourd'hui. Prenez
le pouvoir à votre heure. Nous le soutiendrons jusque dans
vos mains.

» Mais si vous ne savez pas étouffer vos ressentiments
contre nous et contre le pays, certes bien innocent de vos
amertumes, si la société et la patrie ne dominent pas dans
vos âmes le souvenir des heures tristes que vous avez eues,
comme tout le monde, à dévorer le 24 février et depuis;
si votre politique, au lieu d'être une grande vue d'hommes
d'État, est une petite vengeance de ressentiments satisfaits
et de ministres restaurés; si, au lieu d'inspirer aux partis
dont vous avez l'oreille, l'acceptation, la patience, la sagesse, la transformation, le républicanisme de raison,
vous leur souffliez (ce que je ne crois pas, je le dis sincèrement) les pensées rétrogrades, les recrépissages de
ruines impériales, les 18 brumaire en plusieurs actes et en
plusieurs dynasties, les coups d'État en une *journée* ou en
trois *journées*; oh! alors, sachez-le bien : nous n'agiterons
pas un pauvre pays déjà trop malade et trop spasmodique,
nous ne sonnerons pas ce tocsin fiévreux et insurrectionnel
de la presse démagogique et des clubs; nous n'appellerons
pas le peuple laborieux aux armes et au sang ; mais nous

vous dirons trop tard ce que nous vous disons à temps aujourd'hui : « Malheur à nous d'abord ! malheur à vous » ensuite ! malheur à la nation et à la société surtout ! »

» Dieu protége la France, non, vous ne ferez pas de coup d'État ! »

LIVRE VINGT-SEPTIÈME

I

Dans le mois de septembre on s'aperçut que les instituteurs communaux, pervertis par les missionnaires anarchiques, commençaient à infecter les familles des théories les plus dangereuses. Je pris sur moi de les menacer d'une dénonciation courageuse devant la Chambre, et j'élevai énergiquement la voix contre eux.

» Corrupteurs de l'âme du peuple, que la société et la république vous avaient donnée en garde, oui, quelques-uns d'entre vous se sont faits les vils échos, les entremetteurs d'anarchie de ces terroristes, germination impure et venimeuse, née de la fange détrempée de sang humain sous les égouts des échafauds de 93!... Détournons les yeux, ils n'étaient que trois ou quatre !

» Mais, après les terroristes, sont venus à vous les socialistes, les communistes, les rénovateurs radicaux de la société, de la propriété, de la famille. Ceux-là ne font pas horreur du moins, ils font peine, ils font pitié. Ce sont les malades, ce ne sont pas les scélérats de la civilisation. Ils aiment les hommes, au fond. Ils ne voudraient le pillage et la mort de personne. Ils ont en tête je ne sais quel remède pour guérir d'un seul coup, chacun à sa manière, tous les maux, toutes les infirmités, toutes les misères, toutes les inégalités, toutes les souffrances, pauvreté, maladie, mort, dont la nature et Dieu ont pétri l'humanité depuis qu'elle existe ! Seulement, il faut commencer par renverser, détruire, bouleverser et anéantir tout aussi du premier coup, œuvres des hommes, œuvres de la nature, œuvres de Dieu, n'importe. Ayez confiance, faites comme ce vieillard qui consentit à se laisser tuer pour rajeunir ! laissez-vous d'abord tuer amoureusement par les socialistes, vous renaîtrez ensuite plus vivant, plus jeune et plus immortel que jamais ! Il n'y a que la foi qui sauve !

» Malheureusement, la société, la famille, la propriété, n'ont pas la foi, et ne consentent pas à se laisser tuer et démembrer pour se retrouver mieux faites, plus jeunes et plus belles après leur résurrection sur parole. Cette petite révolution radicale, qui consiste simplement à renverser et à reconstruire, non pas seulement une forme de gouvernement, mais l'humanité tout entière, sur un plan nouveau ou plutôt sur vingt plans contradictoires, selon le maître en socialisme en qui l'on a confiance, à créer comme Dieu après Dieu et mieux que Dieu, à nier et à réformer tous les instincts, toutes les tendances, toutes les lois de notre nature d'où sont sortis, comme des conséquences sortent invinciblement d'un principe, les nations, les sociétés civiles, les familles, les propriétés, les hérédités, les mariages, les rapports des sexes entre eux, les relations des fils avec les pères, les conditions du travail, les industries, les commerces, les arts, les possessions personnelles, mobilières ou immobilières, et à renouveler les civilisations d'un mot dans un club, comme Jéhovah débrouilla d'un mot le monde physique et l'univers moral du chaos des éléments confondus : tout cela ne laisse pas que d'inquiéter un peu la foi du genre humain. La société, la famille, les femmes, les épouses, les mères, les époux, les fils, les pères, les propriétaires, les travailleurs, les trafiquants, les artistes, les philosophes, les hommes timides ou religieux, la civilisation enfin, ne sont pas encore assez sûrs des merveilleux talents de ceux qui leur promettent ce petit miracle pour un grain de foi. Ils hésitent, et il faut leur faire une salutaire violence, bien à contre-cœur, mais pour leur avantage, en s'unissant aux terroristes qui connaissent si bien, eux, le mystère de la mort, en préconisant les mesures violentes, et en remettant d'abord la France aux licteurs !

II

» La France a bien tort, il faut en convenir, de se défier ainsi de ces opérateurs. Mais, que voulez-vous ? le monde est si vieux ! il est si embourbé dans l'ornière de ses vieilles habitudes qu'on appelle la nature, l'instinct, les lois de la société, de la famille, du *tien* et du *mien*, qu'il faut faire préalablement une coupe complète de cinq ou six générations humaines par le tranchant de la faux de Marat ou de Babeuf, pour faire entrer un peu de soleil nouveau, un peu de rayons du socialisme sous cette vieille forêt de l'humanité ! Or, pour cela, il faut que la loi nous donne la hache de 1793, et pour que la loi nous donne et nous aiguise de nouveau la hache de 1793, il faut que l'élection nous envoie les représentants les plus ineptes et les plus acerbes qu'elle pourra déterrer dans les ignorances et dans les perversités des clubs. Et pour que ces listes, qui sont, au fond, des listes de proscription, glissent de nos mains dans les mains des ouvriers et des cultivateurs pour tromper, corrompre et perdre le peuple, il faut que ces listes soient préconisées et contre-signées par les instituteurs en qui le peuple a une certaine confiance, et pour cela il faut tromper, corrompre et perdre de bon sens les instituteurs eux-mêmes.

» Voilà, mes amis, tout le manége ! Voilà à quoi vous vous êtes prêtés dans certains départements, comme des enfants ! Voilà ce qui a failli perdre le suffrage universel, la république, la France et la société, en les jetant, ne fût-ce que pour trois mois, entre les mains des émissaires communistes, alliés momentanés des terroristes, et qui avaient fait de quelques-uns de vous, savez-vous quoi ? Les recruteurs de l'anarchie, des crimes, et, disons le mot, de toutes les *bêtises*, dont les pervers et les imbéciles veulent fanatiser et hébéter le peuple français ! Tous les vrais amis du peuple des campagnes et des laborieux ouvriers des villes en ont gémi pour le peuple et pour vous.

III

« Mon Dieu ! je comprends le terrorisme. C'est tout bonnement la logique du crime : « Tu ne veux pas que je te » dépouille et que je t'opprime ? Je te tue ! » Cela est clair et sinistre comme une goutte de sang. Cela brille d'évidence et de férocité comme un poignard. Cela est scélérat, mais cela n'est pas absurde. S'il y a quelques scélérats parmi vous, il est tout simple qu'ils fassent de ce bel axiome des clubs l'Évangile des guillotineurs.

» Mais le socialisme ?... Ah ! laissez-moi vous ouvrir enfin une fois mon cœur. Il y a vingt ans que j'étudie le socialisme, je m'y connais. Eh bien, je rougis pour mon siècle et pour mon pays, que, dans une nation qui passait pour spirituelle autrefois comme la France, des jeunes gens sortis des écoles de l'État et chargés de recueillir et de disséminer dans le fond du pays le bon sens public et l'intelligence officielle de la nation, aient pu descendre à ce degré de sottise et d'hébétement d'esprit ! Que voulez-vous qu'on pense de nous dans le monde et dans l'avenir ? Est-il donc vrai qu'il y a des moments de décadence et d'idiotisme dans le génie éclipsé d'un peuple ? Est-il donc vrai que nous sommes près de tomber, nous, Français, dans une de ces nuits de l'esprit où l'on perd la mémoire même du sens commun ? Est-il donc vrai qu'il en soit des nations comme des rois, et que Dieu, quand il veut les humilier ou les perdre, commence par les frapper de cécité morale ?

Quos vult pedere Jupiter dementat ?

» Oui, ce qui me confond, ce qui m'humilie, ce qui me désespère pour vous dans une doctrine fausse, ce n'est pas tant le crime ; — le crime? on le déteste, on le combat, mais on le comprend ; — mais c'est la bêtise, qu'on ne comprend pas !

» Observez bien le caractère de toutes ces doctrines, ou plutôt (car rien là-dedans ne mérite le nom de doctrine) de ces divagations qui partent toutes du matérialisme le plus grossier, pour arriver toutes dans leur prétendu perfectionnement au sensualisme le plus brutal ; qui ne parlent que de boire, de manger, de palper plus d'or ou plus d'argent, de jouir de plus de voluptés dans le commerce illimité des sexes, d'avoir plus de houris dans le *phalanstère* que Mahomet n'en donne à ses croyants dans son paradis, de se partager les biens du riche sans les avoir gagnés ou hérités, de moissonner sans avoir labouré, de se reposer toujours, de dormir sans cesse, d'avoir des rations également savoureuses, toujours préparées au râtelier des étables d'hommes, et de les *consommer*, comme ils disent, en les arrosant de boissons non encore savourées, aux sons de musiques non encore entendues sur la terre ; observez bien, vous dis-je, toutes ces perspectives, tous ces assouvissements, toutes ces jouissances, vous verrez que tout s'adresse aux sens, rien à l'esprit ; tout au matérialisme, rien à l'intellectualité ; rien surtout à la moralité, à la liberté, à l'effort intérieur, à la victoire divine de l'homme moral sur l'homme brute ! Rien à la vertu, rien à Dieu !

» Eh bien, savez-vous ce qui est arrivé de cet oubli impie que le socialisme a fait de toute la partie intelligente, morale et divine de l'homme ! Regardez-les ! lisez-les ! écoutez-les ! Dieu, comme pour les punir de leur abject et ignoble matérialisme, a frappé de stupidité ces hommes de talent et les a humiliés de la plus plate crédulité qui ait jamais déshonoré le sens commun d'une nation ! On rougit de dire, quand on sort de France, qu'on est le compatriote de pareils somnambules ! Examinons-les, si vous voulez, système par système, et dites si j'ai tort d'être humilié pour l'intelligence de mon pays.

IV

» En voilà un qui vous dit : « Il faut renouveler l'ordre
» social en un tour de main. » Mais nos instincts qui sont éternels, la nature, la civilisation et Dieu ont mis des siècles à constituer de progrès en progrès imperceptibles l'humanité. Dieu a fait de la société une végétation, et vous voulez en faire une explosion ! Bêtise ! Vous rêvez contre la loi de Dieu !

» En voilà un autre qui vous dit : « Il faut faire de la
» société un monastère de la règle de Saint-Simon, avec
» un père supérieur, nommé par un conclave universel, qui
» sera dieu, qui sera infaillible et qui assignera despotique-
» ment et infailliblement à chacun sa fonction ! » Bêtise !
Vous rêvez contre l'indépendance morale de l'homme et contre le libre arbitre, le plus divin des dons de Dieu !

» En voilà un qui vous dit : « Il faut faire de la société
» une grande série de familles jetées pêle-mêle dans une
» grande caserne nommée *phalanstère* où chacun fera ce
» qu'il voudra ou bien ne fera rien, et où tous les liens

» qui attachent l'homme à l'homme par la famille véritable
» seront rompus et remplacés par des caprices individuels
» et par des passions parfaitement équitables qui formeront
» de la lutte de tous l'harmonie et la félicité universelles ! »
Bêtise ! Vous rêvez contre la nature et contre la sensibilité de l'homme, car vous supprimez la famille en supprimant ou en émancipant tous les amours qui en dérivent, et vous supprimez la vertu en supprimant la lutte du devoir et de la passion !

» En voici un autre qui vous dit : « Il faut supprimer
» l'inégalité des fortunes, des conditions, des professions ! »
Bêtise ! puisqu'en supprimant l'inégalité des fortunes vous supprimez le désir d'acquérir et de conserver, et qu'en supprimant le désir d'acquérir et de conserver vous supprimez le travail. Vous rêvez contre le travail, qui est la loi de la terre et de l'industrie et la seule richesse de l'humanité !

» En voici un quatrième qui vous dit : « Il faut suppri-
» mer le capital, le capitaliste, le commerçant, l'industriel,
» le banquier, l'intérêt de l'argent pour celui qui le fait
» valoir ou qui le prête. Tout ce qui possède un écu, un
» champ, une maison, est un voleur ! » Bêtise ! puisque sans capital il n'y a pas de revenu ; sans commerce, pas de consommation à distance ; sans consommation à distance, pas de production ; sans production, pas de moyen d'exister ; sans moyen d'exister, pas de multiplication de l'espèce. Vous rêvez contre la population. Vous êtes les théoriciens du néant !

» En voici un cinquième qui vous dit : « Il faut suppri-
» mer toutes les industries privées, toutes les concurrences
» entre marchands, tous les trafics libres entre particuliers,

» parce que faire travailler et gagner en faisant gagner
» son voisin, j'appelle cela l'*exploitation de l'homme par*
» *l'homme!* Il faut que l'État seul vende et achète, fabrique,
» produise et consomme à un prix arbitraire, impératif
» pour tout le monde! » Bêtise! puisque le travail, l'industrie, le trafic de chacun est sa richesse, son pain, sa liberté; que l'homme ne peut consommer qu'autant qu'il produit, et que si les individus ne vendent ni n'achètent rien, ils ne pourront rien consommer, rien produire. Il faudra que l'État nourrisse tout le monde? avec quoi? Avec l'oisiveté, la faim et la soif de tous! Vous rêvez contre le salaire, contre les bras et contre l'outil de tous les travailleurs! Vous rêvez bien plus que le miracle de la multiplication des pains : vous rêvez de rassasier le peuple sans nourriture, et de l'abreuver sans eau!...

» En voici un autre qui vous dit : « Il faut tout mettre en
» commun pour être justes, et nous en aller en Amérique,
» où nous défricherons le sol en nous partageant la moisson,
» que nous mangerons dans des gamelles d'égales dimen-
» sions! » Beau plan de civilisation et de félicité, en effet!
Mais bêtise! puisque l'un mettra dans la communauté sa force, l'autre sa faiblesse, l'un son génie, l'autre sa crapule, l'un son travail, l'autre son oisiveté! l'un sa sobriété, l'autre sa gloutonnerie! Vous rêvez contre les premières notions de la justice!

» Enfin, en voilà un dernier qui vous dit : « Attendez!
» j'ai trouvé bien mieux; j'ai découvert le principe des
» principes. Le voici : la terre n'appartient pas à celui qui
» la possède, la terre appartient à celui qui la cultive! »
Transcendante bêtise! puisque, en vertu du même prétendu principe, la maison appartient au maçon qui la

bâtit, le cheval à celui qui le monte, le diamant à celui qui le taille, la femme à celui qui la convoite! Vous rêvez contre le sens commun!

V

» Voilà pourtant les révélations merveilleuses, socialistes, communistes, icariennes, saint-simoniennes, fouriéristes, organisatrices du travail, suppressives de la famille, de la propriété, du commerce, de l'industrie, des lois, des arts, de la civilisation, de l'intelligence, de la moralité, du travail, de la vertu, que ces rénovateurs du monde social vous débitent sans rire ou en riant sous barbe depuis quinze ans! Voilà les imaginations à l'envers pour le triomphe desquelles il faut, selon eux, faucher à nu le genre humain! O bêtise humaine! étiez-vous jamais descendue si bas!

» Et ce sont de pareilles inepties qui vous ont séduits, dit-on, et dont vous prétendez séduire à votre tour le peuple du bon sens! Et vous croyez être l'intelligence enseignante d'une nation comme la France? Mais si vous entriez à Canton, dans une de ces tabagies prohibées où des *thériakis* hébétés fument l'opium qui leur épaissit l'intelligence, et où ils balbutient tout haut les délires et les vertiges que la fumée du poison fait monter à leur cerveau, vous n'entendriez pas de pareils idiotismes!... Mais si vous réunissiez sur la place du marché toutes les vieilles femmes de votre village, et que vous les écoutassiez se raconter les rêves de leurs plus mauvaises nuits, après une soirée d'ivresse, vous n'entendriez pas de plus absurdes cauchemars !

» Ma foi ! si la démocratie devait dégrader si bas l'intelligence de mon pays, je dirais plutôt : Périsse la démocratie ! car, à tout prendre, la grandeur des peuples se mesure à l'échelle de leur intelligence, et quelques têtes supérieures pour représenter un peuple dans l'histoire valent mieux que toute une nation d'idiots !

» Mais ce n'est pas là la démocratie. C'est sa parodie : c'est la république ivre ! La démocratie est, au contraire, l'élévation de l'intelligence de la nation au niveau des plus hautes pensées du génie et de la sagesse des hommes supérieurs du genre humain.

» Et c'est là la science des instituteurs ! le génie vulgarisé du peuple français ? Ah ! prenez garde, la France peut pardonner beaucoup, mais elle n'aime pas à rougir. Ne la faites pas rougir d'elle-même et de vous ! Il pourrait bien arriver un jour où un représentant courageux et indigné, montant enfin à la tribune, dirait à ses collègues et à la république :

« Nous avons fait pour l'instruction gratuite du peuple
» ce que nous avons dû faire et ce que nous avons pu faire.
» Nous avons pris, dans les rangs du peuple lui-même, des
» jeunes gens de familles honnêtes et pauvres. Nous les
» avons dotés d'une situation honorable et utile. Nous les
» avons privilégiés dans les communes, nous leur avons
» donné un traitement fixe et des émoluments facultatifs.
» Nous leur avons assuré une inamovibilité convenable à
» leur centre de résidence et de famille près de leurs foyers.
» Nous leur avons créé un ministère de l'instruction pu-

» blique, des comités d'arrondissement, des conseils géné-
» raux de département, des inspecteurs éminents pour les
» surveiller et les diriger ! Tenez, voilà ce qu'ils enseignent
» au peuple livré dans leurs mains ! Tenez, voilà les clubs
» qu'ils fréquentent et qu'ils haranguent ! Tenez, voilà les
» livres ou les libelles qu'ils rédigent et qu'ils colportent
» dans les familles ! Tenez, voilà l'usage qu'ils font contre
» la société des bienfaits et des salaires de la société ! Je
» demande qu'on les épure ! Je demande qu'on enlève aux
» coupables d'abord le salaire de l'État. Je demande qu'on
» leur ôte ensuite ce privilége abusif de l'inamovibilité.
» L'inamovibilité de la contagion morale et politique est
» un crime contre la population rurale, contre le peuple et
» contre la société ! S'ils enseignent l'anarchie, le délire ou
» le crime, qu'ils les enseignent du moins gratis ! Et s'ils
» continuent, je demanderai plus : je demanderai que les
» instituteurs ruraux convaincus de cette félonie contre la
» morale et le bon sens soient supprimés, et que s'il n'y en
» a pas d'un autre esprit à l'école primaire, chaque année
» le conseil municipal et tous les chefs de maison ou de foyer
» se réunissent, et nomment au scrutin un des pères de
» famille pris parmi les plus considérés et les plus instruits
» de la commune, pour faire pendant un an et à tour de
» rôle l'office humble et sublime d'instituteur gratuit des
» enfants du peuple !

» Et ce représentant républicain qui aura le courage de frapper sur la partie immorale, gangrenée et anarchique des instituteurs primaires, à défaut d'un autre, savez-vous qui c'est ? Ce sera moi ! »

LIVRE VINGT-HUITIÈME

I

En octobre, je combattis l'athéisme, destructeur de tout principe religieux dans les républiques qui ne peuvent vivre que de vertu, c'est-à-dire de religion libre.

Je répondis aux accusations et aux invectives des ultrà-républicains et des terroristes contre moi; voici cette réponse, bonne encore aujourd'hui :

« Du lit de souffrance où je suis confiné par la convalescence, et de la retraite où je suis retenu par la nécessité, j'entends ou je lis les fausses interprétations, les incriminations, les invectives que font jaillir, comme des éclaboussures sous les pieds de toute vérité, chacun des conseils que je crois devoir donner en conscience au peuple, ne pouvant plus lui donner autre chose. Tantôt je suis un vil stipendié de la réaction, laquelle a payé cependant au-dessus du cours de bonnes calomnies contre moi ; tantôt je suis un plat courtisan du bonapartisme, dont le premier j'avais senti le danger et que j'avais écarté d'un geste trop sévère peut-être du berceau de la république ; tantôt je suis un ambitieux détrôné d'une popularité qu'il mendiait et se vengeant, comme Coriolan, de sa déchéance en ramenant les Volsques, c'est-à-dire la légitimité, la quasi-légitimité ou l'aristocratie contre sa patrie ; tantôt je suis un apostat de la démocratie, essayant de se faire pardonner l'impardonnable évanouissement de février par des caresses et par des génuflexions devant les partis abandonnés par la fortune et dépaysés dans l'ordre nouveau ; tantôt je suis une espèce d'adorateur du vent qui court, prêtant l'oreille et ouvrant les mains à toute brise nouvelle de l'opinion pour tâcher d'y saisir par les ailes quelque occasion fugitive de bruit, de vanité, de lucre ou de pouvoir ; tantôt je me suis suicidé par ennui ou par désespoir, ne pouvant plus supporter le remords d'avoir contre-signé, contenu et modéré la république ; tantôt le Dieu juste m'a frappé de démence, parce que ma stupide et rebelle intelligence n'a pas pu s'élever jusqu'à comprendre les mystères de l'Évangile phalanstérien, la moralité de la communauté des biens et des femmes, et la vertu de la spoliation de chacun pour enrichir tous ! tantôt, enfin, je suis envoyé aux *carrières* pour n'avoir pas su, comme Joseph devant les Pharaons, expliquer les songes du socialisme ou du communisme...

» Je devais m'y attendre et je m'y attendais ; j'ai assez vécu avec les hommes de mon temps et j'ai assez causé avec les hommes de l'histoire pour savoir d'avance qu'un homme qui jette, pour le salut d'une idée ou pour le salut de son pays, son nom dans la fournaise ardente d'une révolution, ne retrouve jamais ce nom qu'en cendres pendant sa vie et en problème après sa mort.

» Ce n'est donc pas pour moi que je veux faire luire aujourd'hui un rayon de vérité sur toutes ces ténèbres et remettre chacun à sa place vraie dans les bonnes inspirations données ou dans les vertiges soufflés à la république. Que m'importe une calomnie de plus ou de moins sur ma robe virile? l'avenir n'y prendra pas garde, ou il les lavera toutes à la fois. Mais c'est dans l'unique intérêt de ces conseils auxquels la partie raisonnable et impartiale du peuple prête l'oreille, qu'il ne faut pas laisser mentir effrontément le fanatisme ou l'ignorance, ni discréditer dans l'homme qui parle la voix qu'on voudrait étouffer.

II

» C'est le sort, c'est le malheur et c'est la grandeur aussi de tous les partis et de tous les hommes modérés dans les révolutions, d'être accusés à la fois d'avoir conspiré contre l'ancien gouvernement tombé de lui-même, et de trahir la révolution qu'ils retiennent pour l'empêcher de dépasser son droit, son but et de s'abîmer dans l'anarchie. Ainsi, odieux à la contre-révolution, suspects à la révolution, voilà leur rôle. Ils luttent seuls et abandonnés de tous, tantôt pour entraîner ceux qui reculent, tantôt pour retenir ceux qui se précipitent. Si la contre-révolution triomphe, ils ne peuvent manquer d'expier leur participation aux actes qui l'ont irritée; si la révolution s'exaspère et s'emporte aux excès ou aux crimes, elle ne peut passer la borne du juste et de l'honnête qu'en passant sur leur corps ; ils ne peuvent manquer d'expier par sa main le crime d'avoir voulu l'éclairer, la modérer et l'innocenter : victimes désignées d'avance et toujours prêtes, pour le supplice si la révolution est sanglante, pour l'ostracisme et pour l'infamie, si la révolution ne veut que des noms à proscrire et des mémoires à immoler ! C'est juste, ceux qui se jettent entre les rangs opposés des discordes civiles sont bien naïfs, s'ils se plaignent d'être blessés des deux côtés. Ce qui doit les consoler et les fortifier, ce sont les grands exemples qu'ils ont devant eux de ces aberrations du temps et de ces retours de la vérité.

III

» Mirabeau aussi avait accepté, il avait même fait plus, il avait soulevé une révolution. Également apte au rôle coupable de factieux ou au rôle héroïque d'homme d'État, il avait tracé d'avance à cette révolution les bords que, dans sa pensée, elle devait occuper sans les franchir ; il s'était dit : « Cette révolution abolira la féodalité, l'inégalité des
» conditions civiles, les priviléges des terres, les démarca-
» tions serviles entre les personnes, le domaine temporel et
» l'intolérance de l'Église. Elle fera concourir la souverai-
» neté représentative de la nation personnifiée dans une ou
» deux Assemblées, avec la souveraineté héréditaire et
» traditionnelle du roi ; mais elle respectera le trône, la pro-

» priété, base de toute association humaine; la religion,
» code volontaire et inviolable de toute conscience, c'est-à-
» dire de toute vertu ici-bas. En un mot, cette révolution
» conservera du passé ce qui est sacré ou même ce qui est
» simplement habituel aux hommes; elle ne désorientera pas
» l'esprit d'une vieille nation accoutumée depuis soixante
» règnes à appeler son pouvoir exécutif royauté. A l'avenir
» d'autres problèmes à résoudre. La république est la vérité
» absolue, mais cette révolution n'ira pas jusqu'à la répu-
» blique de ce premier pas. Il faut des haltes à l'esprit
» humain. »

» Voilà la pensée, l'œuvre de Mirabeau en 1789, en 1790, en 1791, et cette pensée, qui était la vérité alors, il contribua puissamment à l'accomplir. Mais elle n'était pas encore accomplie, encore moins consolidée, que les démocrates sans vue, les démagogues sans frein et les scélérats sans cœur, se retournant contre l'homme qui les avait servis et qui les contenait par sa raison et par sa parole supérieure, s'unirent aux royalistes pour le précipiter de la tribune et pour élever sur ses ruines les uns le trône absolu, les autres la république effrénée. Ce fut alors que Mirabeau, montant, peu de temps avant sa catastrophe, à cette tribune, jeta cette plainte sublime qui avait dans sa bouche l'accent dédaigneux de la conscience et du défi :

« Et moi aussi on voulait, il y a peu de jours, me porter
» en triomphe; et maintenant on crie dans les rues : *La*
» *grande trahison du comte de Mirabeau!* Je n'avais pas
» besoin de cette leçon pour savoir qu'il est peu de distance
» du Capitole à la roche Tarpéienne. Mais l'homme qui
» combat pour la raison, pour la patrie, ne se tient pas si

» aisément pour vaincu ; celui qui a la conscience d'avoir
» bien mérité de son pays et surtout de lui être encore
» utile; celui que ne rassasie pas une vaine célébrité et qui
» dédaigne les succès d'un jour pour la véritable gloire,
» celui qui veut faire le bien public indépendamment des
» mobiles mouvements de l'opinion populaire, cet homme
» porte avec lui la récompense de ses services, le charme
» de ses peines et le prix de ses dangers ; il ne doit attendre
» sa moisson, sa destinée, la seule qui l'intéresse, la des-
» tinée de son nom, que du temps, ce juge incorruptible
» qui fait justice à tous. Que ceux qui prophétisaient depuis
» huit jours mon opinion sans la connaître, qui calomnient
» en ce moment mon discours sans l'avoir compris, m'ac-
» cusent d'encenser des idoles impuissantes au moment
» même où elles sont renversées, ou d'être un vil stipendié
» des hommes que je n'ai pas cessé de combattre ; qu'ils
» dénoncent comme un ennemi de la révolution celui qui
» peut-être n'y a pas été inutile, et qui, cette révolution fût-
» elle étrangère à sa gloire, pourrait là seulement trouver
» sa sûreté; qu'ils livrent aux fureurs du peuple trompé
» celui qui depuis vingt ans combat toutes les oppressions,
» qui parlait aux Français de liberté, de constitution, lors-
» que ses vils calomniateurs suçaient le lait des cours et vi-
» vaient de tous les préjugés. Que m'importe?... Je rentre
» dans la lice, armé de mes seuls principes et de la fermeté
» de ma conscience! etc... »

» Peu de jours après, Mirabeau était mort, et si Dieu ne l'eût pas enlevé à son impopularité qui commençait, les contre-révolutionnaires, à qui il imposait, l'auraient sacrifié à leur ressentiment ; les anarchistes, qu'il contenait, à leur impatience. La mort par la main d'un des deux partis qu'il séparait était désormais le seul dénoûment possible à sa vie. Il mourut sur son lit de parade; quelques mois plus tard il serait mort sur un échafaud. La Providence ne trouva pas l'orateur du peuple assez pur pour en faire un martyr; elle n'en fit que l'immortelle éloquence et l'impérissable nom d'une révolution. Du jour où cet homme illustre se modérait pour fonder un gouvernement de raison et de liberté, les hommes d'excès n'en voulaient plus.

IV

» Il en fut de même de La Fayette : que voulait-il? modérer la révolution pour que la révolution fût possible ; organiser la démocratie, son idole, pour que la démocratie prît enfin la forme, les conditions et la solidité d'un gouvernement; discipliner le peuple, pour que le peuple ne se débandât pas devant ses ennemis. Mais le jour où La Fayette voulut, en honnête homme, foudroyer les sanguinaires attroupements du Champ de Mars, la cour constitutionnelle qu'il avait sauvée le jeta pour récompense aux Jacobins qui l'engloutirent. Il revint seul héroïquement, après les attentats du 20 juin, protester au nom de son armée contre les clubs, contre les violations de la loi, et offrir son épée et sa vie à la constitution : l'Assemblée l'abandonna, la cour sourit de son impuissance, les factions le huèrent, le 10 août le jeta sur la terre étrangère, les étrangers le jetèrent aux cachots d'Olmütz. Il n'échappa à la mort que par l'oubli; il lui fallut vivre jusqu'à près de quatre-vingts ans pour retrouver, dans une autre génération d'hommes, le prix de sa vertu, la puissance de son nom et la popularité de sa mémoire.

V

» Descendez plus bas encore le cours de la révolution, vous retrouverez la même lutte entre les partis modérés et les deux partis qu'ils contiennent et qu'ils importunent en les sauvant de leur démence.

» Après Mirabeau et La Fayette, voilà la pensée et la voix de la république modérée, le Verbe des Girondins, voilà Vergniaud. Son âme est pure; sa passion pour la liberté, éclairée par l'antiquité, est ardente, calme et sans fumée comme une flamme sur les hauteurs; son enthousiasme d'orateur lui laisse l'œil clair et le sang-froid de l'homme d'État. Il n'a pas conspiré, lui honnête homme, avec les intrigants ou les ambitieux Girondins de son parti qui se parent de son talent et de sa vertu. Le 10 août le surprend comme le 24 février surprend Dupont de l'Eure; la monarchie croule sous ses yeux sans qu'il puisse étayer seulement un débris de constitution. Il accepte la république; il s'y jette pour la régulariser et la sauver. Il combat avec une éloquence surhumaine contre ses excès; il ne fait qu'une concession, non à la peur, mais à l'apparence; malheureusement cette concession est la vie d'un roi que Vergniaud innocentait dans son âme, et qu'il voulait refuser la veille. Il se repent de cette fatale faiblesse d'une heure; il puise dans son remords même l'intrépidité du martyr qui veut mourir pour expier; il lutte en désespéré contre les Jacobins, il regarde Danton en face, il défie Marat, il foudroie Robespierre, il atterre tous les factieux : la France admire, l'Europe écoute, la vraie république se reconnaît dans ses accents, l'antiquité républicaine s'étonne d'être égalée; mais Vergniaud veut modérer des fous et moraliser des scélérats : l'heure de la raison n'a pas sonné encore en 1793. Le 31 mai le jette aux prisons, les prisons le jettent à l'échafaud; il meurt sur le piédestal des grandes vertus dans les temps de crimes. L'insensé! il osait disputer au peuple la stupide adoration de son Marat! La république, qui n'était alors que la fureur de la démocratie, avait juré de courir à sa perte.

VI

» Enfin, passez les mers, et étudiez la révolution américaine.

» Après avoir combattu pour l'indépendance de son pays et sauvé le peuple, Washington veut fonder une république libre, mais régulière; une démocratie rationnelle, mais viable. Il ne veut pas que la place publique soit le congrès et le sénat d'une nation constituée; il ne veut pas que les démagogues aient la prérogative d'une perpétuelle et mortelle agitation; il ne croit pas que le droit de rassembler le peuple dans des clubs et de le pousser par la parole à la sédition, droit que Rome et Athènes même ne concédaient qu'aux magistrats, soit compatible avec la liberté du gouvernement et avec la sécurité des citoyens ; il sent que les peuples aussi sont des armées, et qu'il y a une discipline sociale aussi nécessaire aux républiques que la discipline militaire est nécessaire aux camps. Il passe, comme tous les grands caractères, après le triomphe de son principe, dans le parti de la modération. A l'instant les exaltés le méprisent, les démocrates le dénigrent, les démagogues l'injurient, les clubs le proscrivent. Il languit des années dans l'ingratitude et dans l'isolement, consolé par sa seule conscience, jusqu'à l'heure où le bon sens du peuple américain reconnaît en lui son modérateur, et sacrifie la licence et les clubs à la véritable liberté.

» C'est l'histoire du monde entier. Faut-il s'étonner qu'en tournant une page de plus de la démocratie, en 1848, nous retrouvions les mêmes tentatives d'exagération et de démence du principe populaire, les mêmes fureurs ou les mêmes dénigrements contre ceux qui veulent et qui peuvent seuls sauver ce principe en le modérant? Non, c'est là l'humanité, c'est le peuple.

VII

» Tout faible et tout isolé des partis que nous sommes, nous participons en petit à cette condamnation portée d'avance contre tout homme qui voit d'un peu plus haut que la foule l'abîme, et qui veut empêcher le peuple d'y tomber. Dès le surlendemain de la révolution de février, il y avait des démagogues dans les clubs de Paris et des vociférateurs de feuilles publiques qui criaient de la voix ou de la plume : « Il faut mettre en accusation les modérés » de l'hôtel de ville ! » qui demandaient la tête des membres du gouvernement pour avoir décrété l'inviolabilité de toutes les têtes des citoyens et aboli l'échafaud. Depuis, il n'y a pas eu une circonstance de la république où les deux partis extrêmes de l'opinion n'aient incriminé ensemble ou tour à tour chacun des efforts faits par les hommes modérés pour interposer la raison entre les animosités contraires et pour imposer à la république la conciliation qui la pacifie, l'ordre qui la fait accepter, la justice qui la fait respecter, le calme qui la fait réfléchir, la tolérance et la modération qui la font passer dans les cœurs et dans les mœurs, au lieu de l'impatience, de l'intolérance, de la turbulence et de la violence qui la feraient, en trois mois, haïr, maudire, dépérir et mourir !

» Cette condamnation et cette incrimination unanime des esprits modérés par les esprits excessifs et violents était trop naturelle pour qu'elle valût seulement la peine d'être relevée. Aussi n'avons-nous rien dit ; nous savons assez qu'il y a deux grandes voix plus fortes que la nôtre qui répondront pour nous : la voix du bon sens quand il sera écouté, et la voix de l'avenir quand il sera venu.

» Cependant, comme, depuis la fondation de ce journal pour le peuple, les imprécations des républicains de démence et de violence, les justes colères des radicaux de la démocratie, les apostrophes des journaux montagnards, les diatribes plus pâles des journaux de la contre-révolution s'élèvent avec un redoublement périodique contre ces conseils de paix ; comme il s'est même fondé un journal chargé de répercuter l'écho de toutes ces accusations contre les doctrines républicaines modérées, intitulé *l'Anti-Conseiller du Peuple*, il faut enfin aborder une fois corps à corps la question avec ces républicains qui nous appellent si plaisamment *traîtres à la république*, *apostats de la démocratie*. Il faut savoir par la folie et par la main de qui, d'eux ou de nous, la république a reçu les plus dangereuses atteintes en France ; il faut savoir par la grâce de qui, d'eux ou de nous, la république a été possible ; par la présence de qui, d'eux ou de nous, la république a été acceptée ; par la prudence de qui, d'eux ou de nous, la république vit ; par les doctrines de qui, d'eux ou de nous, la démocratie peut subsister encore, s'organiser et s'instituer en gouvernement en France. Oui, il faut soulever tous les voiles, puisqu'on intervertit tous les rôles, et que ceux qui mériteraient d'être accusés osent se faire accusateurs. Il y a des jours où la rudesse de la franchise n'est pas de l'orgueil, où la petitesse de l'homme se confond malgré lui avec la grandeur de l'événement.

» Voyons ce que vos amis les *montagnards de* 1848, les *rouges*, suivant votre expression, les conventionnels posthumes, les terroristes de fantaisie, les socialistes et les communistes, les politiques de fin du monde, ont apporté à la fondation et au maintien de la république jusqu'ici, et voyons ce que nous y avons apporté nous-mêmes ? voyons à qui les difficultés et à qui les triomphes ? voyons à qui les dangers et à qui les victoires ? voyons à qui les divisions et à qui les concordes ? voyons à qui les paniques imprimées au pays, et à qui les sécurités rendues aux esprits ? voyons à qui les factions semées dans le peuple, et à qui l'unité recommandée au peuple et conservée dans l'Assemblée nationale? voyons à qui les agitations furieuses et insolentes de la presse, des clubs, de la tribune, et à qui leur apaisement? voyons à qui les journées de sédition sur la place publique, et à qui la résistance aux séditions et l'étouffement de ces insurrections?... Et si vous ne pouvez pas nier que chacune de ces tentatives de convulsions morales ou matérielles a été une dépopularisation de la démocratie, et que chacune de ces résistances victorieuses aux excès, aux folies, aux scandales des démagogues a été une réhabilitation de la république dans l'esprit de la France et de l'Europe, calculez ce que la république doit à vos amis et ce qu'elle doit à ceux que vous appelez les traîtres. Et si vous mesurez ensuite les trahisons aux dangers que l'on fait courir, et les fidélités aux services que l'on rend à une cause, concluez, si vous l'osez, et dites, en conscience, où sont les fidèles et où sont les aveugles? ou bien ne le dites pas, si vous voulez, l'histoire le dira assez pour vous et contre vous.

VIII

» Je vais préciser, je vais vous interroger de bonne foi en vous priant de vous répondre à vous-mêmes!

» Le 24 février au soir, quand, pour remplacer l'anarchie qui montait et la royauté qui s'enfuyait, on a appris à Paris et à la France qu'elle avait la république, croyez-vous, la main sur la conscience, que si on eût dit à Paris et à la France : « La république qui vient d'être proclamée

» sur la place de l'hôtel de ville, où fume encore le sang de
» Berthier, de Foulon, de Couthon, de Robespierre, de
» Coffinhal, de milliers de citoyens immolés les uns par les
» autres sous la première république; cette seconde répu-
» blique a pour chefs et pour gouvernement les hommes les
» plus exaltés, les plus irresponsables par leur renommée,
» les plus inconnus, les plus hasardés, les plus radicaux
» et les plus excessifs que le mouvement ait pu découvrir
» dans les clubs, dans les conspirations, dans les prisons, et
» soulevé sur ses vagues de feu pour les porter à sa tête! »
croyez-vous de bonne foi, dis-je, que Paris et la France,
repoussés en arrière par l'étonnement et par la défiance
inspirés par de tels démocrates, se fussent apaisés comme
par enchantement, eussent salué d'un enthousiasme unanime cette république, et que trente-six millions d'hommes
libres, éclairés, armés, raisonnables et raisonnant, se fussent rangés en silence et en ordre sous les lois dictatoriales
de quelques Mazaniello insensés ou furieux? Non, vous ne
le croyez pas! Vous savez bien qu'une république proclamée ainsi sur la place de l'hôtel de ville, annoncée sous
de tels auspices, patronnée par de tels garants, ne laissant
envisager à tout le monde que périls, démence, violence,
excès, spoliation, conflagration de la France et de l'Europe, n'aurait pas eu le temps seulement, comme la république du 15 mai, de s'installer dans un quartier de Paris
avant que les autres quartiers se fussent levés de terreur et
d'horreur contre elle. Vous savez bien que les départements
et l'armée, venant en aide à la capitale indignée, l'auraient
étouffée avant que le télégraphe eût porté aux extrémités
de l'empire les noms répudiés de ses dictateurs inconnus!
Eh bien, voilà ce que voulaient vos démagogues de la nuit

du 24 et de la matinée du 25 février! c'était l'avortement de la démocratie dans le ridicule et dans l'odieux. Voilà ce que nous n'avons pas voulu. Où sont les aveugles?

» Nous avons donné pour parrains à la république sept noms sortis de la Chambre, éclos à la tribune, connus du pays, notoires en Europe, offrant des sécurités, des gages, des responsabilités de bon sens et de caractère à la France! A l'instant la France a reçu de leurs mains, sans un seul geste d'opposition ni de défiance, cette république qu'elle allait foudroyer dans les vôtres? Quels sont ceux qui compromettaient, quels sont ceux qui assuraient l'exploitation de la république? Où sont les clairvoyants? où sont les aveugles?

IX

» Je continue : Croyez-vous que si, le lendemain, au lieu de jeter la paix, la concorde, l'unité des intérêts et des esprits entre les classes de citoyens, de briser l'échafaud, de s'interdire non-seulement les proscriptions, mais même les froissements envers les opinions libres, ces dictateurs avaient semé la terreur, préconisé la vengeance, inauguré les mesures révolutionnaires, porté l'inquisition dans les fortunes, décrété la banqueroute aux créanciers de l'État, l'impôt de trois milliards sur les riches, la restitution du milliard des émigrés, l'impôt progressif, l'omnipotence de Paris, la domination tyrannique d'une seule classe de citoyens sur toutes les autres classes, et les sévices, les amendes, les confiscations, les supplices indispensables pour assurer l'exécution de pareilles brutalités de gouvernement, croyez-vous que la France eût obéi quinze jours seulement à une pareille pression de république démocratique et sociale, et qu'un mouvement commencé à Bordeaux, à Lille, à Nantes, se propageant comme un incendie d'indignation, et entourant Paris de deux ou trois millions d'hommes soulevés, ayant l'armée française pour avant-garde, n'aurait pas emporté, avant que le mois fût accompli, une telle république, avec ses dictateurs, ses licteurs et ses échafauds? Vous n'en doutez pas, n'est-ce pas? Eh bien, voilà ce que vos démocrates posthumes voulaient; et voilà ce que nous n'avons pas voulu! Qui de vous ou de nous perdait ou sauvait la république? Où sont les clairvoyants? où sont les aveugles?

X

» Je poursuis : Croyez-vous que si le gouvernement provisoire, au lieu de se hâter de vivre et d'abdiquer entre les mains de la nation, s'était arrogé une dictature d'un an, de deux ans, en laissant la France hors la loi, sous prétexte de faire l'éducation républicaine du peuple français; croyez-vous que la France humiliée, flétrie de cette usurpation, de ce défi d'une coterie à une nation, ne se fût pas fédéralisée d'elle-même contre Paris et n'eût pas balayé la république avec les républicains? Eh bien, voilà ce que vos amis les démocrates de Paris ne cessaient de vouloir et ce

qu'ils veulent encore ! voilà ce que nous n'avons pas voulu !
Où sont les clairvoyants ? où sont les aveugles ?

» Encore un exemple, mille si vous voulez :

» Croyez-vous que si la république de février, au lieu
de reconnaître ces trois bases indiscutables de toute société : la propriété, la religion, la famille, avait décrété
l'expérimentation sur le sol, le travail et la fortune du pays,
de toutes les chimères et de tous les caprices du socialisme ; croyez-vous que la France ne se serait pas entr'ouverte de peur et d'horreur, et n'aurait pas englouti en huit
jours ces folies avec la république qui les aurait décrétées
ou tolérées ? Eh bien, voilà ce que vous vouliez, voilà ce que
nous n'avons pas voulu ! Où sont les clairvoyants ? où sont
les aveugles ?...

» Encore une évidence, s'il vous en faut davantage :

» Croyez-vous que si, le surlendemain de février, la république encore en problème, sans argent et sans armée,
avait fait irruption sur tous les territoires étrangers à la fois
pour y porter sans provocation le drapeau de la démocratie conquérante, croyez-vous, dis-je, que cette république
agressive n'eût pas à l'instant renoué elle-même la coalition
de 1813 contre nous ? Croyez-vous qu'il y ait une puissance
au monde, et, bien plus encore, une puissance de huit
jours, une puissance en révolution qui ait jamais triomphé
six mois de la coalition des peuples et des rois de la terre
et des mers contre elle ? Non, vous ne le croyez pas, ou
bien vous n'avez jamais lu un État militaire et naval de
l'Europe. Eh bien, voilà ce que vous et vos amis vous
vouliez ! vous tentiez de faire ! voilà ce que nous n'avons
pas voulu ! nous voulions cuirasser la France avant de l'exposer au continent : votre système perdait la république ;

le nôtre la conservait, l'aimait, la rendait d'abord inviolable, puis invincible. Où sont les clairvoyants? où sont les aveugles?...

» Mais encore une dernière évidence, et je finis :

» Croyez-vous que si les sept ou huit grandes séditions soufflées ou tentées par les démagogues avaient réussi à violenter l'Assemblée nationale, à déplacer à coups de fusil ou à coups de coude la majorité, et à se jouer de la dernière chose sacrée qui reste, la représentation du peuple, le suffrage universel; croyez-vous que la France asservie se serait soumise six semaines au joug d'une de ces émeutes? Croyez-vous qu'elle n'eût pas submergé en trois mois la république de hasard et de portes forcées sous une vague de baïonnettes, de fourches et de socs amassés des quatre points de l'horizon? Non, vous n'en doutez pas : chacune de ces séditions, si elle eût triomphé, eût été la fin de la république. Qui les soufflait? qui les recrutait? qui les guidait de vous ou de nous? Qui est-ce qui jouait la république à ce jeu des attroupements sur le pavé? Où sont les clairvoyants? où sont les aveugles?...

XI

» Je ne sais pas le sort que Dieu, dans ses vues sur l'humanité, réserve à cette seconde tentative, tentative accidentelle, non préméditée, non conspirée, pour ainsi dire toute providentielle, de l'avénement de la démocratie et de la répartition complète de tous les droits de patrie, de cité et de gouvernement de soi-même au peuple. Je ne sais pas si la république laissera une seconde fois éteindre, ou dans sa propre fumée, ou sous le souffle de ses propres passions, ou sous la main jalouse de ses ennemis, l'étincelle de vie que nous avons mise dans ses mains. Elle a des dangers de deux natures à surmonter dans les premiers temps : dangers du côté de ses ennemis, dangers du côté de ses prétendus amis exclusifs surtout ! Les premiers ne sont rien, si l'exagération, l'intolérance, la démence et la violence des démocrates intolérants ne fournissent pas aux partisans des royautés impossibles des prétextes et des raisons de dégoûter et d'épouvanter la nation d'elle-même. Les derniers sont le véritable danger, si leur intempérance d'opinion, leur radicalisme de langage, leur scandale d'idées, leur rage absurde d'imiter la langue et les gestes de 93, leur manie de faire peur à la France avec les vieilles friperies sanglantes de la terreur, et enfin, si leur prétention impolitique de monopoliser la république, et de la déclarer perdue aussitôt qu'elle n'est plus dans leurs petites mains, ne se corrigent pas par tant de leçons. Il est certain que la France s'éloignerait de la république par horreur de ceux qui lui présentent une république à leur image, c'est-à-dire l'orageuse tyrannie d'une faction, au lieu de la liberté calme d'une grande nation !

» Je le répète, je ne sais pas ce que Dieu en a décidé d'avance ; mais ce que je sais avec certitude, ce que j'affirme par toutes les évidences de ma raison et en donnant mon nom en gage à la postérité de ce que j'affirme, c'est que si la république de 1848 est condamnée à périr un jour, ce ne sera pas sur nous, républicains modérés et civilisés, que le crime et la responsabilité de sa chute pèseront dans l'avenir ! Le crime et la responsabilité pèseront sur les corrupteurs et les agitateurs du peuple, qui n'auront su ni lui inspirer la modération, ni lui éclairer l'intelligence, ni lui tempérer les passions, ni lui laisser le temps d'asseoir dans la patience, dans l'ordre et dans le calme la plus juste et la plus sublime forme de gouvernement que Dieu ait permis d'embrasser aux peuples.

XII

» Oui, voici ce que l'histoire écrira de vous et de nous, sachez-le bien. Je le lis à distance comme si je le lisais sous mes yeux. Le télescope de l'avenir, c'est la vérité rapprochée de l'œil par la puissance d'une forte conviction, c'est l'évidence à travers le temps. Elle écrira :

« La Providence seule, et sans conspiration coupable de
» la démocratie, offrit à la France, le 24 février, l'occasion
» innocente d'une seconde tentative de la république, un
» 10 août sans crime, la plus rare et la plus miraculeuse
» des combinaisons historiques ; une combinaison telle que
» personne n'était coupable, personne humilié, personne
» enorgueilli de la révolution ; qu'il n'y avait ni vain-
» queurs ni vaincus, mais un trône écroulé de soi-même
» sous une rafale, sous une simple émotion populaire, et
» en conséquence une grande place vide entre tous les par-
» tis, place à occuper en commun par la république !

» Par une autre combinaison providentielle aussi heu-
» reuse, les partisans de la royauté, tour à tour désaffec-

» tionnés de la monarchie par le règne successif de dy-
» nasties antipathiques à leurs cœurs, empire, légitimité,
» illégitimité, se trouvaient divisés en trois partis dynas-
» tiques inconciliables, et prêtaient toujours ainsi deux
» forces contre une, à la république, pour résister aux
» restaurations.

» Des hommes de coup d'œil sentirent le bonheur d'une
» telle situation, ils y virent la fortune inespérée de la dé-
» mocratie régulière, ils proclamèrent la république comme
» un traité de paix entre les partis. La France entière eut
» le même instinct, la même inspiration, le même cri de
» salut commun : « Réfugions-nous dans la démocratie
» unanime, c'est-à-dire dans la république non de faction,
» mais de raison. »

» Tant que ces républicains modérés prévalurent dans le
» gouvernement de la révolution, la république, dessinée
» par leur main, commentée par leurs paroles, légitimée
» par leurs actes, fut acceptée à l'unanimité de la France,
» admirée de l'Europe, saluée comme une seconde Amé-
» rique par les Américains. Le peuple, les ouvriers, les
» prolétaires intelligents et honnêtes de Paris et des dépar-
» tements donnèrent l'exemple du respect des personnes et
» des propriétés; ils apportèrent leurs offrandes volontaires
» à la patrie; ils s'armèrent pour défendre les richesses
» qu'ils ne possédaient pas. Chose merveilleuse et qui sera
» enregistrée à l'éternel honneur de ce peuple de février,
» une révolution complète s'accomplit, je ne dirai pas seu-
» lement sans un seul crime, mais sans une seule injure
» aux personnes ! sans une seule clameur des malheureux
» contre les heureux !

» Le peuple reçut des droits immenses, le droit su-

» prême, le droit qui les contient tous, la souveraineté par
» le suffrage universel, et il n'en abusa pas! il l'exerça
» comme un acte religieux devant sa conscience, entre le
» magistrat et le prêtre.

» L'Assemblée nationale entra dans Paris comme la lé-
» gitimité de la nation, elle ratifia la république à l'unani-
» mité ; elle approuva la modération du gouvernement.
» Elle se posa elle-même dans la justice, dans le droit com-
» mun de tous les Français, dans le progrès gradué
» compatible avec l'ordre, dans les principes et dans les
» mesures modérées; elle écouta tous les programmes, elle
» admit tous les partis, elle rassura tous les intérêts, elle
» fit la constitution pour une république de concorde et
» d'ordre, et non pour une république de colère et de fac-
» tions ; elle exprima la France enfin ; elle fut la vérité du
» peuple et du temps. La république recevait d'elle, avec
» mesure, le principe de vie et de durée; la bonne démo-
» cratie se naturalisait dans les cœurs.

» A ce moment, les démocrates de violence et de mono-
» pole, sentant qu'une telle république leur échappait,
» cherchèrent un autre peuple sous le véritable peuple, un
» peuple aussi posthume que la Convention, un peuple de
» clubs, de place publique, de sectes folles, de conjura-
» tions ténébreuses, de tumulte, d'agitations, de manifes-
» tations, de séditions; ils lui soufflèrent leurs ambitions,
» leurs ressentiments, leurs chimères de société sans
» bornes et sans familles, leurs rêves de richesses sans tra-
» vail, sans diversité de profession, sans transmission de
» père aux enfants, leurs mauvais souvenirs de répartition
» forcée des fortunes, d'expropriation des capitaux, de con-
» fiscation des biens, de milliards d'emprunts forcés sur les

» riches, de restitution du milliard des émigrés, de caté-
» gories des propriétaires, de chambre ardente des for-
» tunes privées, de spoliation déguisée ou avouée des
» citoyens les uns par les autres, de victoire du proléta-
» riat seul sur la société, de domination par la force et par
» la terreur d'une seule classe du peuple sur toutes les
» autres ! enfin, un déplacement de tyrannie !

» Une partie de ce peuple fut assez insensée pour écou-
» ter ces faux républicains ; il imagina une *Montagne* dans
» un temps de niveau et de plaine ; il rêva une Convention
» de prolétaires, un comité de salut public, des utopies !
» Il essaya des journées de 31 mai, de fructidor, de
» thermidor en 1849 ! Il suspendit ainsi le travail, il in-
» quiéta le crédit, il tarit les sources de la vie pour lui, de
» l'impôt pour la nation ; il scandalisa l'esprit de famille,
» il créa la panique sociale, il menaça la propriété, il
» exhuma les drapeaux sinistres, il proféra dans ses clubs
» les dogmes ridicules aujourd'hui mais d'odieuse mémoire
» de la terreur! La république, ainsi badigeonnée de
» rouge par ces parodistes de la Convention, fut défigurée
» aux yeux de la France. Les vrais ennemis de la démocra-
» tie montrèrent au pays ce monstre amphibie, commu-
» nisme par le corps, terrorisme par la tête ; ils dirent aux
» Français : « Tenez, voilà la république ! c'est le peuple
» lui-même qui le dit, en voulez-vous ? »

» Le pays, un pays propriétaire, industriel, artiste,
» lettré, brave, religieux, moral, se souleva d'indignation
» contre cette république calomniée ainsi dans son image ;
» il la rejeta dans les ombres du passé ; il se rejeta d'hor-
» reur lui-même dans les bras du premier soldat et du
» premier prétendant venu ! Le peuple tenait la république,

» les démocrates exagérés la voulurent pour eux seuls; les
» démagogues perdirent une seconde fois la démocratie.
» Que le crime de la république perdue pèse à jamais sur
» eux ! »

XIII

» Voilà le langage que tiendra l'histoire, voilà son jugement comme si vous l'entendiez. Elle nous regrettera, elle vous déplorera, et elle dira en parlant des républicains modérés : « Si la république pouvait se fonder dans le
» monde, c'était par eux ! Le peuple, en les répudiant,
» s'est répudié lui-même. Qu'il retombe dans son éternelle
» minorité ! »

» Je sais bien que vous dites, avec les exagérés qui vous ont si bien défiguré la république, que l'excès est la loi des révolutions; que tout parti modéré et intermédiaire est destiné à périr, que les Girondins périront et que la Montagne triomphera. Pourquoi? Parce que, en 1793, les Girondins ont succombé, et que les Montagnards ont régné quinze mois ! Quelle puissante raison !

» Il y a une manière absurde de raisonner qui trompe toujours le peuple, parce que le peuple ne va pas au fond ; cette manière de raisonner, qu'on pourrait appeler le sophisme de l'histoire, consiste à dire : « Telle chose a eu lieu dans tel temps, donc telle chose aura lieu toujours. » On a les yeux faibles; on voit les ressemblances; on n'aperçoit pas les différences. On dit : « Voilà une ré-

» volution, voilà des modérés de la république ou des
» Girondins ; voilà des furieux de la république ou des
» Montagnards. Dans la première révolution les Girondins
» ont été vaincus, décimés, suppliciés par les Montagnards ;
» donc dans la seconde révolution les Montagnards écrase-
» ront, proscriront, supplicieront encore les Girondins. »

Eh bien, si vous étiez de véritables hommes d'État, au lieu d'être de mauvais traducteurs d'une langue morte, savez-vous ce que vous diriez ? Vous diriez tout le contraire, et cette fois vous auriez raison.

XIV

» La France, en 1793, comportait et devait malheureusement enfanter ce qu'on a appelé la *Montagne* dans la Convention, c'est-à-dire le volcan en éruption de toutes les foudres révolutionnaires, le Sinaï de la terreur, un gouvernement de fer, de feu et de convulsions.

» La *Montagne*, ou le parti républicain extrême et terroriste, était la lave de ce volcan ; par une logique ou par une pente fatale, cette lave devait tout écraser, tout consumer autour d'elle, jusqu'à ce qu'elle s'engloutît elle-même avec la république dans son propre débordement. Cela ne se justifie pas, mais cela s'explique par la nature même de cette révolution accumulée depuis des siècles en griefs, en idées, en redressements de droits comprimés dans l'esprit d'une nation qui voulait se régénérer ou périr ! 1793 avait un despotisme à renverser, un trône à abattre, une noblesse féodale à niveler, une Église dominante, intolérante, privilégiée, propriétaire d'une immense partie du sol à déposséder, une émigration armée à désarmer et à combattre, une coalition à repousser des frontières, une guerre civile en Vendée, à Lyon, à Marseille, à Toulon à étouffer, un peuple agricole serf la veille, irrité, ombrageux, pauvre, oisif, famélique, à lancer comme une migration de barbares armés de toutes les armes de destruction et même du crime sur la vieille France royale, féodale, ecclésiastique que la contre-révolution, non encore convaincue de sa perte, disputait avec l'Europe à la révolution. Il y avait là les causes, les raisons, les éléments acharnés d'une lutte à feu et à sang entre les deux Frances et entre les deux Europes. La colère était dans les fatales nécessités d'une telle situation. La Convention, foyer de cette France, devait brûler de cette colère du temps. Les *Montagnards* étaient les flammes, les gestes, les cris, les coups de cette colère de la révolution combattue ; ils devaient vaincre comme l'incendie doit brûler.

XV

» Mais dites-moi en quoi 1849 ressemble à 1793, si ce n'est dans l'inintelligence de ceux qui ne savent pas distinguer deux dates à un demi-siècle de distance, et qui coiffent la liberté du bonnet rouge parce que des esclaves soulevés, il y a soixante ans, en ont coiffé la statue de la Terreur.

» En 1793, les neuf dixièmes de la nation se levaient pour rentrer dans leur titre de citoyens et pour conquérir l'égalité des droits et des taxes : en 1849, tout le monde est citoyen et l'impôt est égalitaire.

» En 1793, la noblesse était une caste ; il y avait des patriciens et des plébéiens, des droits de naissance pour l'armée, des hérédités exclusives pour les magistratures : en 1849, il n'y a qu'un peuple anobli en masse par la liberté et par l'égalité.

» En 1793, il y avait une dynastie et une cour : en 1849, il n'y a qu'un gouvernement, produit de la pensée mobile et de la volonté exprimée de tous sans exception.

» En 1793, il y avait un clergé propriétaire des consciences et des terres, une caste sacrée possédant de droit temporel et de droit divin le sol et l'autel : en 1849, il n'y a qu'un sacerdoce libre, servant les consciences selon la foi indépendante de chacun, et recevant année par année le salaire de ses services.

» En 1793, il y avait des émigrés, des spoliés et des spoliateurs, des acquéreurs des biens de ces proscrits, des proscrits voulant disputer leur seuil à ces acquéreurs, la haine à mort entre ces propriétaires anciens et ces propriétaires nouveaux : en 1849, il n'y a que des propriétaires au même titre, solidaires les uns des autres, s'assurant mutuellement contre la confiscation ; les proscrits ont été indemnisés, la république de février n'a eu qu'un émigré, l'émigré du trône, et cette émigration, de convenance plus que de rigueur, lui a réservé deux ou trois cents millions de biens personnels et lui laisse entrevoir une patrie prête à se rouvrir à tous ses enfants aussitôt qu'ils n'y revendiqueront pas d'autre titre.

» En 1793, il n'y avait que six millions de propriétaires : il y en a vingt-six millions, et chaque jour la terre subdivisée, le travail, l'industrie, le commerce, les salaires, enrôlent à titre divers des citoyens de plus dans cette armée inexpugnable de la propriété !

» En 1793, l'Europe absolutiste levait des millions d'hommes contre la république française : en 1849, l'Europe, libérale, excepté à l'extrémité du Nord, a des constitutions représentatives, nationales, populaires partout, et ne pourrait se coaliser que pour sa propre défense ! Il n'y a pas deux puissances dans le monde qui ne fussent répudiées par leur propre peuple, si elles se levaient pour combattre en principe la démocratie.

XVI

» Où sont donc les motifs de colère, de discorde, de terreur de 1793 en 1849 ? Il n'y en a pas un. Je me trompe, il y en a un seul, et celui-là réunira tout le monde contre lui : c'est le radicalisme ; c'est l'attaque insensée à la propriété ! Mais une nation ne se trouble pas longtemps pour un rêve. Ceux qui rêvent de faire une révolution contre la propriété et de faire une seconde Montagne pour exécuter cette révolution, font le rêve des Titans ! Le ciel s'écroulerait et la terre les engloutirait avant qu'ils eussent déplacé une borne ou violé un seuil. La vraie révolution est plus propriétaire encore que l'ancienne France. Le mot du monde moderne, c'est le travail : le mot du travail, c'est *posséder*. Ces radicaux sont le contre-sens du siècle ; n'en craignez rien.

XVII

» Vous voyez donc que votre Montagne de 1849 n'a pas de base, n'a pas de raison d'être, qu'elle fondra d'elle-même aux rayons de la raison publique, qu'elle s'écroulera dans le contre-sens, ou qu'elle se transformera rationnellement en parti d'opposition démocratique, utile pour aiguillonner les retardataires et pour surveiller les gouvernements.

» Et quant aux modérés ou à ceux que vous appelez les *Girondins*, ils prévaudront, soyez-en sûrs, car la France en masse est girondine aujourd'hui par nature et par nécessité.

» Les Girondins de 1793 ont péri, dites-vous? Oui, mais voyez encore la différence entre les deux temps et les deux partis. Les Girondins de 1793 avaient fait témérairement le 10 août et donné par là aux Jacobins un gage de complicité par lequel les Montagnards pouvaient les tenir et les traîner jusqu'aux abîmes : les Girondins de 1848 et de 1849 n'ont point trempé dans les conspirations d'avant février. Ils ont surgi du hasard et de la nécessité le même jour que la république, comme la raison et la modération dans la crise.

» Les Girondins de 1793 avaient livré lâchement la tête du roi! les Girondins de 1849 n'ont livré la tête ni un cheveu de personne. On ne les tient par aucune lâcheté et par aucun crime dans la dépendance des hommes excessifs.

» Les Girondins de 1793 avaient consenti aux tribunaux révolutionnaires, à la suppression de la constitution, à la dictature de la Convention qu'ils espéraient conduire à leur gré : les Girondins de 1848 ont répudié les mesures révolutionnaires et la dictature, ont confié la France à la France et la république non aux bourreaux, mais à la liberté.

» Les Girondins de 1793 étaient une faction qui tentait de soulever les extrémités contre le centre et de fédéraliser la république : les Girondins de 1849 ont conservé précieusement l'unité nationale, et n'ont tenté d'autre fédération que celle de la tolérance entre toutes les opinions libres et naturelles.

» Les Girondins de 1793 n'avaient que Bordeaux et la Normandie avec eux : les Girondins de 1849 ont toute la France sensée, propriétaire, industrielle, commerciale, intelligente, morale derrière eux.

» Les Girondins de ce siècle ne périront pas, parce qu'ils représentent la majorité immense de la France, et que la France ne périra pas. Les Girondins actuels ne périront pas, parce qu'ils représentent la propriété, et que la propriété ne périra pas. Les Girondins actuels ne périront pas, parce qu'ils représentent la famille, et que la famille ne périra pas. Les Girondins actuels ne périront pas, parce qu'ils représentent la paix européenne, et que la paix européenne, fondée sur la conformité d'intérêts et d'idées, ne périra pas. Les Girondins actuels ne périront pas, parce qu'ils représentent, contre le radicalisme, la civilisation, le bon sens, le travail, la raison, la moralité, l'intérêt des masses, et que cette civilisation ne périra pas. Enfin, les Girondins actuels ne périront pas, parce qu'ils représentent la société dans ses derniers retranchements, et que la société ne périra pas.

» Ou il n'y a point de logique sur la terre, ou les Montagnards de 1849 s'évanouiront comme un fantôme, et les Girondins de 1849 triompheront comme une réalité ! Écrivez d'avance le triomphe des nouveaux Girondins ou des républicains modérés, si vous voulez prophétiser juste ; ou bien écrivez la perte certaine et prompte de votre république de contre-sens et de contre-temps ! Quant à moi à qui vous en faites une injure, je m'en fais une gloire : je n'aurais pas été Girondin de 1793 ! je suis Girondin de 1849.

XVIII

» Hommes surannés d'idées quoique jeunes de jours exhumeurs de dénominations sans analogie ! proscripteurs de la modération, c'est-à-dire de la praticabilité des principes ! écrivains ! orateurs ! journalistes d'une autre époque, qui criez à la trahison du républicanisme dès qu'on se refuse à trahir toute vertu, tout bon sens, toute prudence toute politique : réfléchissez donc ! Réfléchissez ! ou craignez, comme Camille Desmoulins, votre modèle, d'avoir inventé vous-même l'injure, et d'avoir tracé vous-même l'*écriteau* sous lequel la démocratie future affichera un jour, pour la réprobation de l'histoire, les noms des seuls ennemis à la république : les impatients, les exaltés, les fous, ceux qui la rendent inconciliable avec la société existante, incompatible avec l'ordre et le travail du peuple, et qui la font craindre au lieu de la faire aimer comme nous des bons citoyens. »

XIX

J'étais retourné, au mois d'octobre 1849, à Saint-Point, pour m'occuper de la rédaction et de la publication de mes OEuvres. J'y écrivis, pour servir de préface aux *Harmonies poétiques et religieuses*, une lettre que j'adressai à M. d'Esgrigny et que le lecteur trouvera aux pages 187 et 201 du deuxième volume de mes *OEuvres complètes*.

LIVRE VINGT-NEUVIÈME

1

Enfin je pris le parti du président le jour où, alarmé de la longanimité de ses ministres et connaissant les projets trop évidents de ses généraux, il osa renverser son ministère et demander d'autres généraux. Voici en quels termes je le fis :

« Depuis quelques jours les rumeurs sourdes si souvent démenties sur des coups d'État, sur des révolutions de palais, sur des conspirations de majorité, qui menaceraient la république, se renouvellent. On dirait qu'on veut familiariser peu à peu le peuple avec l'idée du renversement de ses institutions, en la lui présentant souvent, surtout aux moments où il se tranquillise et où il travaille, comme on tire de temps en temps un coup de feu à poudre à l'oreille du cheval de guerre, pour l'accoutumer à ne pas se cabrer quand on tirera véritablement sur lui. On dirait que le peuple veut s'y familiariser lui-même en parlant souvent de la possibilité, de la probabilité de ces révolutions, et en diminuant ainsi l'effroi et le scandale que de telles tentatives sont de nature à inspirer à l'opinion.

» Disons d'abord ce qui a donné naissance à ces bruits dans ces derniers jours. Nous dirons en second lieu ce qu'il faut penser de ces atteintes si souvent renouvelées et si imprudentes à la confiance dans l'existence et dans le droit d'exister de la république.

II

» Ce qui a donné naissance, occasion ou prétexte à ces bruits, le voici :

» Le président de la république a jugé à propos de changer ses ministres.

» Pourquoi a-t-il changé ses ministres? Est-ce que M. Barrot, M. Dufaure et leurs collègues, aussi heureux que fermes et modérés dans leur difficile ministère, avaient perdu la confiance de cette immense majorité de l'Assemblée, composée à droite, au milieu, et même très-haut vers la gauche, de tout ce qui veut en France consolider, développer et régulariser à la fois le gouvernement?

» Non; la veille de sa chute, ce ministère d'honnêtes gens devenus républicains par patriotisme comptait la plus nombreuse majorité sur laquelle jamais cabinet se soit appuyé : cinq cent soixante et souvent six cent quarante voix contre cent dix !

» Est-ce que ce ministère manquait de talent pour soutenir à la tribune les doubles assauts de parole des partis extrêmes et pour défendre sa pensée et la pensée du président ?

» Non; M. Barrot, déjà illustre depuis vingt ans comme orateur, mais suspect quelquefois de complaisance pour la popularité, a montré qu'il y avait un cœur de citoyen, stoïque, intrépide, redoutable aux factions sous cette éloquence; il s'est découvert, désarmé et dévoué à pleine poitrine dans l'Assemblée, il s'est jeté entre les factions et sa patrie. Ces dix mois de gouvernement ont plus fait pour sa mémoire que ses quinze années de facile et populaire opposition.

» M. Dufaure a grandi dans la même proportion en lucidité, en franchise, en énergie de discussion devant la France. La république a porté bonheur à ces talents qui viennent du cœur.

» M. de Falloux, dont nous respectons sans les partager les opinions, parce que ces opinions tiennent à sa foi, et que toute foi est inviolable tant qu'elle ne devient pas intolérante, a fait surgir un homme nouveau dans l'éloquence parlementaire, un Cazalès de la papauté. Nous ne croyons point aux arrière-pensées contre la république dans un jeune homme qui ne cache pas sa conscience et qui dit si hardiment ce qu'il est. Nous croyons qu'on n'est jamais traître que par faiblesse, et M. de Falloux n'est pas faible; d'ailleurs nous l'avons vu, au 15 mai et au 15 avril, défendre obscurément la république de sa baïonnette, confondu et inconnu dans les rangs des hommes courageux qui venaient sans être appelés au danger. Il n'est pas né d'un sang républicain, sans doute, mais la république intelligente, sans népotisme exclusif, a des adoptions qui font entrer dans la famille de la vraie démocratie tout ce qui veut servir la patrie sous toutes ses formes. Un tel homme doit aimer maintenant la république, car elle a été l'épreuve de son courage et l'occasion de son talent.

» M. Passy, M. Lanjuinais, M. de Tracy, M. de Tocqueville et les collègues de ces ministres, avaient, chacun dans leur sphère, l'estime et la confiance de la partie raisonnable et impartiale du pays.

» Ces ministres ont-ils refusé leur concours au président dans quelques-unes de ces grandes mesures de gouvernement qui commandent de se séparer, si on ne se sent pas en accord complet pour agir? Je l'ignore, mais rien ne l'indique, puisque ces hommes d'honneur ignoraient, dit-on, la veille, la dissolution du cabinet dont ils faisaient partie.

» Pourquoi donc, encore une fois, cette brusque séparation, ce message, cette formation soudaine d'un autre cabinet pris sur les mêmes bancs de l'Assemblée?

» Pour tout cela on en est réduit aux conjectures. Voici celles qui ont eu cours dans mon esprit et dans l'imagination du peuple.

III

» On s'est dit et je me suis dit : « Peut-être le président
» de la république, obsédé des embarras, des inconsé-

» quences et des humiliations de l'affaire de Rome, rejail-
» lissant en impopularité sur lui, a-t-il pris témérairement
» dans cette affaire un rôle isolé, personnel, tardivement
» populaire, mais embarrassant en diplomatie pratique,
» rôle que ses ministres n'ont pas pu ou pas voulu prendre
» tout à fait sous leur responsabilité d'hommes d'État devant
» l'Europe. Peut-être qu'au moment où cette lettre person-
» nelle et officieuse du président sur l'affaire de Rome a dû
» éclater à la tribune et être adoptée ou répudiée par le
» cabinet, le président a été contristé de voir sa diplomatie
» individuelle plutôt expliquée et excusée qu'avouée par son
» ministère. »

» A qui la faute? A la constitution, qui rend le président responsable et les ministres responsables aussi, et qui les oblige ainsi à accorder d'avance leurs deux responsabilités, sous peine de condamner les ministres pour la faute du président, ou de condamner le président pour la faute des ministres. (*Erratum* à corriger dans la révision future de la constitution.)

» On a dit : « Peut-être que les exigences impérieuses de
» cette partie de la majorité, composée principalement
» d'hommes politiques des anciennes dates et des dynasties
» déchues, ont trouvé trop de crédit ou trop de complai-
» sance dans le conseil, et que le président, justement in-
» quiet de voir son gouvernement en tutelle sous une réu-
» nion extraparlementaire, comme la Convention sous la
» réunion des Jacobins, a voulu échapper par un soubre-
» saut énergique à une tutelle et à des tuteurs qui pouvaient
» avoir d'autres intérêts que ceux de la république. »

» On a dit encore : « Peut-être que le président, voulant
» être actif parce qu'il est responsable, et calquant le gou-

» vernement américain, où les ministres ne sont que des
» agents administratifs et non des hommes d'État, a voulu
» prendre l'administration lui-même et lui seul dans ses
» propres mains, comme Louis XIV quand la mort congé-
» dia Mazarin. »

» Il en a le droit, mais alors un second *erratum* à la constitution! Effacez la responsabilité ou du moins effacez l'importance parlementaire des ministres.

» On a dit enfin — je demande pardon au bon sens public et à la loyauté du président de le redire — on a dit :
« Le président est un Bonaparte, il croit à son nom, il a
» la superstition de sa naissance, il a l'étoile de sa gloire ;
» il veut renverser, il veut usurper, il veut éblouir et fas-
» ciner la république ; il rêve un perpétuel attentat contre la
» grandeur modeste de son rôle actuel et contre la pro-
» bité de son caractère dans l'histoire ; il va balayer la re-
» présentation souveraine et mettre la prétention d'un
» homme à la place du droit d'un pays. Ses ministres ont
» entrevu sa pensée, et, en honnêtes gens, ils n'ont pas
» voulu la préparer ou la servir : il a congédié ses ministres
» pour se donner des complices. Le ministère n'est plus
» qu'une conspiration vivante et contre-signée contre la
» constitution : le 18 brumaire campe en permanence der-
» rière le rideau de l'Élysée : la république n'est plus que
» la pierre d'attente de l'empire. Que les Lépide et que les
» Antoine du bonapartisme se montrent en armes, et qu'ils
» proscrivent Cicéron ! Octave est là ! »

IV

» A tout cela il n'y a qu'un mot à répondre : Je n'en crois rien, je ne dois pas le croire, je ne veux pas le croire; je suis incrédule aux trahisons. Caton disait, dans une circonstance toute pareille, à ceux qui lui reprochaient de ne pas croire à l'attentat prémédité de César alors dans les Gaules, et qui demandait deux légions au sénat : « Je » les lui donne, car je me croirais aussi criminel que lui si » je croyais à son dessein : c'est un crime que de soupçon- » ner seulement certains crimes. » Ici c'est bien pis, car le crime qu'on attribue à ce parti serait en outre une absurdité.

» Cherchons donc ailleurs les causes des revirements politiques dont nous sommes témoins, et cherchons ces causes dans des motifs honnêtes et dignes, et non dans des petitesses ou dans des perfidies. Si on se trompe ainsi, on se trompe du moins honorablement.

V

» Voici ce que je crois et ce que la France a cru assez généralement en apprenant le changement de ministère. L'espèce de frémissement de fierté et de satisfaction irréfléchie qui a parcouru à ce moment la grande majorité des masses du peuple semble prouver que j'interprète bien le sentiment de la majorité du pays. Daignez me suivre dans cette analyse de la situation.

» L'Assemblée nationale venait de s'absenter de Paris pendant six semaines; la cessation de ces discussions fréquentes et de ces orages parlementaires qui donnent la fièvre continue aux imaginations avait calmé les esprits. Un grand ordre avait régné; les affaires, ce thermomètre du peuple, avaient repris un peu d'élasticité. Les conseils généraux, ces assemblées nationales de département, qui représentent non les ambitions dépaysées, mais les opinions et les intérêts sur place, avaient siégé. On avait annoncé depuis six mois que ces conseils généraux allaient protester contre la constitution et pétitionner contre la république. Il y avait un certain doute habilement fomenté par les journaux dynastiques à cet égard; une inquiétude vague préoccupait l'opinion. Si les conseils généraux avaient eu l'attitude antirépublicaine qu'on leur prêtait d'avance, c'eût été un symptôme de désaffection aux institutions populaires, de scission entre les départements et Paris, de fédération des rayons contre le centre qui aurait rappelé la *Gironde* et ses déchirements. On attendait donc avec anxiété.

» On n'a pas attendu longtemps : il n'y a qu'une France en France. La même acceptation de la république, la même résolution prudente de l'asseoir et de la maintenir, la même sagesse à l'inspirer et à la fortifier contre toutes les natures de factions, se sont manifestées dans l'immense majorité des conseils généraux. Deux ou trois seulement, où le vieil esprit turbulent et imprévoyant de la Gironde a trouvé deux ou trois voix sur deux ou trois mille, ont essayé de balbutier une protestation. La masse a senti partout que demander la transformation de la démocratie en royauté à présent, c'était demander d'abord une première révolution pour sortir de la république, puis une série de révolutions pour donner cette royauté à telle ou telle branche de prétendants, puis une tyrannie pour maintenir cette royauté victorieuse des autres, puis une explosion successive de révolutions et de convulsions démocratiques pour secouer ces royautés et pour reprendre la souveraineté régulière du peuple.

» Les conseils généraux ont pensé comme le gouvernement provisoire le lendemain de février, comme le suffrage universel le 27 avril 1848, comme l'Assemblée nationale le 8 mai, comme les électeurs le 10 décembre, comme l'Assemblée législative le 13 mai 1849, comme la nécessité, comme la politique, comme le sens commun, comme la Providence. Ils ont dit : « La république ou la
» guerre civile! la république ou l'anarchie! la république
» ou la tyrannie! la république ou des convulsions incessantes! Voilà le cercle dans lequel Dieu a enfermé en ce
» moment la France : tenons-nous-y, et organisons la société
» dans la république ou exposons-la à périr! »

VI

» Mais pendant que les conseils généraux, organes sincères et partout inspirés par l'âme du sol, parlaient et agissaient ainsi, pendant que la France se calmait et adminis-

trait sous leur inspiration, les partis, ou plutôt les salons (car ces partis se réduisent à la proportion de quatre murs), les salons et les réunions des partis ennemis naturellement antipathiques à la république, parce que la république pèse sur leur souvenir et accuse leur imprévoyance, ces partis, disons-nous, se trompaient au calme du pays et à l'attitude du peuple. Ils se flattaient que ce calme signifiait indifférence et disposition à accepter tout nouveau joug qu'on lui préparerait pour le débarrasser de sa liberté. Ils se disaient :
« Osons beaucoup au retour de l'Assemblée : la France, le
» président, l'Assemblée nationale subiront tout ce que
» nous aurons osé ! Nous ne sommes pas forts, mais soyons
» hardis et entreprenants, on nous croira forts ! Que nos
» journaux à Bordeaux et à Paris sonnent tous les jours la
» charge contre les gouvernements que nous appellerons
» populaires parce qu'ils sont nationaux ! qu'ils vilipendent
» les idées philosophiques d'où le monde moderne est éclos !
» qu'ils bafouent la souveraineté régulière des citoyens
» comme une invention de la barbarie ! qu'ils déifient la
» souveraineté du hasard comme le chef-d'œuvre de la sa-
» gesse humaine ! qu'ils invectivent les révolutions les plus
» involontaires et les plus innocentes, non pas seulement
» comme des malheurs, mais comme des calamités des
» peuples ! qu'ils présentent sans cesse à ce peuple sa propre
» image, non pas dans le miroir des belles républiques de
» l'antiquité ou des grandes démocraties d'Amérique, mais
» dans le miroir sanglant des tyrannies, des convulsions,
» des anarchies de 1793 ! et qu'ils lui fassent ainsi dégoût
» de lui-même et horreur de sa propre souveraineté !
» qu'ils lui persuadent ainsi d'abdiquer entre les mains
» de ses maîtres de 1830, ces premiers démolisseurs du

» trône à qui seuls il est permis de renverser des dynasties !

» Ensuite, formons une ligue parlementaire, à la fois en
» dehors et en dedans de l'Assemblée nationale, que nous
» appellerons tantôt du nom de telle rue, tantôt du nom de
» tel palais ! Concertons-y nos plans, comptons-y nos forces,
» préparons-y nos propositions, nos délibérations, nos ma-
» jorités ; faisons-y, comme au théâtre, les répétitions de
» nos discours et de nos applaudissements ! Ayons-y les
» coulisses et les machines cachées de l'Assemblée natio-
» nale ! Organisons-y nos ministères, imposons-les à leur
» heure au pouvoir exécutif sans prendre la peine de le
» consulter ! Soyons-y ce gouvernement occulte dont nous
» avons tant parlé pour effrayer la nation pendant que nous
» soufflions sur les charbons ardents des révolutions, gou-
» vernement qu'il était réservé à la république de nous voir
» pratiquer à nous-mêmes ! En un mot, faisons exactement
» ce que fit une société fameuse sous la première révolution :
» un gouvernement sous le gouvernement, une Assemblée
» sous une Représentation, une mine toujours chargée sous
» l'édifice de la Constitution et dont la mèche sera dans nos
» mains ! Soyons les Jacobins de la contre-révolution !

» Ce n'est pas assez : sortons de temps en temps de nos
» réunions extraparlementaires, tâtons le terrain, tentons
» l'aventure, essayons la température de l'Assemblée, mon-
» tons à la tribune, lançons-y nos amis ou nos alliés !
» jouons-y sous jambe la représentation nationale, le suf-
» frage universel, la constitution, le pouvoir exécutif ; fai-
» sons-y assaut de sifflets, de sarcasmes, de bravades ou
» d'imprécations contre tout ce qui prend la république au
» sérieux ! que la pire injure sous la république soit la qua-
» lification de républicain ! Confondons à dessein les répu-

» blicains de toutes couleurs et de toute conduite dans la
» même réprobation, les démocrates et les démagogues, le
» peuple et la populace, les défenseurs et les démolisseurs
» de la société, les hommes qui tiraient les balles de juin et
» ceux qui les recevaient dans leur poitrine! les terroristes
» de mars et d'avril et ceux qui leur arrachaient le glaive
» des mains! les incendiaires de l'Europe et ceux qui étei-
» gnaient leurs torches! L'opinion s'y trompera tant que
» nous voudrons qu'elle s'y trompe; elle confondra aussi
» dans la même exécration les fous et les sages, les factieux
» et les hommes de bien, les modérés et les furieux, les
» anarchistes et les républicains de raison, le crime et la
» vertu! Le mot de République sera l'éponge à laquelle
» nous ferons boire toutes les immondices, toutes les souil-
» lures, toutes les impuretés, toutes les sottises du temps,
» et que nous presserons dans nos pamphlets quotidiens
» et à la tribune pour en faire ruisseler, aux regards du
» peuple, la honte, la boue et le sang!

» Une fois ce mot sali dans l'esprit du peuple, nous au-
» rons bon marché de sa souveraineté : il en rougira; et
» quand on rougit de son nom en France, pays de vanité,
» on est bien près d'en changer. Le peuple nous dira : « Al-
» lons! faites-nous quelque chose qui ne soit pas encore de
» la monarchie, mais qui ne soit plus la république. » Et
» nous lui ferons un simulacre, une fantasmagorie militaire
» que nous appellerons d'un nom quelconque; puis nous
» soufflerons sur ce simulacre et nous laisserons apparaître
» — quoi?... Nous et les *nôtres* dans le fond du tableau.
Deus ex machinâ! »

VII

» Tout cela est licite sous la liberté ; il est permis à des cœurs affectionnés d'avoir des souvenirs honorables et chers dans les familles exilées du trône ; il est permis à des esprits politiques variés, divers, convaincus, d'avoir des préférences ou des antipathies de formes de gouvernement ; il est permis à des journalistes d'avoir des opinions opposées aux nôtres et de les exprimer avec esprit, sarcasme, énergie, talent ; il est permis, enfin, à des hommes parlementaires d'avoir des alliances, des partis, des salons, des réunions de représentants associés et d'y faire prévaloir leurs idées par la parole ou par la tactique. Nous ne prétendons rien incriminer de tout cela. Nous en ferions autant si nous avions un parti. C'est le jeu loyal des gouvernements libres, et nous voulons que la république soit cela ou rien.

» Seulement il est permis au président d'une république de s'apercevoir de ce qui se passe ainsi à quelques pas de lui, de se retourner s'il voit qu'on serre de trop près la république, et de dire par un geste à ceux qui la talonnent : « Prenez garde, je suis encore là, et la France aussi y est » derrière moi ! »

VIII

» Eh bien ! je le demande à vous tous, hommes impartiaux, qui voyez et qui entendez depuis deux mois ce qui se passe et ce qui se dit dans les journaux de la dynastie de juillet, dans les conférences parlementaires composées surtout des hommes de cette dynastie, et enfin à la tribune de l'Assemblée, dans la discussion des affaires de Rome : ne vous paraissait-il pas temps pour le président d'une république de se retourner et de dire : « Prenez garde, vous » allez trop loin, je suis là, et la république est là aussi, » j'en réponds au peuple. »

» Oui, il était temps, plus que temps, sous peine de laisser avilir, dépouiller et exposer la république au pilori de la royauté de juillet par ces orateurs! orateurs bien du lendemain, ceux-là ! je vous le jure : car pendant la tempête je ne les ai pas entendus.

» Que disent-ils maintenant que le flot est retiré, et que la république sans ressentiment les a pris par la main (je le dis sans métaphore, par la main), pour les replacer dans la représentation et à la tribune? Vous le lisez tous les jours; ils disent : que la république est une surprise, que la démocratie est un escamotage, que la souveraineté calme et triomphante de la nation n'a été qu'un accès de démence; que le gouvernement issu d'une telle convulsion des éléments n'est qu'une violence faite à la volonté du peuple ; qu'on ne l'a consenti que sous l'empire de la terreur semée par les sicaires de l'hôtel de ville ! que des institutions tachées d'une telle honte seraient l'ignominie du peuple qui les perpétuerait ; qu'en un mot, la nation doit rougir de la révolution qui lui a décerné sa propre souveraineté.

IX

» Avant d'examiner avec vous ce que le président a dû penser de ce langage, je veux vous dire à vous-mêmes ce que vous devez en conscience en penser, car il n'y a rien de si dangereux pour un peuple que d'avoir honte de soi-même. La honte affaiblit. Quand un peuple a fait un crime, il est beau et saint à lui de l'avouer et de se repentir à la face du ciel. Mais, quand un peuple a fait ce que la France a fait dans sa dernière transformation, quand il a été ce que vous avez été, je vous le dis sans flatterie, il aurait le droit de faire baisser la tête, si cela était généreux, à ceux qui calomnient sa république ; mais ce peuple a du moins le droit de marcher la tête haute et de dire à Dieu et aux hommes : « Regardez, je suis libre, mais vous ne voyez ni
» tache d'injustice, ni tache de honte, ni tache de sang sur
» le diadème dont je me suis couronné. »

» Examinons donc si la république a été une surprise et un escamotage comme vous le dites aujourd'hui, vous qui avez dit tant de fois à son apparition que la Providence s'était révélée, que la soudaineté, l'irréflexion et l'irrésistibilité même de l'événement attestaient une volonté supérieure, que le doigt de Dieu était écrit et écrit seul sur ces premiers jours, sur cet enfantement avant terme de la démocratie!

X

» Quoi! voilà tout un peuple de trente-six millions d'âmes en possession de son gouvernement, de sa royauté constitutionnelle, de sa liberté de tribune, de sa liberté de la presse, de ses lois, de ses armes, de ses Chambres, de ses conseils généraux dans les départements, de sa garde nationale, de son armée, de tout ce qui constitue la liberté, la volonté, la force d'une nation, et cette nation se laisse ravir tout cela, sans le vouloir, par une poignée de séditieux sans but et sans armes?...

» Mais songez-y, si ce renversement, si cette subjugation de toute une nation aussi fortement organisée était en effet une surprise, vous feriez du nom de cette nation la pire injure qu'on ait jamais adressée à une race humaine. Cette nation se déclarerait elle-même la plus vile et la plus lâche des nations; ou plutôt ce ne serait plus une nation, ce serait l'écume des peuples! jouet du premier aventurier qui voudrait l'exproprier et l'asservir!

XI

» Quoi ! voilà une royauté dans son palais, entourée de ses ministres choisis parmi les plus habiles, les plus éloquents et les plus dévoués de ses serviteurs ; cette royauté voit venir depuis deux ans la désaffection, elle voit monter depuis six mois l'agitation téméraire et menaçante des banquets soulevée par l'opposition coalisée des Chambres, elle voit se former sous ses yeux la ligue parlementaire et la ligue des journaux, ligue qui allie pour sa ruine les hommes les plus imprévoyants et les plus contraires ; cette royauté prépare ses forces, elle rassemble ses troupes à loisir, elle choisit le terrain et l'heure de la bataille, elle donne elle-même le signal de la lutte, elle remplit les rues de Paris de soldats, d'armes et de canons ; le combat s'engage, elle est atterrée dès le second jour, elle se retire sans pousser la lutte jusqu'à l'extermination, elle désarme pour épargner le sang (et je l'en honore dans son revers), mais enfin elle s'enfuit, sans se retourner, jusqu'à l'Océan ! et aucune main ne se lève pour la faire revenir sur ses pas et pour la venger de cette poignée de prétendus séditieux qui exproprie un peuple de son trône !...

» Mais songez-y, si vous appelez cela une *surprise*, qu'est-ce donc que cette royauté qui se laisse renverser et proscrire par une bande d'enfants à la face de l'Europe, de son armée et de son peuple ? Si le mouvement de février eût été ce que vous dites, aujourd'hui les *quatre hommes et le caporal* du maréchal Bugeaud, d'intrépide mémoire, auraient suffi pour l'étouffer ; ou si une sédition si partielle et si infime avait fait sortir une nuit la royauté par une porte de sa capitale, cette royauté se retournant à Saint-Cloud ou à Rouen, ou à Lille, aurait frappé du pied comme Pompée ce sol monarchique, et ce sol lui aurait rendu vingt légions !

XII

» Quoi ! voilà une armée de quatre cent mille soldats commandés par des généraux dévoués et par des officiers fidèles dans Paris, autour de Paris, à Vincennes, dans les forts, hors des forts, dans vos places de guerre, dans vos garnisons, sur toute la surface du royaume, le 25 et le 26 février ; et ces quatre cent mille hommes mêlés au peuple, animés de son esprit, regardent lentement s'accomplir la destinée de cette royauté l'arme au bras ! Et ils présentent les armes à la République ! Et ils accourent, sans exception d'un seul régiment ou d'un seul officier, se ranger patriotiquement sous l'étendard éternel, celui de la patrie ! Et ils passent en revue devant les magistrats temporaires de la république, pendant deux jours et une nuit, sous l'arc de triomphe de l'Étoile, en brandissant leurs sabres et en élevant leurs cris au ciel pour cette république !

» Et vous appelez cela une surprise ?... Mais songez-y, vous déshonorez ainsi l'armée française : car, si ce que vous dites était vrai, au lieu d'accomplir patriotiquement un grand devoir militaire, celui de rester fidèle à la volonté nationale, l'armée française aurait passé honteusement devant nous sous les fourches Caudines d'une bande de brigands !

XIII

» Quoi ! voilà la garde nationale de Paris, composée de quatre-vingt mille citoyens armés, pris dans les rangs les plus responsables, les plus politiques, les plus éclairés de la population, et ces *janissaires* de la constitution, ces *strélitz* de l'ordre public, ces soldats civiques presque tous électeurs, abandonnant d'un mouvement unanime le trône et la Chambre, unissent leur voix à celle du peuple, interposent leurs baïonnettes entre les canons de la royauté et les assauts de la multitude, et, le surlendemain de la proclamation de la république, ces quatre-vingt mille citoyens se rassemblent en armes, à la voix des dictateurs improvisés, sur la place de la Bastille, et ils défilent pendant trois heures devant le nouveau gouvernement, au cri sans contredit de « Vive la république ! » et ils prolongent ce geste et ce cri d'adoption pendant une journée tout entière sur les boulevards et dans les banlieues de Paris ! et à Paris et dans les ban'ieues, et le lendemain et le surlendemain, les gardes nationales de toute la France leur répondent par le même concours, par le même geste, par le même cri !

» Et vous appelez cela une surprise ?... Mais, songez-y, si c'est une surprise, qu'est-ce donc que la garde nationale et la classe moyenne, propriétaire, bourgeoise, commerciale, industrielle, laborieuse, en France? Des comparses d'opéras politiques figurant sans signification, sans intelligence et sans volonté, dans toutes les scènes des révolutions, au sifflet des machinistes !... Vous déshonorez la garde nationale !

XIV

» Quoi! voilà le gouvernement provisoire qui proclame, sur les débris où il est porté, une république provisoire comme lui (lisez les discours à l'hôtel de ville) ; le voilà qui fait appel, pour la ratifier ou pour la désavouer, à la nation, sans exception d'un seul homme, ami, ennemi, royaliste, républicain, tous ! Le voilà qui convoque les électeurs, après deux mois et demi de réflexion donnés au pays ; le voilà qui se désarme volontairement de toute influence, de toute pression, de toute violence sur les électeurs (lisez la proclamation du gouvernement provisoire rédigée par moi-même, le 18 mars, au peuple français) :
« Le gouvernement n'imitera pas les régimes qui corrom-
» paient ou achetaient à prix immoral la conscience du
» pays. A quoi bon succéder à ces gouvernements, si c'est
» pour leur ressembler? Il veut que la conscience publique
» s'exprime ; il ne s'inquiète pas des vieux partis. La répu-
» blique les convaincra si elle est sûre et juste pour eux.
» Donnez seulement sûreté, liberté, respect à tous. Assurez
» aux autres l'indépendance des suffrages que vous voulez

» pour vous-mêmes ! Donnez au pays électoral la liberté, il
» vous renverra la république ! »

» A la suite de cette proclamation, qui donne aux suffrages l'indépendance et l'inviolabilité de chaque opinion, voilà le pays qui s'assemble en ordre et en solennité ; de chaque foyer sort un citoyen, de chaque citoyen une voix ! Ces voix réunies envoient à Paris l'Assemblée constituante, la représentation la plus complète, la plus rationnelle qui soit jamais sortie du fond de la volonté délibérée d'un peuple. Quel est son premier cri ? République ! Quel est son premier vote après délibération ? République ! Quel est le premier article de la constitution, après sept mois de discussion ? République ! Quelle est la voix, dans ces trente-six millions d'hommes représentés, qui dit autre chose ? Pas une !

» Et vous appelez cela une surprise ?... Mais, songez-y encore, si c'est là une surprise, qu'est-ce donc que la nation française ? Vous déshonorez à tout jamais sa conscience, son caractère et son nom !

XV

» Quoi encore ! Voilà les fatales journées de juin ! Une sédition cette fois, une sédition désordonnée et sanglante se lève contre nous au Luxembourg, et contre l'Assemblée au Palais-Bourbon ! Nous triomphons après trois jours de lutte, et le gouvernement, les représentants, l'armée, la garde mobile, la garde nationale de Paris, combattent avec l'intrépidité du bon droit ; les gardes nationales de la France entière se lèvent et accourent au secours, au secours de quoi ? et à quel cri, dans un moment où il était si facile et si libre d'en pousser un autre ? Au secours de la république, et au cri de « Vive la république ! »

» Et vous appelez cela une surprise ? Une surprise qui dure neuf mois, et qui se sanctionne non-seulement par le vote, mais par le sang volontairement versé des citoyens ? Ah ! songez-y, si c'est là une surprise, qu'est-ce donc que le patriotisme unanime du pays ? Vous déshonorez jusqu'au sang des bons citoyens !

XVI

» Et le 10 décembre ? est-ce une surprise que ces huit millions de votants se partageant en pleine liberté pour nommer un chef du pouvoir exécutif, et nommant par leurs six millions de suffrages, qui ? un roi sans doute, un empereur, un consul ? Non, un président temporaire de la république !

» Quelle surprise que cette surprise en huit ou dix actes qui dure deux ans, qui commence par niveler un trône, par interroger homme à homme tout un peuple, par proclamer une démocratie, par convoquer une représentation universelle, par verser son sang pour la défendre, par voter une constitution, par délibérer avec le gouvernement, et qui finit par élire un magistrat, pour personnifier le contraire de la royauté : le pouvoir national électif responsable et temporaire !

» En vérité, l'histoire rira quand elle parlera de cette nation de fripons et de dupes (selon vous) qui se surprend ainsi elle-même, qui se joue à elle-même sa propre comédie ! Comédie de vingt-deux mois, comédie en plein soleil, comédie en dix actes aussi solennels qu'il soit donné à des hommes d'en accomplir, et dont le dernier acte (selon vous aussi) serait de se siffler elle-même et de dire à l'avenir et à l'Europe secouée jusque dans ses fondements : « Ne faites » pas attention, car je ne suis pas ce que je parais être : » c'est une surprise ! »

» Vous déshonorez cette fois plus que la royauté, plus que l'armée, plus que la nation, plus que le sang des citoyens, vous déshonorez le sens commun !

XVII

» Et la république surprise ainsi à la nation est-elle aussi son ignominie et son accusation comme vous osez le dire ? La nation doit-elle rougir de l'origine de son gouvernement actuel et se laver promptement de cette prétendue honte en répudiant cette république, bâtarde d'une sédition, et souillée dans ses langes de tant de prétendus forfaits ?

» Examinons-le pour vous en deux mots, froidement, l'histoire de ce dernier siècle à la main ; comparons les origines toutes révolutionnaires des sept ou huit gouvernements sérieux qu'à eus la France depuis 1789, avec l'origine révolutionnaire aussi de la république.

» Et partons d'abord de ce point malheureusement incontestable, que tout gouvernement quelconque a pour origine une révolution. C'est la volonté de Dieu, c'est la loi des choses humaines, nous n'y pouvons rien ni les uns ni les autres; tout gouvernement sort d'une révolution, même le christianisme! Tout effet a sa cause : la cause d'un gouvernement, c'est une révolution; une révolution, c'est l'enfantement d'un peuple.

» Cela admis, voyons si les gouvernements que nous ou nos pères nous venons de traverser, que vous honorez, que vous regrettez, que vous offrez en image ou en reproche à ce peuple, ont plus ou moins à se vanter de la grandeur, de l'innocence ou de la pureté de leur révolution originelle que la république de février. Comparons ces extraits de naissance de nos différents régimes, et sachons une fois si la démocratie régulière de février doit tant s'humilier du sien.

XVIII

» Commençons par la grande révolution de 1789, cette mère de la liberté; voyons les sources troubles, petites, sanglantes d'où sort cette première liberté, ce premier gouvernement du peuple.

» Le 14 juillet, le peuple s'attroupe, prend la Bastille, massacre de Launay.

» Les 5 et 6 octobre 1791, le peuple séditieux s'assemble à la voix des femmes sur la place de Grève, où l'on a quelques jours auparavant égorgé Berthier et Foulon. L'attroupement tumultueux, armé de piques et de lames de faux, force La Fayette à marcher avec lui à Versailles. Le général obéit pour commander encore à la sédition et pour la contenir. Il y réussit un moment, mais, pendant la nuit, des brigands forcent les consignes, décapitent des gardes, enfoncent les portes, cherchent la reine, plongent leurs sabres dans sa couche vide, hurlent la mort aux oreilles du roi, ramènent la royauté dans Paris au milieu d'un cortége de têtes coupées et l'enferment dans les Tuileries. Voilà le prélude de la constitution, voilà la base du gouvernement constitutionnel en 1791! — Est-ce Février?

XIX

» Le 10 août 1792, les clubs et les meneurs de la commune sonnent le tocsin en pleine constitution, en pleine paix; ils massent le peuple contre les Suisses, contre la garde constitutionnelle, contre la garde nationale, contre le palais du roi légal; ils l'enfoncent à coups de canon, ils égorgent trois mille soldats ou citoyens à leur poste. La royauté se réfugie avec les enfants et les femmes à l'Assemblée nationale : elle a droit d'y trouver un asile, elle y trouve une prison. Un mois après, les atroces journées de septembre inondent Paris de sang sous les yeux des pouvoirs révolutionnaires immobiles et muets. Trois mois après, le bourreau montre à un peuple effréné et impitoyable la tête de son roi, décapité pour sa couronne et pour sa faiblesse! Le 31 mai viole la représentation nationale, proscrit et tue les Girondins, ensuite Danton, coupable de pitié, et ses amis. La France pendant quatorze mois n'est qu'un abattoir au dedans, un champ de bataille héroïque au dehors. Voilà l'origine de la constitution de 1793, voilà la base du gouvernement de la Convention! — Est-ce Février?

XX

» Le 9 thermidor, la représentation, à la fin indignée, se soulève contre la tyrannie populaire des Montagnards, tue Robespierre et quatre-vingt-seize membres des Jacobins, ferme les clubs, crée un pouvoir exécutif viable, et guillotine à son tour les guillotineurs de la Convention. Voilà l'origine de la constitution républicaine régularisée, voilà la base du Directoire! — Est-ce Février?

» La France respire, se calme, s'administre et triomphe partout au dehors par ses armées.

XXI

» Le 18 brumaire, Bonaparte marche avec une poignée de séides et quelques bataillons sur la représentation na-

tionale désarmée à Saint-Cloud ; il met la baïonnette sur la poitrine du pays ; il jette par les fenêtres ses représentants légaux, sans autre prétexte que son ambition et sa gloire ; il emprisonne les directeurs ou il les achète, il fait du gouvernement un conseil de guerre et de la France un camp !
— Est-ce exemplaire? est-ce légal? est-ce innocent? est-ce pur? est-ce libre? est-ce Février?

XXII

» Le 13 mars 1814, les souverains étrangers, l'empereur Alexandre, le roi de Prusse, le prince de Schwartzenberg, les états-majors et les diplomates de toute l'Europe coalisée se réunissent en séance chez M. de Talleyrand, à Paris, sur la place de la Concorde, et délibèrent entre eux sur la nature d'institutions et sur le choix de la dynastie qu'il convient à ses ennemis vainqueurs de donner à la France. La France est désarmée, les Cosaques sont aux Champs-Élysées ; la Restauration, ce gouvernement que nous avons aimé cependant, que nous avons soutenu deux règnes, qui avait, dans le cœur d'une partie du pays, des droits, des préliminaires, des acceptations, des préjugés, des cultes, la Restauration de Louis XVIII et de Charles X sort de cette séance, pire cent fois que celle où Octave, Antoine et Lépide se partagent les lambeaux de la patrie romaine après que le poignard de Brutus a dépossédé César. — Est-ce bien glorieux, bien national, bien français? Une invasion est-elle bien plus sainte qu'une émotion même inconsidérée d'un peuple? — Est-ce Février?

XXIII

» Je passe sur l'origine du second gouvernement de Bonaparte, après l'île d'Elbe; grande émeute militaire d'une armée qui abandonne son gouvernement pour son général, acclamation des soldats de Marius après son retour, où la patrie n'a pas une voix. Je passe sur le second gouvernement de la Restauration, sorti d'où? De Waterloo! Non que Waterloo fût le fait de la Restauration, mais la seconde Restauration en était le lendemain; ce n'était pas son crime, c'était son malheur!

» J'arrive à votre gouvernement à vous! Charles X, un roi vieilli dans le préjugé de son infaillibilité royale, se trompe, il signe quelques restrictions à la liberté, quelques *ratures* à la charte : le peuple de Paris fermente et combat, la garde royale se retire dans son sang. Le roi revient sur sa faute, il nomme un ministère populaire, il abdique, il fait présenter au peuple son petit-fils innocent, son successeur naturel, son droit légitime et constitutionnel après lui. Vous vous rassemblez chez un parlementaire, ami d'une autre race; vous dites : « Il est trop tard! » Vous avez sous la main un fils, vous envoyez chercher un cousin du trône; le feu continue, la République se présente dans la personne de La Fayette; vous la bercez de paroles et vous l'étouffez à l'hôtel de ville en l'embrassant. Vous vous rassemblez, combien? soixante-dix députés concertés d'avance, amis de la maison, rôles distribués; vous chassez une dynastie de quatorze siècles, vous proscrivez vieillesse, innocence, malheur, droit, charte, hérédité, constitution, tout! Vous nommez un roi au scrutin à moins de voix qu'il n'en faut dans un jury pour condamner un délit de rixe dans la rue! vous n'interrogez ni électeurs, ni peuple, ni capitale, ni nation, ni suffrage restreint, ni suffrage universel; vous dites entre vous : « La nation, c'est nous! » et cette nation tient dans une antichambre du Palais-Royal? Voilà votre pavois! votre *Champ de mai!* votre titre! votre droit! votre sainteté d'origine, à vous! Et vous osez parler de surprise, d'escamotage, d'origine subalterne et honteuse de la république!... Ah! souvenez-vous donc d'hier!...

XXIV

» Et comment s'assoit ce gouvernement de main gauche et de supercherie parlementaire? Vous parlez de l'admirable sécurité qu'il rendit à l'instant, comme par enchantement, à la patrie! A qui donc parlez-vous? A des enfants sans doute nés depuis 1830; on peut les tromper, ceux-là; mais nous! — Croyez-vous donc que nous ayons oublié?

» Que nous ayons oublié les flots de sang versé dans Paris, pour que la révolution de juillet, qui n'était qu'un accès de colère, ne s'arrêtât pas à un enfant légitime et se continuât jusqu'à une illégitimité de famille?

» Que nous ayons oublié les tremblements de terre de Paris, perpétués des mois entiers par les procès et les emprisonnements des ministres, après que le roi avait emporté la faute et l'expiation?

» Que nous ayons oublié les deux soulèvements de Lyon un an et quatre ans après, la seconde ville de l'empire inondée de sang, en possession pendant huit jours de l'insurrection, et le maréchal Soult marchant avec vingt mille hommes pour reconquérir à coups de canon la capitale de notre industrie et le boulevard de nos frontières?

» Que nous ayons oublié les trente-deux émeutes de Paris, se succédant pendant trois ans, arrêtant le travail, amenant la disette, motivant l'état de siége et faisant disparaître le numéraire mille fois plus longtemps qu'aujourd'hui?

» Que nous ayons oublié les conspirations et les débarquements du Midi? la guerre civile soulevée contre vous tout un hiver dans l'Ouest? les rencontres à main armée, les coups de feu, les arrestations en masse, les maisons fouillées et brûlées dans ces fatales dissensions des deux branches qui se disputaient le trône? et cette femme, et cette mère, et cette princesse, et cette parente achetée à la trahison d'un espion, emprisonnée, persécutée, affichée au *Moniteur* par des mains si respectueuses aujourd'hui, mais tardivement respectueuses pour les inviolabilités des dynasties?

» Que nous ayons oublié enfin ces séditions, ces conjurations, ces explosions des factions éclatant périodiquement tous les six mois dans les rues de Paris, sous les fenêtres du palais de votre royauté, sous les murs de votre Chambre des députés, et se prolongeant jusqu'en mai 1839, neuf ans après votre prétendue pacification miraculeuse de juillet?

» Que nous ayons oublié vos coalitions parlementaires entre les amis mécontents, les ambitieux impatients et les ennemis avoués de votre dynastie, coalitions immorales, puniques, perverses dans leur principe, divergentes dans leur but, nuages amoncelés et chargés par vous sur votre propre trône, pour intimider votre propre roi, pour gronder sur votre propre dynastie et pour éclater tôt ou tard en révolution plus forte que vous sur vos propres têtes !

» Non, nous n'avons rien oublié de tout cela ; nous nous rendons compte des difficultés de la fondation et de la régularisation de la république ; nous ne les avons pas tramées comme vous le dites. Nous n'étions pas vos complices dans les journées de juillet, sources de tout ! Nous n'étions pas vos compères dans ces *coalitions* grosses de catastrophes certaines ! Nous n'agitons pas cette république ; nous faisons tout ce que nous pouvons pour lui faciliter la route, et pour porter les uns à la justice, les autres à la patience, tous à la concorde, dans l'intérêt commun ; mais nous ne pouvons nous empêcher de sourire de votre inconséquence quand nous vous entendons vous prévaloir des désastres que vous avez faits, et nier à la république le droit et la force de les réparer !

XXV

» Voilà cependant l'histoire de tous vos gouvernements : je ne les invente pas, je les raconte. Il n'y en a pas un qui n'ait pour origine une sédition, une émeute du peuple, un accident politique, transformé par la fatalité des choses humaines en révolution, du sang versé pendant la lutte, des ébranlements plus ou moins prolongés après, des droits violés, des vengeances de trône ou de parti, des exils, des captivités, des proscriptions, des spoliations, des tyrannies, des échafauds.

» Je me trompe : il y a une seule révolution qui sort inattendue et innocemment d'une émotion imprévue du peuple, qui trouve un trône vide, un palais désert, une armée fraternisant avec la nation sans avoir ni trahi ni déserté son roi, qui arrête le sang, qui éteint le feu, qui calme le peuple, qui proclame la souveraineté de tous sans acception de parti ou de sentiment, qui abolit l'échafaud, qui donne l'exemple de la magnanimité, qui n'insulte ni roi ni ministres, qui protége leur fuite, qui sauve leurs biens; qui, pendant trois mois de tempêtes et d'interrègne, n'emprisonne pas un seul citoyen, ne tache pas d'une seule goutte de sang la seconde démocratie ! qui conserve la paix à l'Europe en restituant son attitude indépendante et son geste non menaçant, mais souverain, à la patrie ! qui fait appel à la nation et qui lui remet religieusement à elle-même sa souveraineté et sa destinée dans les mains !

» Cette révolution, comme l'histoire n'en a pas deux dans les annales des peuples, c'est la révolution de Février ! C'est la vôtre ! C'est votre république ! Et c'est celle-là dont vous voulez faire rougir le peuple ! Et c'est celle-là, celle-là seule, que vous appelez une surprise, un escamotage et un crime !

» Ah ! oui, elle a été un crime, je le sais bien, parce qu'elle vous a renversés sans le vouloir et sans penser à vous! Mais elle est généreuse : remontez si vous voulez, et où vous voulez : elle vous tend la main elle-même, elle est grande comme la France, elle n'a peur de personne, elle ne proscrit aucun service, aucune opinion, aucun talent, elle est à vous comme à nous, et plus qu'à nous! Nous ne nous en plaignons pas; nous ne la croirons bien nationale que quand elle aura adopté et grandi même ses ennemis!

» Oui, elle est un escamotage, car elle a escamoté miraculeusement, en effet, les vengeances, les proscriptions, les spoliations, les sévices, les supplices, les échafauds, le sang des citoyens! Ces calamités et ces crimes suivent toujours et partout les traces des révolutions, excepté la nôtre!

» Oui, elle est une surprise, en effet, mais une surprise de la Providence! Et elle sera une surprise aussi pour la postérité, si nous avons le bonheur et la sagesse de la gouverner dans l'esprit avec lequel elle a été fondée!

» Insultez-la sans péril! insultez-la tant que vous voudrez! Les révolutions qui répondent à des insultes répondent par des crimes. Celle-ci ne répondra pas, et c'est son honneur. Derrière elle vous voyez un trône! Et moi, je vois un précipice. Prenez garde, et n'y poussez pas votre pays!

XXVI

Eh bien, il est possible que le président de la république ait vu que ces défis à la république allaient trop haut, et qu'il ait avisé à temps en faisant un geste de force et de respect aux partis trop audacieux. J'aurais préféré qu'il acceptât le combat contre vous et qu'il fît ce geste par la main de ses anciens ministres, hommes en harmonie déjà cimentée avec la majorité patriotique et impartiale de l'Assemblée ; mais ces hommes sont trop bons citoyens pour se tourner contre le pouvoir parce que ce pouvoir ne s'appelle plus de leur nom : il s'appelle la République, il s'appelle la France, et cela leur suffit comme à nous.

» Faisons l'épreuve de ce ministère et gagnons du temps ! Le temps enracine tout ce qu'il ne renverse pas. La république n'a besoin que d'une chose en ce moment : pousser des racines dans le sol, afin de porter ensuite ses fruits pour le peuple. Aidons au temps. »

XXVII

Voici ce que j'écrivais, deux ans après les orages de février, sans que personne pût me contredire. L'habitude se formait, et l'on marchait vers la raison populaire.

« GUERRE AUX FACTIONS !

» Grâce à Dieu, au bon sens de la France, à l'instinct admirable de gouvernement dont la nature a doué la masse de ce peuple ; grâce au concours raisonné des bons citoyens de toutes les classes, et, disons-le sans flatterie, aussi aux bonnes intentions et à la droiture d'esprit du président de la république, nous allons entrer, dans quelques jours, dans la troisième année de la république!

» Pour les peuples comme pour les hommes, les premières années sont les plus difficiles et les plus critiques. C'est au moment de leur naissance, c'est au berceau qu'ils sont assiégés de plus de faiblesses, de maladies et de convulsions. Pour les gouvernements comme pour les hommes, la vie est une habitude; avoir vécu trois ans, c'est déjà avoir pris l'habitude de vivre, c'est une raison pour vivre ensuite plus facilement et davantage. Quel est l'esprit réfléchi qui, en envisageant, la veille ou le lendemain du 24 février, les problèmes pour ainsi dire insolubles que cette révolution soudaine et inattendue posait devant cette grande nation, bouleversée de fond en comble en quelques heures et abandonnée de son gouvernement à la merci de l'inconnu, n'aurait pas tremblé, jusqu'à l'épouvante, des catastrophes et des calamités qui allaient se précipiter les unes sur les autres? Quelques hommes en devinrent fous, et je le comprends. On crut entendre craquer le monde social!

XXVIII

» Le peuple, sans frein dans sa victoire, s'imposerait-il volontairement à lui-même le frein de sa justice, de sa religion et de sa raison, à la voix de quelques modérateurs sans autorité et sans armes?

Le peuple, travaillé depuis quinze ans par le communisme, depuis soixante ans par le jacobinisme, appelé quotidiennement à la spoliation par les uns, au sang par les autres, aux chimères par tous, aurait-il plus de raison que ses empoisonneurs, plus de vertu que ses maîtres? s'armerait-il pour défendre ou pour dépecer les foyers des citoyens? pour élever ou pour renverser l'échafaud? pour démolir ou pour consacrer la société? pour insulter ou pour honorer Dieu dans ses cultes?

» Le peuple, saturé pendant les dix ans d'empire de gloire militaire, de conquêtes sur les territoires des autres peuples, de débordement de son sol sur le sol de l'Europe, se précipiterait-il, du premier élan, dans la guerre universelle? déclarerait-il, en insensé, que la terre était trop étroite pour porter à la fois des démocraties et des trônes? emporterait-il ses conducteurs, et irait-il périr, après avoir ravagé sur sa route, dans quelque croisade de fanatiques et de fous, aux pieds des murs de Vienne, de Berlin, de Varsovie ou de Moscou, cette Jérusalem des nouveaux croisés? ou comprendrait-il du premier mot que la véritable croisade des républiques, c'est la paix, l'ordre, le travail et l'exemple de respect aux autres peuples, et de sécurité qu'elle donne au monde?...

» Enfin, le peuple, ameuté sans cesse par des tribunes de clubs sans responsabilité, et par des feuilles dont l'encre était délayée avec du sang, s'enivrerait-il jusqu'au délire et jusqu'à la mort, d'anarchie, ou, se soumettant lui-même, d'abord aux conseils et aux impulsions de ses premiers chefs, puis à l'autorité de sa représentation nationale, puis au mécanisme de sa propre Constitution, puis à la main de son pouvoir exécutif nommé par lui-même, ferait-il en quelques mois sortir son gouvernement des ruines, sa société de son effroi, la paix de sa modération?

» Voilà toutes les questions qu'on se faisait et qu'on était trop fondé à se faire pendant ces jours à la fois sublimes et terribles où le peuple français, entièrement livré au hasard de sa folie ou de sa sagesse, oscillait sur tant d'abîmes sans fond entre le salut et la mort.

XXIX

» Mais un homme plein de confiance avait dit alors à ce peuple et à ceux qui tremblaient justement pour lui : « Rassurez-vous ! la crise est forte, mais elle sera courte ;
» il y a assez de raison dans ce peuple pour contre-balancer
» ses passions ! il y a assez de vertu dans ces masses pour
» contenir leur impatience et leur faim ; il y a assez de pa-
» triotisme dans cette armée pour la retenir disciplinée au
» drapeau ; il y a assez de bon sens dans ces ouvriers pour
» leur faire sentir d'eux-mêmes que le capital inviolable et
» rassuré est la seule source d'où puissent couler pour eux
» le salaire, le travail et la vie ; il y a assez d'intelligence
» dans ces paysans pour leur faire comprendre que la pro-
» priété est un *damier* dont toutes les cases se tiennent ; que
» le château, la maison ou la chaumière reposent sur le
» même fondement, et que si vous sapez, ou si vous laissez
» saper ce fondement sous votre voisin, propriétaire riche,
» il s'écroulera en même temps sous vous, propriétaire aisé
» ou propriétaire pauvre ! il y a assez d'instinct dans ces
» populations de vos villes, pour savoir que l'incendie n'a
» pas de préférence, et que si vous l'allumez pour consumer

» les quartiers riches, il consumera du même vol les quar-
» tiers laborieux et les faubourgs; il y a assez de discerne-
» nement dans la masse des électeurs pour chercher de
» préférence des hommes de sens, des hommes de bien et
» des hommes de lumière dans leurs représentants; enfin,
» il y a assez de philosophie pratique et de politique géné-
» rale dans le peuple de toutes professions, pour savoir
» qu'une conquête injuste est du bien volé et ne profite pas
» aux voleurs illustres qu'on appelle des conquérants; que la
» guerre systématique n'est pas autre chose qu'un meurtre
» en masse, c'est-à-dire un crime contre le genre humain
» et contre Dieu, et que l'œuvre de ce siècle est de faire
» fraterniser les nations par les vérités communes, par les
» échanges, par la division du travail, par le rappro-
» chement des idées et des climats, et non de les faire
» s'entr'égorger pour la vanité historique de deux ou trois
» noms de généraux écrits avec le sang de quelques milliers
» d'enfants du peuple!

» Oui, il y a assez de tout cela dans ce peuple français
» pour que, de lui-même et en peu de temps, bien com-
» pris, bien exprimé, bien inspiré et bien mis dans la voie
» par ses premiers guides, il traverse victorieusement cet
» interrègne creusé par la chute de son trône, et qu'il re-
» fasse, sous le nom de République, une société plus équi-
» table, plus démocratique, plus universelle et plus solide!

» Ainsi, affligez-vous sans doute, car toute révolution
» secoue, et tout ce qui secoue agite, trouble et renverse
» quelque chose; mais ne désespérez ni du peuple fran-
» çais, ni de la société, ni de la propriété, ni de l'ordre,
» ni de la paix, ni des hommes, ni de Dieu! Vous aurez
» quelques agitations naturelles des masses plus inquiètes

» que mal intentionnées pendant quelques mois ; vous au-
» rez quelques tentatives folles du parti de la guerre pour
» incendier l'Europe par les bords, tentatives promptement
» réprimées par le gouvernement provisoire lui-même ; vous
» aurez quelques grandes séditions des prolétaires trompés
» et enrôlés par les démagogues de Paris, pour renverser
» le gouvernement modérateur de l'hôtel de ville, comme
» au 28 février, au 19 mars ou au 15 avril ; elles échoue-
» ront devant l'indignation du peuple lui-même, qui abhorre
» l'anarchie dès qu'il la reconnaît ; vous aurez, comme au
» 15 mai, quelques grandes émeutes des clubs de Paris
» contre la représentation du vrai peuple ; elles ne dureront
» que le temps de souffler dessus ; vous aurez un vieux noyau
» de démagogie, une ombre partie de 1793, un simulacre
» de *Montagne*, qui soulèveront vite le bon sens et le bon
» cœur du pays comme un contre-sens et comme un contre-
» cœur de la France ! Vous aurez inévitablement une grande
» secousse et une fatale collision dans les rues de Paris,
» comme au 23 juin, quand il faudra dissoudre les ateliers
» nationaux, ce résidu forcé de toute révolution, ce mont
» Aventin de la misère insurgée par le vice, et la France y
» déplorera la perte de quelques braves et généreux défen-
» seurs de la représentation et de la république ; mais les
» partis politiques ne se mêleront même pas à ce mouve-
» ment, purement municipal et séditieux, et la Montagne ne
» combattra pas moins que la Plaine, ce jour-là, contre une
» insurrection sans chefs et sans but !

» Vous aurez quelques égarements momentanés et lo-
» caux du suffrage universel à cause du fatal scrutin de
» liste, qui aveugle l'élection, mais une majorité toujours
» dans le sens de l'ordre ; vous ferez votre constitution en

» paix ; vous nommerez en masse votre pouvoir exécutif ;
» vous choisirez pour président de votre république un
» homme dont le nom pouvait donner de l'ombrage à la
» liberté, mais dont le nom aussi, il faut le reconnaître,
» apporte à vos nouvelles institutions, dans l'armée et dans
» le peuple, la popularité acquise d'une grande époque,
» danger s'il en abuse, force s'il la consacre à la fondation
» sincère de la république ; les partis extrêmes, radicaux,
» chimériques, terroristes, communistes, s'uniront pour
» quelque tentative désespérée, une fois ou deux, pour
» renouveler des 16 avril, des 15 mai, des folies et des
» contre-sens ! Ils s'évanouiront toujours dans de petits
» 18 fructidor qu'ils auront faits eux-mêmes. Les ennemis
» de la république se réjouiront de ces folies et motiveront
» sur ces excès et sur ces démences leurs imprécations et
» leurs sarcasmes contre la république elle-même ; mais la
» nécessité, le sens commun et l'intérêt bien entendu de
» tous les partis raisonnables leur répondront en se ral-
» liant, par patriotisme et par prudence, à cette république
» tant blasphémée, mais tant acceptée pour le salut de ses
» ennemis eux-mêmes ! Le gouvernement passera de main
» en main sans tomber à terre : le suffrage universel, ce
» droit suprême au-dessus duquel il n'y a pas de droit, au
» delà duquel il n'y a que despotisme, anarchie, préjugé,
» répugnance ou préférence arbitraire, disputes et luttes
» sans sujet et sans fin, s'organisera. L'ordre peu troublé
» en masse, se raffermira.

» Le crédit, cette richesse sans autre mesure que sa
» confiance en lui-même, cet impôt illimité sur l'avenir,
» se relèvera, s'abaissera, se relèvera de nouveau pour
» remonter encore, aussi élastique que l'imagination pu-

» blique, dont il marque les pulsations. Les grands travaux
» de l'État redonneront la vie, un an ou deux suspendue,
» aux industries privées ; l'argent, d'abord enfoui et me-
» naçant d'émigration le pays, ressortira, écu par écu, des
» mains défiantes des possesseurs de numéraire ; la Banque
» de France, respectée et accrue en importance par le
» gouvernement provisoire de la révolution, sera forcée
» d'élargir ses caves pour contenir quatre ou cinq cent mil-
» lions d'or et d'argent encore oisifs, mais attendant impa-
» tiemment l'heure de couler. L'horizon de l'Europe ne
» présente aucun nuage de guerre sérieuse à l'œil exercé
» de l'homme d'État ; toute guerre systématique pour cause
» de diversité d'institutions étant écartée, toute guerre
» d'agrandissement territorial est impossible en face de
» l'Europe équilibrée. La protestation des républiques, des
» rois et des peuples s'élèverait contre l'agresseur de tous
» les points des continents et des mers.

» Resteront seulement les questions intérieures à étudier,
» à remuer, à expérimenter avec prudence et avec magna-
» nimité, par la France, par ses Assemblées, par son
» gouvernement. Mais la France étant rassurée sur la pro-
» priété, la constitution faite, le gouvernement assis,
» l'armée dévouée à son devoir, le travail vivifié dans une
» certaine proportion, les clubs répudiés et fermés d'eux-
» mêmes par la répugnance raisonnée du pays, ces ques-
» tions intérieures se traiteront avec liberté d'esprit et
» sécurité de délibération. L'émeute en perspective ne
» pèsera plus sur la loi ; les problèmes pacifiques et frater-
» nels de répartition de travail et d'assistance, posés depuis
» quinze ans devant les législateurs, se résoudront comme
» se résolvent utilement les choses humaines, une à une,

» et par un progrès continu, sans déplacement soudain
» d'intérêts, sans secousse et sans violence. Le socialisme
» vrai remplacera le socialisme faux et terroriste, qui
» prend la colère pour de l'inspiration, et qui, ne sachant
» rien faire, veut tout briser! Voilà votre avenir le plus
» rapproché ! »

LIVRE TRENTIÈME

I

Quelques mots du *Conseiller du peuple* de janvier 1850 font déjà allusion aux pressentiments du coup d'État. Je les réfute autant qu'il est en moi, et plus que je ne les réfute en moi-même ; mais les laisser prévoir, c'était les rendre probables. Lisez ceci :

« Nous devons commencer cette année et ce conseil au peuple par une profession de foi bien franche, bien claire et bien nette sur notre manière d'entendre la république.

» Nous sommes républicain de préférence, de situation et de raison. Nous n'aurions pas conspiré pour saper un jour avant sa chute accidentelle ou naturelle la monarchie. Nous n'avons ni l'illusion ni le fanatisme de telle ou telle forme de gouvernement : nous savons qu'ils ont tous leurs imperfections, leurs inconvénients, leurs vices propres, et que ni la monarchie ni la république n'ont reçu de Dieu le don des miracles.

» Nous croyons seulement deux choses, et nous les croyons fermement. La première, c'est que le gouvernement républicain est de tous celui qui dignifie le plus le nom d'homme, et qui, en donnant plus d'exercice à son libre arbitre, développe le plus en lui ses facultés et ses vertus, par conséquent le gouvernement le plus beau pour l'homme, le plus conforme à l'esprit de Dieu chez les nations mûres pour la liberté. La seconde, c'est que la révolution du 24 février 1848 étant donnée comme un fait de force majeure auquel ni vous ni moi nous ne pouvons rien, la république était et sera longtemps le seul gouvernement capable d'abriter et de rasseoir la société dans ses périls.

» Nous sommes donc tellement pénétré, sous ces deux points de vue, de l'utilité et de la nécessité de la république à cette époque critique du monde, que de même que nous n'avons pas hésité un moment, le 24 février au soir, à nous compromettre gratuitement et sans regarder derrière nous pour elle, de même aujourd'hui et demain, et longtemps encore, nous croirions faire œuvre de bon citoyen et de bon serviteur des desseins de Dieu en mourant, s'il le fallait, pour conserver la république à la France !

II

» Voilà nos sentiments, voilà notre conscience, voilà notre opinion. On voit que nous sommes convaincu jusqu'au sacrifice de nous-même, si ce sacrifice était bon à quelque chose.

» Eh bien, malgré cette vigueur et cette maturité de conviction individuelle, si la majorité légale de notre pays disait : « Nous ne voulons pas de la république! » nous en gémirions, sans doute, mais nous nous soumettrions à la volonté légale de la majorité de la nation, c'est-à-dire que nous ne tenterions pas par la violence ou par l'insurrection de lui imposer, du droit de nos convictions personnelles, une forme de gouvernement qu'elle croirait devoir abdiquer.

» Si donc, un jour, une Assemblée constituante, librement et légalement élue, changeait, au nom du droit éternel des nations de modifier leur existence, la forme du gouvernement; si elle rappelait une monarchie quelconque, nous le déplorerions pour l'honneur et pour la sûreté du pays, nous tremblerions pour les bases mêmes de la société, exposée alors à des explosions nouvelles et terribles, mais nous courberions la tête sous la volonté de notre pays, loi suprême, et nous ne serions pas assez absurde pour contester à une nation représentée par son suffrage universel un droit que nous avons eu l'audace personnelle d'exercer provisoirement nous-même, simple citoyen, dans un de ces moments extrêmes où il n'y a plus ni roi ni nation en exercice, et où, par conséquent, le salut public est toute la souveraineté.

III

» On voit, par ce que nous venons de dire, que la république n'est en nous ni à l'état de manie, ni à l'état de crime, ni à l'état d'insurrection contre la volonté de notre pays; elle est simplement à l'état de politique, de préférence et de raisonnement. Il faut toujours se donner pour ce qu'on est, ni plus ni moins. Voilà notre républicanisme!

» Nous étions obligé de bien le définir ainsi, avant de dire aux alarmistes, aux semeurs d'alarmes et au peuple, trop souvent impressionné de ces alarmes, ce que nous voulons leur dire aujourd'hui. Nous ne voulons pas qu'ils nous supposent des motifs autres que ceux que nous avons pour essayer de les rassurer sur les prétendus complots contre la constitution.

IV

» Tous les trois mois on recommence à parler de ces complots, de ces usurpations, de ces 18 brumaire, de ces tentatives méditées, armées, couvées de consulat ou d'empire, d'expulsion de l'Assemblée nationale, de confiscation de la république par l'homme même et par l'honnête homme, je le crois, que le peuple a chargé de veiller le premier et de plus-haut sur ses institutions. Je répète pour la millième fois que je n'ai pas la moindre créance dans ces calomnies de la peur. La peur grossit tout, la peur interprète tout en complots; la peur crée des fantômes et les fait agir et parler, la peur est ombrageuse et loquace. Il faut approcher et toucher courageusement ces ombres et voir ce qu'elles peuvent contenir de dangers et de réalités.

» Je vous conseillerai jusqu'à la fin d'avoir confiance, confiance jusqu'à la témérité, confiance dans le président de la république que vous avez choisi et nommé vous-mêmes à la presque unanimité et malgré moi, qui redoutais le nom de Bonaparte au sommet de la république. Quelles qu'aient pu être autrefois les pensées trop impériales d'un jeune exilé né à l'ombre d'un trône, je crois à la loyauté d'un homme reconnaissant, qu'un peuple a fait plus que roi en le nommant par son nom son président, car un roi n'est que l'héritier d'un trône, et un président est l'élu personnel d'une nation.

» Il y a un proverbe qui dit : *Noblesse oblige!* eh bien, dans une situation comme celle que vous avez faite à votre président, je dis, moi : Grandeur oblige; dignité oblige; reconnaissance et honneur obligent. Non, je ne croirai jamais que d'une élévation légale pareille on descende au rôle coupable et misérable de conspirateur contre la nation qui s'est confiée en vous! Il n'y aura au monde qu'un plus beau rôle pour Napoléon président, après celui d'être monté là, ce sera le rôle d'en descendre et de dire au peuple français : « Voyez, je réponds à votre confiance en vous remet-
» tant votre constitution; je réponds à la calomnie en
» redevenant à mon tour citoyen. Les peureux qui me
» soupçonnaient ne connaissaient pas plus la véritable am-

» bition que la véritable grandeur. Mon ambition n'est pas
» de ravir, mais de restituer à la nation ce qui lui appar-
» tient. »

V

» Qu'il y ait quelques pensées moins pures, moins sensées, moins grandioses dans quelques petites têtes pleines
de parodies impériales ici ou là, dans quelques salons,
dans quelques bureaux de journal, dans quelques conciliabules de jeunes gens ou de vieillards enivrés de réminiscences de la Malmaison ou des Tuileries, je n'en sais rien ;
c'est possible, c'est même probable ; mais cela ne doit pas
plus vous troubler que la statue de l'empereur sur la colonne de la place Vendôme ne troublait le sommeil de la
dernière monarchie. C'est le culte de la colonne exercé par
quelques sectaires de la GLOIRE dans quelques chapelles
privées de telle ou telle rue ! De la superstition et de l'en-
cens, voilà tout; cela n'enivre pas du tout un homme sage,
encore moins un peuple.

» Cependant, de temps en temps, et principalement depuis quelques semaines, un certain parti *qui veut faire du
zèle* autour de l'Élysée, comme disait M. de Talleyrand, et
surtout un parti qui n'est pas celui de l'empire, ni celui de
la légitimité, mais le parti des écrivains à demi-solde d'une
autre cause monarchique, fomente ces soupçons de menées
impérialistes par des insinuations et par des déclarations
tellement hostiles à la constitution, qu'on ne peut s'empê-

cher d'y voir le parti pris de la renverser. Or, comme ce parti des écrivains d'une cause vaincue sent bien qu'à lui seul il ne convertirait pas une seule commune de la république, il chauffe de son souffle l'impérialisme dans les masses, afin de faire faire quelque explosion ou quelque étourderie au parti du consulat et de l'empire, pour essayer de passer derrière ce parti sur le pont de l'abîme où il aurait précipité la république.

» Cela ne doit point vous étonner ; c'est tout simple, nous avons vu ce jeu d'autres fois. Pendant les quinze ans de la Restauration, les journaux ennemis du gouvernement de la branche aînée ont caressé, flatté, grandi, déifié l'Empire aussi ; pourquoi ? pour faire passer la branche cadette des Bourbons aux Tuileries, sous l'ombre et à la face de l'empereur. Autre temps et même tactique ; ne vous y trompez pas deux fois. Le lendemain du jour où une conspiration soi-disant impériale aurait renversé la république, ce n'est pas le consulat qui passerait, ce seraient deux dynasties qui se battraient à la porte pour en chasser l'Empire, et qui ensanglanteraient le pays en n'appelant pas, sans doute, mais en tentant du moins l'étranger.

VI

» Quoi qu'il en soit, voilà ce qu'on lit à peu près tous les jours dans certains journaux qui expriment plus particulièrement et plus franchement cette tactique des mécontentements aigris par leur chute :

« Dès aujourd'hui, nous déclarons que lorsque la France
» demandera à chaque parti de déployer ses insignes, pour
» qu'elle puisse choisir la cause qui lui plaira, nous porte-
» rons d'une main la croix de l'Église catholique, et de
» l'autre le drapeau national de la légitimité. Ce sera à la
» France de voir si elle préférera le drapeau rouge et la
» guillotine. »

« Nous sommes réactionnaires ; nous ne sommes pas
» révolutionnaires.

» Nous voulons que la république disparaisse sans se-
» cousse, sans commotion, sous la manifestation grave,
» solennelle et légale de la volonté de la France, et que la
» majorité du pays, à qui appartient le droit, reconstruise
» le trône brûlé sur la place de la Bastille par une horde de
» pillards.

» Nous voulons que l'art. 1ᵉʳ du préambule de la consti-
» tution, ainsi conçu : « *La France est constituée en répu-*
» *blique*, » soit remplacé par celui-ci : « *La France reprend*
» *le gouvernement monarchique.* »

VII

» Il est naturel, n'est-ce pas, que le peuple qui lit çà et
là de pareilles déclarations d'antipathie à la constitution,
de haine et de guerre à la république, et qui voit que dans
les mêmes pages ces mêmes écrivains adulent et encoura-
gent les pensées d'Empire, il est naturel, vous dis-je, que
le peuple se prenne au piége et qu'il dise : « Mais on con-

» spire donc autour du pouvoir exécutif contre la répu-
» blique, puisque les ennemis de la république aiment tant
» le pouvoir exécutif? »

» De là, en effet, des ombrages, des suspicions, des inquiétudes, des instabilités, des ébranlements de confiance, des joies folles dans les monarchistes de juillet, des peurs réelles ou affectées dans les républicains sincères, des indignations, des menaces et des foudres dans les républicains exagérés. C'est naturel encore : on serre plus fort, et jusqu'à les briser dans sa colère, la liberté et la constitution, quand on croit qu'on veut vous les arracher.

VIII

» Mais si ces résultats, qui se produisent tous les trois mois et qui s'évanouissent d'eux-mêmes huit jours après, quand on s'est bien convaincu qu'il n'y a d'autre conspiration que la tactique d'un côté et la peur de l'autre; si, disais-je, ces résultats sont fâcheux sous certains rapports, sous un autre rapport ils sont pour l'homme réfléchi la révélation d'un symptôme très-heureux et qui est de nature à raffermir les faibles et à rassurer les craintifs sur l'aplomb qu'a déjà pris la république dans les esprits et dans les intérêts.

» Ce symptôme qu'il faut vous faire observer, à vous peuple paisible et impartial, le voici : c'est que chaque fois qu'on sème ainsi, par la tactique des partis, ou par la faute des apparences dans le gouvernement, l'idée d'un renversement de la constitution républicaine par le président de la république, une transe saisit la France; la panique court en frisson universel sur le pays, les visages s'allongent, les paroles légères deviennent graves, l'œil plonge en se voilant de nuages dans des perspectives sombres et inconnues; l'argent, ce *mercure* si impressionnable du thermomètre politique, se resserre, la confiance s'interroge, le travail diminue avec le capital qui se retire, les transactions se ralentissent; les propriétaires et les négociants de toute nature s'affligent, même ceux qui n'aiment pas de cœur le gouvernement républicain; enfin la France s'assombrit, et l'Europe écoute si rien ne va gronder ou éclater dans le volcan assoupi du continent!

» Qu'est-ce que cela veut dire? Je le demande, non pas aux fous d'illusions ou aux fous de ressentiment contre la république, mais aux hommes de bonne foi et de sens.

» Cela veut dire que la France entière, à l'exception de ces coteries d'écrivains qui lancent leur feuille à tout vent sans responsabilité, cela veut dire que l'Europe elle-même a l'instinct des dangers extrêmes où les renverseurs de cette république si détestée jetteraient la France, le continent, l'Europe, la propriété, les existences, la société! Cela veut dire que tout le monde a volontairement ou involontairement l'instinct, la révélation intérieure et forcée de ce fait, c'est-à-dire que le salut commun, en ce moment et pour longtemps, je l'espère, est dans la constitution, qui nous contient tous, qui nous abrite tous, qui nous défend tous les uns par les autres, les uns contre les autres, et tous ensemble contre l'anarchie et contre l'étranger.

» Voilà ce que cela veut dire, ou bien il faudrait admettre des effets sans cause. L'effet, c'est l'inquiétude générale; la cause, c'est le mot seulement de conspiration contre la république.

IX

» Et maintenant, la France a-t-elle tort de se troubler ainsi au premier signe, même au premier signe trompeur de l'ébranlement de sa constitution actuelle? Non.

» Un sentiment public en général n'a jamais tort d'être ce qu'il est en matière de sécurité. La France voit bien aujourd'hui les suites inévitables de toute révolution; elle est peut-être bien fâchée, dans certaines régions, d'avoir amené, préparé, soufflé, laissé faire la sienne; elle déplore peut-être bien intérieurement les fatales complaisances qu'elle a eues pour tous les caprices de son dernier gouvernement et qui ont amené ce gouvernement à la sécurité excessive et au mépris de l'opinion qui l'ont perdu; elle maudit peut-être bien ces ébranlements téméraires et ces assauts d'ambition que les coalitions parlementaires et les orateurs, et les banquets, et les journaux de ces coalitions, ont donnés sans prévoyance à leur propre trône pendant les huit dernières années du règne, depuis 1839; elle voudrait peut-être bien avoir exigé plus énergiquement la réforme électorale faite en temps utile pour prévenir une révolution; elle se frappe peut-être bien la poitrine d'avoir si fort décrédité et secoué la prérogative royale par la voix de ses hommes d'État, chefs tour à tour et agitateurs eux-mêmes de ses cabinets ; elle voudrait peut-être bien revenir sur ses pas ; mais c'est impossible. Le temps est le temps ; il a emporté son heure dans un jour d'émeute mal prévue et mal combattue par sa royauté et par ses ministres. La France a maintenant derrière elle l'abîme d'une révolution accomplie à franchir ; qui l'osera, au risque de retomber dans une série de révolutions plus profondes ? On se dit : Qu'y a-t-il de l'autre côté ? Un sol monarchique qu'on m'assure être solide, mais qui s'est effondré sept fois sous mes pas en moins de cinquante ans ? Qu'y trouverai-je, à supposer que le peuple m'y suive ? Trois dynasties s'y partageant les forces et s'y disputant ce qui n'est plus : la foi monarchique ! Le sol sur lequel je m'avance est dur et raboteux au commencement de la route, mais il est inébranlable, et je puis y fonder avec le temps, et, avec la force du suffrage universel, régulariser un établissement national et vaste comme le peuple tout entier, fort et indétrônable comme lui. Des sectes antisociales menacent la propriété, la famille, la civilisation connue ; devant le bon sens, la volonté et le pouvoir irrésistibles de la population souveraine, ces sectes s'évaporent ; elles s'évanouissent, elles fondent comme des météores en plein soleil ; devant une monarchie étroite, rivalisée, contestée, ces sectes s'allient au peuple, fermentent dans ses mécontentements, enveniment et disciplinent les factions, chargent ses révolutions de matières incendiaires et leur font faire explosion sous la société elle-même, sous prétexte de n'attaquer que tel ou tel trône ; les prétendants, aujourd'hui impuissants contre la nation souveraine, deviennent puissants contre une souveraineté dynastique, les partis arment, les guerres civiles couvent, les provinces se rangent sous des drapeaux divers, les coalitions extrêmes se reforment pour appuyer celui-ci contre celui-là et pour subjuguer le pays par le bras de ses propres enfants !

» Voilà ce qui se présente à l'esprit de tout homme prévoyant du lendemain à chaque éventualité des renversements de la constitution républicaine !

X

» Sans doute, cette constitution est imparfaite, pleine de lacunes et de défauts visibles à l'œil d'un enfant, comme toutes les institutions qui ne sont encore qu'ébauchées et qui ont à recevoir les corrections de l'expérience et les améliorations du temps ; sans doute, elle n'a pas ce long passé qui assure l'avenir des institutions aux imaginations routinières de la multitude ; sans doute, on envisage avec une certaine anxiété les interruptions du pouvoir exécutif trop rapprochées que son mécanisme lui commande de subir dans ses premières années. Tout cela est vrai ; mais tout cela n'est qu'embarras et crise, ce n'est pas révolution et catastrophe ; on peut y parer.

» La France a le génie de l'à-propos ; elle tournera ou elle franchira ces difficultés ; elle moulera sa république sur ses nécessités et sur sa nature ; elle laissera le temps, les mœurs, l'opinion lui indiquer où il faudra porter la main pour remédier à tel ou tel inconvénient que la précipitation de son œuvre constitutionnelle ne lui a pas permis de prévoir ou d'éviter.

» Si les phases gouvernementales sont trop courtes, elle les prolongera.

» Si son pouvoir législatif est sans contre-poids, elle lui en cherchera en lui-même.

» Si son pouvoir exécutif est trop assujetti dans ses mouvements, elle lui accordera plus d'espace pour se mouvoir et plus de latitude pour agir.

» Si le conflit se présente inévitable et fréquent entre ces deux branches du pouvoir, elle le videra par des appels au pays.

» La France n'est pas judaïque ni méticuleuse de sa nature ; elle ne se laisse pas entraver comme l'Allemagne par la lettre de ses chartes ; elle en interprète l'esprit, et elle sort de la difficulté par l'audace. Ne soyez pas en peine de l'avenir : il saura bien se tirer d'affaire en son temps ; pensez au présent : à chaque année sa peine. Le présent en a plus que l'avenir n'en aura, parce que le présent est tout neuf, et que l'avenir sera plus exercé aux difficultés de la démocratie. Souvenez-vous de combien de jours plus difficiles et plus terribles vous êtes sortis sauvés depuis deux ans ! »

XI

Enfin j'eus à parler de l'armée, armée que j'avais fait disparaître de Paris le 24 février, et que j'avais, trois mois après la réconciliation, ramenée, régiment par régiment. J'eus à parler d'elle, et voici en quels termes je le fis :

« L'armée doit occuper une grande place dans les destinées de notre république continentale.

» Le gouvernement vient de prendre une mesure que l'on a discutée et que je ne blâme pas, en faisant prendre position sur quatre points principaux du territoire à de grands corps de cette armée dont le commandement se trouvera réuni dans les mains de quatre généraux. La stratégie est bonne en elle-même, elle ne deviendrait coupable que si l'intention du gouvernement était mauvaise. Je ne le crois pas.

» Les gouvernements qui se fondent ont besoin de déployer souvent leur force contre les factions ou les mouvements désordonnés des populations surexcitées par l'esprit des révolutions. Il est naturel, il est sage que ces gouvernements centralisent à ces époques les éléments de cette force dans quelques rassemblements militaires qui inspirent prudence aux partis, confiance aux bons citoyens. En rassurant ainsi l'œil, ils rassurent l'esprit public, ils donnent aplomb aux choses, autorité à la loi, respect aux institutions.

» Cela est plus nécessaire encore dans un temps où des doctrines menacent en apparence la propriété et la société, et où la société et la propriété, alarmées au delà du juste, aiment à voir le gouvernement senentinellé, pour ainsi dire, à la porte de chaque foyer. En 1789, en 1791, en 1792, en 1793, à toutes les dates agitées de nos révolutions, les gouvernements ont opéré de ces rassemblements de troupes de précaution contre les résistances ou contre les troubles toujours fréquents dans les crises révolutionnaires. L'armée de Versailles, le camp de Compiègne, l'armée de Paris, le camp de vingt mille hommes des Girondins, l'armée révolutionnaire des Montagnards, l'armée de précaution de vendémiaire, les légions de la Restauration, les fédérés de 1815, la garde mobile, l'armée des Alpes et de Lyon et les vingt-cinq mille hommes du gouvernement provisoire, appelés à Paris pour protéger la Constituante, les quarante mille hommes du général Cavaignac, sont autant de mesures militaires prises sagement à ces diverses époques pour protéger le gouvernement et le pays. Les commandements du gouvernement actuel ont apparemment le même but. S'ils en avaient un coupable, ils n'auraient sans doute pas été donnés au grand jour et prescrits d'avance comme pour avertir la liberté des piéges qu'on lui tendait. Les conspirations ne se publient pas au *Moniteur*.

» Nous n'avons aucun de ces soupçons. Je serais moins fondé qu'un autre à les avoir, car moi-même, pendant la dictature de février, j'ai toujours insisté pour armer fortement la république au dedans pendant les premières années. C'est pour cela que nous avons créé la garde mobile, armée provisoire de la place publique, objet de tant d'ingratitude et qui méritait tant de reconnaissance ! C'est pour cela que j'ai demandé les trois cents bataillons de garde mobile départementale, votés enfin par l'Assemblée constituante et laissés imprudemment sans exécution depuis par les deux gouvernements qui se sont succédé. C'est pour cela que le général Cavaignac et le général Changarnier ont été successivement appelés et destinés au commandement de l'armée de Paris. L'armée est un des grands organes de la France ; elle doit avoir sous la république, plus encore que sous la monarchie, une place imposante et un jeu légitime dans le mécanisme en action de nos institutions.

XII

» Je sais qu'on dit : « Mais n'est-ce point l'armée d'un
» prétendant ambitieux plus que l'armée de la république ?
» Un pouvoir exécutif conspirateur et usurpateur ne pour-
» rait-il pas se servir de ces quatre commandants généraux
» pour envoyer la servitude militaire par le télégraphe aux
» quatre régions de l'empire ? »

» Je vous le répète, je ne crois pas aux conspirations des gouvernements contre eux-mêmes, et quand j'y croirais, je ne crois pas que la distribution de l'armée intérieure en cinq grands commandements soit un moyen bien adapté à des vues supposées de conspirations militaires contre le pays ; il faudrait supposer cinq traîtres au lieu d'un dans les généraux commandant ces grands corps d'armée. Cinq Monks au lieu d'un ! quelle invraisemblance ! Cinq dictateurs au lieu d'un ! quelle absurdité ! N'est-il pas mille fois plus naturel de penser que si la démence des dictatures et des usurpations prenait à l'un ou l'autre de ces généraux, les quatre autres se trouveraient par leur situation même en mesure de contre-balancer ce mauvais dessein et de faire avorter par leur résistance une tentative isolée à Paris ou ailleurs ? Je crains bien plus un dictateur que cinq instruments de dictature. L'armée dans une seule main peut être souvent une prudence, quelquefois un danger. L'armée disséminée en cinq commandements est une garantie pour la conservation de la liberté !

» Tant que les provinces romaines furent divisées avec les armées en commandements multiples et temporaires, la liberté fut assurée à Rome par la division même de ces commandements. Ce ne fut qu'après Marius et Sylla que ces commandements se concentrèrent et se prolongèrent, et que la république courut des dangers. Puis ils se divisèrent seulement en deux commandements sous Pompée et César, et la liberté subsista encore par cet équilibre. Le jour où César réunit tous les commandements en une seule main, la république ne fut plus qu'une dictature, et la liberté fut anéantie.

» De ce côté encore la panique qu'on se plaît à répandre n'est donc qu'un fantôme sur lequel il suffit de jeter un rayon de réflexion.

» Enfin on vous annonçait des explosions de complots démagogiques ajournés au 24 février, anniversaire de la république, et qu'avez-vous vu hier? un peuple tranquille, serein, jouissant, dans une paix parfaite, de la sécurité qu'il reprend tous les jours sous une majorité incontestable d'ordre et sous un pouvoir exécutif bien servi par une force militaire bien disciplinée. Encore quelques mois et quelques années et quelques anniversaires comme celui-là, et la France reprendra son aplomb sur elle-même en reprenant confiance dans cette république de 1848, qui doit, pour subsister, prendre en tout le contre-pied de la république de 1793.

XIII

» Vous me dites encore : « Mais la majorité et le gou-
» vernement passent les bornes de la réaction contre le
» désordre, et se laisseront entraîner ou emporter un jour
» jusqu'à une réaction contre la république et contre la
» souveraineté régulière du peuple. »

» Non ; si quelqu'un devait avoir ces inquiétudes, ce serait moi peut-être ; peu d'hommes sont plus exposés que moi qui vous parle aux ombrages, aux injustices, aux défauts de mémoire, aux hostilités de paroles, aux sarcasmes des hommes excessifs ou irrités de ce parti. Je n'y réponds pas ; je ne m'en irrite pas ; je ne m'en plains pas : c'est naturel. L'homme est homme ; il faut lui passer ses passions, il faut comprendre ses ressentiments et les subir. Le juge impartial des révolutions et des dictatures n'élève pas son tribunal au milieu de la lutte encore tumultueuse des partis et au milieu de la poussière des événements à peine accomplis. Ce juge, c'est le temps : il n'y a que lui qui refroidit la raison des hommes et qui les rend capables d'être justes. D'ailleurs, tous les hommes ont besoin d'indulgence, et moi plus que personne. Je ne ferai donc jamais à la majorité un crime ou même un reproche de quelques rancunes ou de quelques colères contre moi. Je ne répondrai que si la république elle-même est calomniée, car la république ce n'est pas moi, c'est la France reprenant possession d'elle-même dans les ruines d'une révolution faite par d'autres. Nous serions des témoins infidèles, si nous l'abandonnions aux calomnies ou aux sarcasmes des partis qu'elle a tous recueillis et adoptés.

XIV

» Avant-hier, un homme que je me félicite de voir de plus en plus prendre une grande part dans l'action de la république, de la majorité et de la tribune, même quand ses doctrines ne sont pas les nôtres, un de ces hommes que les révolutions peuvent renverser momentanément du pouvoir, mais qu'elles n'anéantissent pas, parce que leur valeur est en eux et non dans leur situation; un de ces esprits dont les républiques ont plus besoin encore que les monarchies, parce que les monarchies subsistent de leur droit, et que les républiques subsistent de leurs forces; un de ces orateurs, dis-je, s'est laissé emporter, par l'entraînement de la parole prononcée avant d'avoir été réfléchie, à une qualification injuste et téméraire des journées d'où la république est éclose. Il a parfaitement expliqué aussitôt après la signification qu'avait dans son esprit l'épithète de *journées funestes*, donnée aux journées qui ont rendu à la nation une souveraineté qu'elle ne veut ni ne peut abdiquer sans honte.

» Je n'ai pu m'empêcher de monter à la tribune et de répondre, non par un misérable intérêt de vanité intéressée dans la question, mais dans l'intérêt de la justice et du témoignage à rendre à la magnanimité du peuple le lendemain de la révolution de février. J'ai appelé ces journées *glorieuses* pour le peuple ; j'ai eu tort, j'aurais dû les appeler *uniques*, car c'est la seule fois que le peuple en révolution se désarme, se contient, se modère lui-même, et ne se permet ni une victime, ni une vengeance, ni une proscription, ni une injure, et je pourrais encore dire ni un sarcasme contre ses maîtres de la veille. Cela est trop beau à laisser en exemple à l'histoire pour permettre qu'on le dénature, au grand danger des révolutions futures et du peuple, à qui on enlèverait une partie de sa vertu en lui enlevant l'estime de lui-même. Voici mes paroles :

XV

» M. DE LAMARTINE. — Messieurs, je ne viens pas envenimer ce débat ; je ne viens pas refouler, repousser, au nom de la république, les déclarations que l'honorable monsieur Thiers vient de faire tout à l'heure à cette tribune, et que j'accepte, pour ma part, avec la confiance entière que j'ai dans la loyauté de son caractère, et avec les espérances que le concours de tous les bons citoyens, à quelque origine qu'ils appartiennent, à quelque sentiment, à quelque affection, à quelque regret qu'ils s'honorent d'appartenir encore, peut apporter à la patrie dans les circonstances où nous sommes.

» Non, messieurs, ce n'est pas là ma pensée ; mais j'ai regretté profondément, tout à l'heure, qu'à propos d'une discussion si éloignée du texte qui s'agite en ce moment à la tribune, on ait fait retentir, comme à plaisir, on ait ressassé, si je puis employer cette expression, on ait ressassé ces épigrammes sans périls que nous subissons ici si patiemment tous les jours. (Acclamations à gauche. — Très-bien ! très-bien !) Oui, messieurs, ces épigrammes sans péril, et.., laissez-moi achever, j'allais dire... et sans réponse (bravos), que nous entendons, que nous lisons tous les jours contre les institutions qui régissent en ce moment notre patrie.

» Messieurs, la république est assez forte, la démocratie a assez d'avenir, si elle n'a pas assez de présent, pour dédaigner les sarcasmes. (Vives acclamations à gauche. — Très-bien ! très-bien !)

» Ce n'est pas avec des épigrammes qu'on renverse les gouvernements populaires ; ce n'est pas avec des épigrammes qu'on restaure ou qu'on soutient les monarchies renversées. (Acclamations.) Les hommes d'esprit font des épigrammes, messieurs ; les peuples font des révolutions... (Bravos à gauche et au centre.)

» Je ne suis donc pas monté à cette tribune, je le répète, pour répondre à ce genre d'argumentation indigne de l'honorable orateur, indigne de cette grande et auguste Assemblée ; mais je me serais considéré moi-même comme le dernier et le plus indigne de tous les hommes, si, ayant eu le périlleux honneur, honneur que je n'avais ni conspiré ni cherché (vive approbation à gauche), de me trouver un des premiers... (Interruption à droite.) J'aurais déjà terminé si vous vouliez m'entendre.

» Je dis que je me serais regardé, devant vous et devant l'histoire, comme le plus lâche et le plus honteusement déserteur de tous les hommes chargés d'une grande responsabilité, si, ayant eu le périlleux honneur de me trouver ce jour-là sur la brèche même de la société française renversée, renversée sous d'autres drapeaux et par d'autres mains ; si ayant cru pouvoir prendre sous la responsabilité de ma conscience cette crise terrible et imprévue, ces orages continus de trois mois, cette grande et mémorable révolution ; si aujourd'hui, aujourd'hui, à la veille de cet anniversaire !... (Applaudissements répétés et prolongés), oui, à la veille même de cet anniversaire qui, s'il ne vous commande pas d'étouffer des regrets que j'honore, devrait vous commander, du moins, un respectueux silence ! (Applaudissements.)

» M. DE MONTALEMBERT. — C'est vous qui devriez vous taire.

» M. PISCATORY. — Je demande la parole.

» M. DE LAMARTINE, *à la droite*. — Je vous attends à cette tribune. Oui, vous me condamneriez justement vous-mêmes, vous qui me dites de me taire, si placé dans une situation comme celle que me font vos dénigrements contre la constitution, si avec mes antécédents, qui sont les antécédents d'un grand peuple, sachez-le bien... (approbation unanime à gauche, violents murmures à droite), je dis qu'il me serait impossible, sans manquer à tous les devoirs que la république impose, soit à ceux qui l'ont proclamée, soit à ceux qui l'ont acceptée... (Interruption.)

» A GAUCHE. — A l'ordre ! à l'ordre !

» M. DE LAMARTINE. — Si je laissais appliquer ce mot de *funestes*, non pas à ces journées déplorables où le sang français coule sous la main des Français, celles-ci sont toujours funestes, quel que soit leur résultat... (marques d'approbation sur tous les bancs), mais si je laissais appliquer

l'épithète de journées funestes, sans explication et sans rétractation de sens, à ces journées dont la démocratie et la république sont sorties! (Acclamations à gauche.) Non, je leur rendrai, avec le temps et avec l'histoire, la seule épithète qui leur appartiendra dans l'avenir. Je les appellerai, à la face du pays et de vous, de leur vrai nom, quand l'heure des récriminations et des injustices sera passée ; oui, je les appelle dès aujourd'hui glorieuses pour le peuple français. (Nombreux applaudissements à gauche et au milieu.) Et je dis à monsieur Thiers, avec la certitude de n'être pas désavoué, même par lui : Savez-vous pourquoi j'appelle le lendemain de ces journées glorieux pour le peuple? C'est qu'après avoir remporté une victoire, ce peuple a couvert le lendemain ceux qu'il regardait la veille comme ses ennemis de sa force et de sa magnanimité. »
(Bravos et applaudissements à gauche.)

Un grand nombre de représentants se précipitent de leurs bancs pour féliciter l'orateur et lui serrer les mains. Les membres de la gauche se lèvent tous et, à trois reprises différentes, poussent le cri de « Vive la république! »

XVI

Les écrivains et les journalistes du parti antirépublicain flattaient le bonapartisme pour s'abriter derrière sa faveur. Je leur tins en février un langage sévère qui les avertit que je n'étais pas avec eux et qui émut fortement le pays.

« Mais qui êtes-vous? pourrions-nous dire aux organes

si mal informés ou si superbes de toutes ces accusations contre les deux premiers gouvernements républicains et contre la France elle-même dans la personne de son Assemblée constituante. Qui êtes-vous pour prendre ainsi le fouet de Cromwell à la main dans la plume du publiciste et pour chasser comme une bande d'ivrognes ou de sycophantes, de leur place bonne ou mauvaise dans l'histoire, les citoyens modestes, mais dévoués, qui ont affronté avant vos amis d'aujourd'hui les vagues de la tempête populaire, qui ont reçu les premiers assauts, qui ont détourné les premiers débordements, qui ont bravé le premier feu, qui ont déblayé les premières ruines, qui ont accepté les premières et les plus suprêmes responsabilités sur leurs poitrines et sur leurs noms?

» Où étaient-ils ces ouvriers de la dernière heure? Où étiez-vous vous-mêmes, héros posthumes des grandes crises qui ont porté au pouvoir celui que vous croyez servir, homme qui a trop de cœur pour se laisser grandir par des petitesses et des injustices comme celles que vous lui offrez en propitiation?

» Où étiez-vous, vous et vos amis, quand la monarchie s'écroulait inopinément sur nous le 24 février, et que ses décombres menaçaient d'engloutir vos familles, vos foyers, vos temples, vos propriétés, vos mœurs, si personne n'avait eu l'inspiration et l'audace de se jeter dans la mêlée et dans la poussière, de tendre la main pour soutenir ce qui restait debout, et de donner la république au peuple pour l'arracher à la démagogie par la liberté?

» Où étiez-vous, vous et vos amis, quand on éteignait le foyer qui allait tout dévorer, avec des paroles et en s'y précipitant?

» Où étiez-vous quand on marchait sur les vagues comme l'apôtre sans enfoncer, parce qu'on avait la foi comme lui en Dieu et la foi dans le bon sens du peuple?

» Où étiez-vous quand on repoussait du berceau de la république ces symboles néfastes de 93, présentés trente-six heures de suite à la pointe des sabres et des baïonnettes ?

» Où étiez-vous quand on désarmait la révolution de tout crime, même futur, en abolissant les procès de vengeance et les échafauds ?

» Où étiez-vous quand on créait la garde mobile, en faisant sortir l'ordre armé des éléments mêmes de la révolution ?

» Où étiez-vous quand on osait dire à la France en ébullition contre les traités et impatiente de déborder de ses frontières : « Vous resterez en paix pour rester inno-
» cente et inviolable dans le droit républicain ; » et quand on osait dire à l'Europe : « Nous vous respecterons si
» nos principes ne s'entre-choquent pas par votre faute
» là où nos droits et le droit de nos alliés seraient engagés? »

» Où étiez-vous quand le gouvernement que vous accusez des conspirations tramées contre lui dissolvait l'expédition démagogique de *Risquons-Tout*, internait les réfugiés allemands de Bade, offrait ses forces à la Savoie pour réprimer de sa propre main l'invasion déloyale et réprouvée de Chambéry par des échappés des clubs de Lyon?

» Où étiez-vous quand on réorganisait une armée de cinq cent mille hommes en trois mois, loin de Paris, pour conserver la discipline et pour éviter l'effusion du sang, mais prête à y rentrer aussitôt que la nation elle-même y rentrerait avec la représentation nationale?

» Où étiez-vous quand, après trois mois de dictature heureuse quoique désarmée, cette dictature abdiquait, malgré la démagogie et malgré les clubs, entre les mains de son seul et légitime souverain évoqué par elle, l'Assemblée nationale?

» Où étiez-vous, aux grands soulèvements du peuple en mars et en avril, quand on s'enfermait à l'hôtel de ville, cerné par les conscriptions du socialisme et des clubs, et qu'on se disposait à mourir plutôt que de remettre le gouvernement à la démence ou à la terreur?

» Où étiez-vous, au 15 mai, quand, après une surprise déplorable de l'Assemblée encore découverte, on soulevait Paris d'une sainte indignation et on marchait à la tête de son infatigable population pour reconquérir le gouvernement des hommes de bien sur l'hôtel de ville?

» Où étiez-vous, aux journées sinistres de juin, quand le gouvernement que vous accusez, après avoir nommé un chef militaire et appelé plus qu'à temps les troupes, montait à cheval à la tête des premières et des dernières colonnes de la garde nationale, de la garde mobile et de la ligne pour offrir du moins son sang à la société en péril?

» Où étiez-vous quand il reconquérait Paris sur la barbarie, et quand, après l'avoir reconquis, il mettait, par la main du général qui avait combattu sous lui et après lui, la sédition bouillonnante encore en état de siége?

» Où étiez-vous quand ce second gouvernement de la république déjà assise, représentée et défendue, préparait la constitution, dont le pouvoir exécutif actuel est sorti tout armé, tout organisé, tout servi, sans autre peine que de penser, de donner un ordre à cinq cent mille hommes et d'être honoré et obéi?

» Il me semble que ce sont là des actes de la révolution, de la république, des dictatures, des pouvoirs successifs, de l'Assemblée constituante, des ministres, des orateurs, des généraux de l'armée, de la garde nationale, de la nation elle-même, qui mériteraient un peu moins de dédain de la part de ces publicistes de l'oubli. Il me semble aussi que dénigrer et calomnier tout le passé de la république, ce n'est pas le moyen de donner foi dans son avenir. »

XVII

« Non, ce ne sont pas là des conseils utiles à donner à la classe conservatrice en France; on l'exalte ainsi et on la trompe. On lui dit : « Voilà une forêt de baïonnettes; em-
» busquez-vous impunément derrière et insultez de là sans
» danger le gouvernement qui vous a sauvés et qui pouvait
» seul vous sauver depuis février. » Cela n'est ni juste, ni généreux, ni prudent. Car, qui vous dit que tel ou tel autre gouvernement que vous rêvez pourra vous sauver encore, vous sauver longtemps, vous sauver toujours? N'y avait-il pas aussi une forêt de baïonnettes autour de Charles X la veille des journées de juillet? une forêt de baïonnettes autour de Louis-Philippe la veille de février? Des baïonnettes ne prouvent rien et ne sauvent rien : ce sont les idées qui sauvent, et c'est la sagesse qui maintient.

» Les idées, les tendances et les colères de la classe conservatrice en France, depuis deux mois, sont l'inverse des idées, des tendances et des modérations qui peuvent et qui doivent la sauver.

» Vous devriez vous dire tous les jours : « Nous avons été
» préservés en février d'un cataclysme tel que les siècles
» n'en présentent pas de pareil à l'imagination d'une so-
» ciété! Notre gouvernement s'était tout à coup affaissé sur
» sa base, menaçant de nous engloutir dans le vide que la
» chute soudaine d'un gouvernement creuse toujours autour
» de lui. La révolution française reprenait un de ses accès
» de croissance dix-huit ans comprimés, mais qui pouvait
» devenir, par sa longue compression même, un accès de
» démence sociale et de démagogie sans pitié. La question
» fondamentale sur laquelle repose le monde ancien et nou-
» veau, la question de la propriété était soulevée et agitée
» depuis ces dix-huit ans dans les livres, dans les journaux,
» dans les sectes, dans les sociétés secrètes et armées, elle
» était résolue théoriquement contre nous. La guerre sourde
» au capital était proclamée; la nature industrielle plus
» qu'agricole de la France nouvelle en créant des milliers
» d'ateliers, d'usines, de fabriques, en y recrutant, sans
» mesure et sans prévoyance, un peuple affamé par le
» moindre chômage, fanatisé par l'amour du gros salaire et
» aiguillonné par le contraste du grand luxe et des grandes
» misères, avait aggravé la situation. Une crise commer-
» ciale tous les jours croissante depuis quinze mois, une
» disette d'un an qui avait fait sentir la faim et exporter le
» capital, la compliquait et l'envenimait encore. Un prolé-
» tariat immense, impatient, travaillé, discipliné en partie
» par les chefs de secte, se trouvait armé et vainqueur en

» face de la société propriétaire, découverte et momenta-
» nément désarmée. A quelles exigences, à quelles folies, à
» quelles spoliations, à quels excès ne pouvaient pas se por-
» ter, s'ils l'avaient voulu, ces soldats des Marius du socia-
» lisme, heureusement plus sages et plus intelligents que
» leurs chefs? A quelles concessions forcées n'aurait pas
» condescendu la classe conservatrice et propriétaire pour
» préserver ses lois sociales, ses droits acquis, ses capitaux
» décimés, ses champs enviés, ses foyers gardés par la
» seule innocence de ce peuple? Eh bien, tous ces fléaux
» ont été écartés de nous, de nos enfants, de nos familles,
» de nos foyers, et par quel moyen? Par la légitime espé-
» rance donnée à ce peuple, à ce prolétariat, modéré, hu-
» main, intelligent par excellence alors, que la société res-
» pectée et gardée par lui se souviendrait de sa modération;
» qu'une fois qu'elle serait reconstituée en gouvernement
» fort, elle rendrait justice, honneur et amour à cette partie
» du peuple non possédant; qu'elle adoucirait pour lui,
» autant que possible, les dures conditions d'inégalité for-
» cée que la nature et le temps ont établies entre les hommes;
» qu'elle lui prodiguerait non les folies du socialisme radi-
» cal, mortelles à tous et surtout aux prolétaires, mais l'en-
» seignement, le secours, le travail, l'assistance, la fraternité
» du sentiment sous toutes ses formes; qu'elle n'essayerait
» pas de lui ravir sa république et son droit de suffrage
» universel, cette garantie de toute justice, ce gage de
» toute égalité pratique, cet instrument de tout progrès;
» en un mot, que la classe possédante, inviolable, et la classe
» non possédante, aidée et assistée, se fondraient comme
» elles doivent le faire en un seul peuple, en une seule
» famille unie par le cœur, où les aînés du bien-être, du

» capital et de la civilisation servent de tuteurs à ceux qui
» sont nés après eux aux droits communs, et leur tendent la
» main pour les élever à la même dignité de citoyens, à la
» même aisance relative de propriété ou de travail. »

» Voilà ce que vous vous disiez alors, et voilà ce que vous devez vous redire tous les jours, si vous voulez, par un traité de paix sincère et durable, prévenir des révolutions sociales moins modérées, moins bien dirigées peut-être que la révolution que vous venez de traverser.

XVIII

» La paix ou la guerre, le travail ou le marasme, l'ordre ou l'anarchie, l'amélioration des conditions sociales de tous ou des accès renouvelés d'anarchie, suivis de l'écroulement des industries, des fortunes, des existences, sont tout dans ce mot : Fusion des classes, concorde des intérêts, transaction amiable et juste entre les droits réciproques, concessions des deux parts à la société, nécessaires aux prolétaires comme aux possédants.

» Or, sont-ce là les tendances qu'on vous inculque, les sentiments qu'on vous souffle, le langage qu'on vous prête depuis six semaines dans les journaux que vous soldez et dans ces réunions de flatteurs de vos ressentiments et de vos rancunes que vous encouragez de vos applaudissements? Sont-ce là les vérités sévères qu'on vous présente dans ces pamphlets, dans ces libelles effrontés, dans ces *satires ménippées* de la république et du peuple honnête que vous faites réimprimer par souscriptions pour prêter des ailes à de hideuses calomnies contre ceux qui gardaient vos vies et vos portes? Sont-ce là les modérations, les justices, les reconnaissances, les réciprocités de bon vouloir dont vous nourrissez l'opinion pour qu'elle se tempère et se calme par la conciliation des deux moitiés du pays? Sont-ce là les actes de foi que vous faites pour rassurer l'esprit inquiet des masses sur la conservation de cette république qui fut le traité de paix entre vous et le prolétariat : traité de paix que vous baisiez alors et que vous croyez pouvoir bafouer et déchirer si témérairement aujourd'hui?

» Ah! je ne sais pas jusqu'où vos meneurs et vos flatteurs vous pousseront dans cette voie fatale. Je ne sais pas s'il viendra un jour, où après vous avoir ainsi enivrés d'une force matérielle et précaire, où après vous avoir fait perdre la mémoire ils vous feront perdre le sens commun et vous porteront au dernier acte de suicide et à la dernière folie, à la folie d'une confiscation subreptice et violente de la démocratie punie d'avoir été modérée et loyale. Mais ce que je sais, c'est que si vous vous prêtez plus longtemps à ces adulations des parasites de tous les régimes, ils vous mèneront à trois mois d'un faux triomphe et ensuite à des abîmes où la république modérée, si honnie aujourd'hui par vous, vous apparaîtra comme un rivage de salut que vous n'auriez jamais dû quitter et que vous ne pourrez peut-être jamais de nouveau atteindre.

XIX

» Réfléchissez pendant qu'il en est temps encore! Je n'ai aucun intérêt à vous tromper; je suis de vous et avec vous; mes foyers sont les vôtres; j'ai vu de plus près que vous, par le hasard d'une révolution qui m'avait jeté dans son cratère, ces masses du peuple qui semblent aujourd'hui, dans vos journaux, n'avoir plus d'autre droit que d'être insultées par des plumes vénales; ces masses du peuple, mille fois plus pénétrées de bons instincts, de lumières du cœur sinon de l'esprit, mille fois plus honnêtes, plus résignées, plus religieuses, plus dévouées, plus héroïques dans le dévouement à la société, que ceux qui les pervertissent en leur enlevant l'estime d'elles-mêmes comme vous le faites tous les jours. Quand ces masses se sont égarées aux souffles confus des jours révolutionnaires, quand d'inperceptibles factions parmi elles ont essayé de les précipiter dans la démagogie et dans le sang dont on ne se lave jamais, quand les sectes absurdes ou perverses du socialisme chimérique ou envieux leur ont soufflé momentanément des vertiges qui auraient fait chanceler le sol lui-même et rejeté la civilisation dans l'état sauvage, quand les clubs terroristes ont tenté de les entraîner dans ces tourbillons de paroles à travers lesquels on leur montrait la hache et l'échafaud, ces outils du crime, comme des outils de nivellement et de fraternité, j'ai osé leur dire en face, la sévère et terrible vérité. J'ai donc le droit de vous la dire à vous-mêmes et je vous la dis aujourd'hui!

» Si vous ne vous modérez pas, si vous ne refrénez pas par le dégoût les ressentiments et les témérités qui signalent depuis six semaines vos journaux favoris ; si vous continuez à inquiéter les populations sur votre acceptation de ce traité de paix et d'égalité entre les deux moitiés de la France, qui s'est appelé la constitution et la république ; si vous persévérez à encourager les folies des incrédules à la démocratie dans la presse, dans les réunions, dans les conseils, dans les tribunes, dans les majorités impatientes ; si vous allez plus loin et si vous triomphez par une surprise quelconque, militaire, parlementaire, personnelle ou autre, de la république, vous ne saurez que faire le lendemain de votre triomphe ; vous vous retrouverez avec étonnement d'abord et avec terreur ensuite maîtres d'un gouvernement, isolés du peuple, avec quelques hommes d'État, quelques soldats et quelques salons autour de vous, et avec une nation de trente-six millions d'âmes en face. Vous vous regarderez quelque temps immobiles. Puis vous vous compterez et tout sera dit !... Vous disparaîtrez dans votre triomphe, et la république reviendra comme reviennent les reflux des éléments contre une digue trop faible, en la submergeant.

» Oui, la république reviendra ; mais comment reviendra-t-elle ?... c'est là toute la question. Croyez-moi, pensez-y ; c'est une voix amie qui vous appelle à réfléchir. Ne tentez pas les secondes révolutions. »

LIVRE TRENTE ET UNIÈME

I

Un écrit étrange, signé du nom de Croker, ancien ministre en Angleterre et plus tard ami de Louis-Philippe, parut au mois d'avril 1850. Voici la réponse qu'y fit M. de Lamartine dans le *Conseiller du Peuple* :

« Un écrit étrange vient de paraître dans une revue anglaise d'une immense publicité. L'origine qu'on lui donne ne permet pas de le confondre avec ces innombrables pamphlets anonymes ou pires qu'anonymes par lesquels on déverse l'odieux, le ridicule ou la calomnie sur les premiers actes de la révolution et sur les hommes qui l'ont saisie à sa première heure et qui l'ont dirigée et transformée en gouvernement. Une autre revue française, très-répandue et justement accréditée, la *Revue britannique*, transmet aujourd'hui à ses lecteurs cette pièce importante.

On ne peut la comparer qu'à l'opuscule royal publié par Louis XVIII, en 1817, sur sa fuite de Paris et sur ses aventures de Paris à Bruxelles en compagnie du comte d'Avaray. De pareils livres, authentiques ou non, ont toujours un immense retentissement; ils deviennent quelquefois des documents adoptés de confiance par l'opinion et par l'histoire. Il importe donc de ne pas les laisser passer sans examen et sans rectification.

» Voici textuellement la note dans laquelle la *Revue britannique* explique au public la filiation et le degré d'authenticité de ce curieux document. Nous n'y ajoutons rien, nous n'en retranchons rien, nous laissons à son savant et spirituel rédacteur, M. Amédée Pichot, la responsabilité entière de ses informations.

DOCUMENTS HISTORIQUES

LE DÉPART DE LOUIS-PHILIPPE

APRÈS LA RÉVOLUTION DE 1848

NOTE DU DIRECTEUR DE LA REVUE BRITANNIQUE

« Le lecteur aura bientôt compris pourquoi l'article que nous allons reproduire textuellement et *in extenso* a toute l'importance d'un document historique.

» Les journaux de Londres et notre correspondance particulière nous ont confirmé simultanément l'authenticité des détails qu'on y trouve révélés pour la première fois. Nous pouvons sans indiscrétion dire ici que l'auteur anglais est M. Croker, ex-secrétaire de l'amirauté, un des rédacteurs les plus anciens de la grande revue des torys, la *Quarterly Review*, tory exalté lui-même, et se déclarant *légitimiste* (ce qui n'est pas être hostile à la dynastie régnante, depuis qu'il n'y a plus de prétendants en Angleterre).

» Avec ses opinions bien connues, M. Croker avait plus d'une fois, de son propre aveu, jugé sévèrement les actes de Louis-Philippe pendant les dix-sept ans de son règne : mais, habitant une campagne dans le voisinage du château de Claremont, il a rencontré Louis-Philippe, lui a été présenté, et, en l'écoutant, il n'a pas tardé, comme il l'avoue, à modifier son opinion sur le caractère et la politique du monarque exilé... S'étant chargé de rendre compte, dans la *Quarterly Review*, des ouvrages qui forment le texte de son article, M. Croker avait prié le roi et les personnes de sa famille de lui fournir quelques notes. Louis-Philippe lui a communiqué son propre journal. C'est cette communication qui prête une authenticité historique aux détails du départ du roi, formant la seconde partie de cet article, la première appartenant plutôt à la polémique.

» Notre intention avait été d'abord d'élaguer du récit même de M. Croker tout ce qui répugne à nos propres habitudes de critique ; mais en altérant la pensée et les expressions de l'auteur anglais, nous contractions avec lui une solidarité qu'il ne nous convient d'accepter directement ni indirectement.

» Tout en regrettant ce qui pourra blesser ici quelques personnes et quelques opinions, par une condamnation souvent trop collective, nous restons fidèles à l'impartialité du recueil dont la direction nous est confiée, fidèles à nos propres jugements sur les hommes et sur les choses, toujours prêts, par conséquent, à accorder à tous le bénéfice de notre publicité périodique. Nous réfutons d'ailleurs ainsi l'assertion de M. Croker, qui croit la liberté de la presse bâillonnée par la république.

» M. Croker traduit généralement en anglais les extraits des ouvrages français qu'il cite, soit pour les réfuter, soit pour fortifier par ce témoignage ses renseignements particuliers. C'était un devoir de rétablir le texte de ces citations, sans égard pour quelques légères inexactitudes verbales de la traduction anglaise, inexactitudes qu'il faut croire involontaires. Nous espérons que notre propre traduction, œuvre de deux plumes, mais revue et coordonnée par une, sera reconnue aussi exacte que possible par M. Croker lui-même. Nous avons quelque droit de le dire, lorsque nous nous sommes plus d'une fois fait violence pour ne pas affaiblir certaines invectives qui répugnaient à notre style et surtout à nos affections sincères pour un de ces noms glorieux, puissants hier, impopulaires aujourd'hui, que nous n'avons pas flagornés *hier,* que nous n'insulterions pas *aujourd'hui.* »

M. de Lamartine, objet principal de ces *calomnies* et de ces *invectives*, supportant tout sans récrimination pour lui-même, mais ne supportant rien pour la révolution qu'on veut déshonorer, a été sommé de répondre à cet écrit. Il l'a fait dans une lettre adressée à la *Revue britannique* et à la *Revue anglaise.* Voici cette lettre :

« A *M. Amédée Pichot, rédacteur de la* REVUE BRITANNIQUE.

» Monsieur et ancien ami,

» Si le document que vous empruntez à la *Revue anglaise* émanait réellement d'une main ou d'une conversation royale, voici ce que j'y répondrais :

» Les cœurs honnêtes ne connaissent pas le *Væ victis!* Si j'ai respecté le roi dans sa puissance, je le respecte bien plus dans sa déchéance. La majesté a des droits, l'infortune a des saintetés. C'est dans ce sentiment que je vais examiner le document dont vous cherchez la source si haut. Mais ce sentiment ne doit pas aller jusqu'à laisser fausser des faits historiques et avilir des hommes qui, s'ils n'ont pas de place dans les chronologies royales, en ont une qu'ils veulent conserver dans l'estime des honnêtes gens.

» Je passe donc sur soixante pages de ce que vous appelez si justement *invectives*, et je croirais faire la plus cruelle offense au prince qui fut roi, si j'en attribuais une seule ligne à son inspiration. Les princes détrônés ont le droit trop chèrement acquis de maudire les révolutions qu'ils ont faites et de rejeter leurs fautes sur ceux qui ont eu à porter le poids des ruines de leur trône et de leur gouvernement écroulés. Mais ces princes ont pour excuse les erreurs et les illusions qui assiégent les cours ; ils ont pour vengeance le bien qu'ils ont pu faire, le mal qu'ils ont pu empêcher pendant leur règne ; ils ont pour asile le silence et la dignité historique de ces grandeurs qui ne se dégradent pas même en tombant. Je suis convaincu que ce prince n'en cherchera jamais d'autres ; mais en fût-il autrement, cela ne changerait rien à mon langage. Aux imputations d'un roi sur le trône, je répondrais par la fierté des représailles ; aux insultes d'un roi sans couronne, je répondrais encore en m'inclinant.

» Passons donc aux faits : ils exigent seuls qu'on s'inscrive en faux contre l'écrivain, quel qu'il soit, qui les a si mal connus ou si odieusement altérés.

» L'écrivain accuse Lamartine « d'avoir évoqué et dé-
» chaîné, de concert avec les conspirateurs, les instruments
» de massacre et de pillage en février 1848 (page 11);
» d'avoir créé un règne de terreur n'admettant d'autre dés-
» ordre que le sien ; d'avoir enrôlé dans la *garde mobile*
» vingt-quatre mille des pires émeutiers ou bandits de la
» révolution (page 25); d'avoir eu pour second, lors de
» l'invasion de la Chambre des députés, un garçon boucher
» brandissant un couteau (page 47); de n'avoir aboli
» l'échafaud et repoussé la terreur que parce qu'il sentait
» l'avoir mérité pour lui-même, et de n'avoir été humain
» que par conscience (page 53); d'avoir cherché à faire
» obstacle au départ du duc de Nemours, des princes, des
» princesses, du roi lui-même (page 55); il affirme que des
» ordres du gouvernement provisoire étaient donnés, *enjoi-*

» gnant aux gardes-côtes d'apporter la plus grande vigilance
» à empêcher l'évasion des fugitifs politiques ; de n'avoir
» pas donné avis à Louis-Philippe et à ses amis de la sau-
» vegarde que le gouvernement provisoire leur avait au
» contraire préparée ; un message bien intentionné aurait
» sans doute, ajoute l'écrivain, pu trouver ce prince dans
» les huit jours de son royal pèlerinage. M. de Lamartine
» ne paraît avoir rien fait non-seulement pour procurer des
» moyens de fuite au roi, mais même pour les faciliter au
» besoin ; la famille royale ne vit aucune trace de la pro-
» tection de M. de Lamartine; *mais au contraire*, après
» avoir subi une foule de persécutions et de dangers sans
» exemple dans l'histoire, à moins de nous reporter au
» règne de la terreur n° 1, etc. (Page 67.) Pourquoi tous
» ces sentiments généreux restèrent-ils enfermés dans le
» sein ou dans le pupitre de M. de Lamartine, et ne furent-
» ils révélés que lorsqu'ils ne pouvaient plus servir qu'à la
» satisfaction de sa vanité personnelle?... Le roi courait le
» danger presque certain d'un assassinat ; tous les actes
» publics du gouvernement, cette circulaire envoyée aux
» ports, ces mandats d'arrêt lancés simultanément à Paris
» contre la duchesse d'Orléans et contre les ex-ministres,
» tous ces actes, disons-nous, tendaient à pousser la popu-
» lation à des violences de ce genre; les sentinelles furent
» doublées sur toute la côte, les routes qui conduisaient
» au port soumises à une surveillance plus rigoureuse. »
(Pages 67, 69.)

» Enfin l'écrivain, forcé de reconnaître les termes de
respect dans lesquels M. de Lamartine parle des malheurs
et même des fautes du roi, pervertit jusqu'à ce respect et
l'attribue à la prudence de la peur qui demande grâce

d'avance à l'éventualité des restaurations. « Nous soupçon-
» nons, dit-il textuellement dans plusieurs endroits, et
» entre autres page 27, un autre motif à ce panégyrique
» presque sans distinction. M. de Lamartine n'a peut-être
» pas sérieusement renoncé au jeu des révolutions ; il a dis-
» paru dans la vague, mais il peut remonter à la surface :
» encore quelques tours de la roue de fortune, le comte de
» Paris peut rentrer aux Tuileries, etc. Si la politique de
» M. de Lamartine n'est pas très-profonde, elle est con-
» forme du moins à la célèbre maxime de La Rochefou-
» cault : « Vivez avec vos amis comme s'ils devaient un
» jour devenir vos ennemis, et avec vos ennemis comme
» s'ils devaient un jour devenir vos amis. » Bridonne,
» dans ses *Voyages*, parle d'un Anglais original qui, à
» Rome, ne manquait jamais d'ôter son chapeau à la sta-
» tue de Jupiter. Quelqu'un lui ayant demandé pourquoi :
» — Qui sait, répondait-il, si cette divinité ne pourra pas
» être un jour réintégrée dans son temple ? Peut-être alors
» se souviendra-t-il de ceux qui auront été polis envers lui
» dans sa disgrâce ? — C'est ainsi que M. de Lamartine ôte
» son chapeau à Jupiter, etc. » (Page 28.)

» Voyons si ces imputations odieuses ou ridicules, en ce
qui touche les actes du gouvernement provisoire relativement à la famille royale, ont d'autres fondements que la
plus malveillante et la plus ingrate récrimination de la part
de M. Croker. Voyons comment M. de Lamartine, entre
autres, si spécialement cité, a créé le désordre du 24 février, évoqué le meurtre et le pillage, favorisé les desseins
sinistres contre la famille royale, envoyé des ordres pour
l'arrestation des fugitifs, prolongé leurs anxiétés dans leur
fuite, suspendu l'exécution des mesures secrètes et protec-

trices décrétées par le gouvernement provisoire pour préserver cette famille d'un outrage, la république d'une honte. Voyons s'il a gardé dans son sein ou dans son pupitre les ordres préparés pour la sécurité du roi et des princes, et par la faute de qui ce prince a erré plusieurs jours sur la côte de France dans l'appréhension des poursuites d'un gouvernement qui ne cherchait sa trace que pour hâter, protéger et entourer de sécurité et de dignité son départ. Voyons enfin si M. de Lamartine, qui n'avait pas ôté son chapeau pendant quinze ans à Jupiter régnant, dispensateur des dons et des faveurs du trône, n'a pas ôté son chapeau à la fortune tombée, et n'a pas fait tout ce qu'il était en lui pour enlever tout péril et toute aspérité à la triste route de l'exil. C'était son devoir plus qu'à tout autre acteur de cette révolution. On va voir pourquoi.

» Je rétablis les faits et je n'en cite aucun sans citer en même temps les témoins et sans provoquer le témoignage.

II

» Ma famille maternelle était attachée, avant 1789, à la maison d'Orléans. Elle en avait reçu des honneurs, des titres, des bienfaits, dont le souvenir s'était transmis en moi avec le sang. Ces souvenirs me commandaient une reconnaissance, contre laquelle le cours des générations ne prescrit pas dans les cœurs bien faits. La famille de mon père ne devait rien à ces princes. Elle était dévouée, au contraire, aux rois légitimes, à leur malheur, à leurs échafauds ; elle nourrissait contre la maison d'Orléans ces ressentiments et ces répugnances imméritées (puisque les fautes sont personnelles), mais instinctives, que cette branche révolutionnaire de la maison de Bourbon avait inspirés aux royalistes.

» En 1830, au moment de l'avénement au trône du duc d'Orléans, je servais dans la diplomatie. Je venais d'être nommé ministre en Grèce ; j'appris à l'étranger la révolution de juillet. Le caractère de cette révolution, qui se contentait de prendre un trône au neveu pour le donner à l'oncle, me répugnait. Je ne voulus pas y tremper, même par le silence. Je vins à Paris, je me rendis chez M. le comte Molé, ministre des affaires étrangères. Je le priai de faire accepter au nouveau roi ma démission. « Je recon- » nais, dis-je, le droit des nations de changer leurs dynas- » ties, je ne conteste pas avec les faits, mais je ne me » prostitue pas à leurs caprices ; je ne veux pas être un » parasite de la fortune. »

» M. Molé m'engagea à écrire moi-même, si je persistais, une lettre au roi pour lui faire agréer ma démission. Je le fis. Le ministre remit ma lettre à ce prince, au conseil. Le roi la lut, loua la convenance des termes, et me fit dire qu'il désirait me voir. Je remerciai le ministre de la communication qu'il me fit de la part du roi, mais je m'abstins d'aller aux Tuileries ; je quittai la France et je voyageai pendant trois ans.

» A mon retour, je fus nommé député. Je ne m'associai ni à l'opposition ni à la majorité. Je restai isolé pour rester libre, laissant à part toute question de dynastie et votant tantôt pour et tantôt contre les projets du gouvernement, selon qu'ils me paraissaient utiles ou nuisibles aux intérêts généraux et permanents du pays. Je m'abstins avec un scrupule sévère de tout rapport avec la cour, le roi, la dynastie. Je reçus des reproches de cette réserve. Ces reproches ne changèrent rien à mon attitude.

» Deux fois, dans des circonstances graves, le roi me fit appeler. Dans des entretiens très-longs, très-intimes et très-bienveillants, ce prince déploya cette rare puissance de parole, de discussion et de séduction, dont la nature et l'expérience l'ont doué, pour me déterminer à me rattacher à son gouvernement et à paraître à sa cour. Je fus ému, reconnaissant, mais inflexible. « J'aurais moins de force,
» lui dis-je, pour servir mon pays et même votre gouverne-
» ment, si je consentais à aliéner mon indépendance. Les
» convictions désintéressées sont quelquefois des appuis
» utiles pour un gouvernement ; les autres convictions pa-
» raissent des complaisances. Je ne suis point hostile, mais
» je veux rester indépendant. »

III

» La coalition parlementaire, véritable date de l'ébranlement de la monarchie, se forma. C'était la ligue confuse de tous les éléments les plus incompatibles et les plus dissolvants, de toutes les oppositions radicales et de tous les mécontentements personnels ralliés pour saper, dans une agression commune, la prérogative constitutionnelle du roi et le ministère de M. Molé. Je combattis presque seul, pendant deux ans, la coalition dont je pressentais nettement la portée qu'elle ne sentait pas elle-même. Je défendis gratuitement le ministère Molé sans m'engager avec lui, et blâmant même hautement à la tribune quelques-uns de ses actes. La constitution ne fut défendue par personne plus énergiquement que par moi. Le roi m'en fit faire des remercîments ; il m'appela pour me les adresser lui-même. Je montrai dans cet entretien la même sensibilité à sa bienveillance et la même inflexibilité à ses entraînements.

» Enfin la coalition triompha. Je la combattis victorieuse comme je l'avais combattue agressive. Je parlai avec force et obstination contre les fortifications de Paris, prélude de despotisme militaire. Le roi m'appela de nouveau pour me convaincre de la nécessité de cette œuvre de prédilection de sa pensée. Il me retint une matinée entière ; il me charma par les ressources de sa dialectique, il ne me convainquit pas.

IV

» Après le renversement du ministère de la coalition par moi et par les deux cent vingt et un députés constitutionnels, on me conjura d'accepter ma part dans les dépouilles, en prenant un ministère dans la nouvelle administration. Je refusai.

» M. Guizot revint de Londres. A son retour et après avoir pris possession de la direction des affaires, il me fit l'honneur de venir chez moi, à deux reprises, pour m'engager à faire acte d'adhésion au gouvernement, en accep-

tant une des grandes ambassades qu'il était autorisé à m'offrir de la part du roi. Je le remerciai et je lui dis : « Assurez le roi que mon intention est de soutenir le nou-
» veau ministère contre les assauts et les ressentiments de
» la coalition, si elle se reforme, parce que je crois cette
» ligue un principe de crise pour le pays ; mais je veux le
» faire de mon propre mouvement et dans la plénitude de
» ma liberté. Je ne serais plus libre, si je me laissais lier
» par une reconnaissance quelconque envers la couronne ;
» gardez ces ministères ou ces ambassades pour les hommes
» importants que vous aurez besoin de retenir ou de rallier
gouvernement par des liens de cette nature. Je n'ac-
» cepterai rien. »

» M. Guizot insista. Il me représenta avec raison que l'appui d'un homme politique n'était constaté aux yeux de l'opinion qu'autant que cet homme politique acceptait une solidarité officielle avec le gouvernement. Il ne négligea rien pour me convaincre ; enfin il ajouta : « Le roi m'auto-
» rise à vous dire que si ces ambassades, les plus hautes
» qu'il y ait à offrir à un diplomate, ne vous paraissent pas
» équivalentes à l'importance du rôle que vous venez de
» remplir ou même aux convenances personnelles de votre
» fortune, il est prêt à y ajouter, en dignités ou en appoin-
» tements de surérogation, tout ce qui pourra compléter à
» vos yeux ces situations. » Je répétai à M. Guizot ce que j'avais dit au roi, c'est-à-dire que je ne voulais me lier à aucun prix au gouvernement. Tout fut dit.

V

» Je continuai à soutenir, pendant quelques sessions, ls ministère contre la coalition qui se dissolvait. Puis le ministère me paraissant s'égarer et reprendre la voie des abîmes, je le combattis de mon point de vue de démocratie progressive, mais sans aucune affiliation avec l'opposition.

» Les choses en étaient là, quand les oppositions parlementaires, débris de la coalition, et les journaux coalisés ouvrirent, en 1847, la campagne de l'agitation du pays par les banquets. Non-seulement je ne m'y associai pas, mais, quoique adversaire de la politique antiréformiste, aveugle et incorrigible du gouvernement, je parlai et j'écrivis contre cette *mêlée* des oppositions qui, ne pouvant rien produire de concordant comme ministère, ne pouvait produire qu'une révolution. Je déclarai que cette agitation sans formule commune me paraissait confuse, téméraire, extrà-constitutionnelle. Je n'assistai à aucun banquet politique dans mon propre département. Je protestai contre ceux de Dijon, de Châlon, d'Autun. Je ne parus qu'au banquet personnel et littéraire qui me fut offert par mes concitoyens de Mâcon, à la condition que le maire de la ville et moi nous aurions seuls la parole. On peut lire mon discours au commencement du trente-huitième volume de mes *Œuvres complètes*; partout on y verra que j'y combats les tendances antiréformistes du gouvernement, mais en insistant sur la nécessité et sur la possibilité de ramener ce gouvernement au vrai de sa situation par l'action parlementaire, sans l'ébranler ni le renverser par une agitation désespérée.

» Revenu à Paris quelques jours avant le 24 février, je persiste dans la même ligne. Je demande seulement, avec M. Duvergier de Hauranne et les hommes qui voient s'amonceler l'orage, que le gouvernement vide le conflit en présentant une loi sur le droit de réunion, contesté alors aux députés eux-mêmes. Le gouvernement s'y refuse. Je me range alors du côté des députés et des pairs qui refusent de céder sans loi le droit de réunion à l'arbitraire des ministres. Nous sommes abandonnés par l'opposition elle-même. On renonce à tout acte de protestation. Tout semble fini.

» Cependant l'agitation s'accroît; l'opposition, la garde nationale et le peuple prennent pour mot d'ordre le cri de « Vive la réforme! » L'insurrection, vague et divergente, paraît apaisée par un changement de ministère, sous la pression d'un soulèvement, le 23 au soir. Étranger à tous les éléments dont l'insurrection se compose, et ne sachant les événements que par la rumeur publique, je me réjouis de l'apaisement de l'émotion populaire. L'événement du boulevard la réveille. Paris est couvert de troupes; la nuit fait trêve au combat; je crois, comme tout le monde, le gouvernement armé de forces surabondantes et maître de la situation.

» Le 24, à midi, on vient m'annoncer que la Chambre des députés est menacée d'être envahie; quoique malade, je m'y rends pour partager le sort ou le danger de mes collègues; les troupes s'ouvrent ou se replient; les chefs, sans ordres, hésitent à prendre sur eux la direction que nul ne leur donne; la garde nationale intervient entre le peuple et l'armée, le roi se retire avec sa famille; la Chambre est forcée; plus de royauté dans Paris, plus de gouvernement dehors, plus de ministres dedans, plus de constitution nulle part, plus de forces militaires pour couvrir la représentation nationale; le peuple en armes dans l'enceinte; la duchesse d'Orléans exclue de la régence par la loi imprévoyante de son beau-père, sans titre légal, par conséquent, pour revendiquer le gouvernement; le duc de Nemours, régent de droit, mais ne pouvant même faire valoir son titre, et se bornant à couvrir courageusement de sa personne sa belle-sœur et son neveu; le président de l'Assemblée mis en joue et expulsé de son siége par la violence; les députés se retirant dans l'impossibilité de délibérer constitutionnellement; deux des pouvoirs politiques anéantis; le troisième envahi et asservi; des orateurs, à la tribune ou sur leurs bancs, demandant d'urgence un gouvernement provisoire; moi, immobile, muet spectateur de cette scène de ruine, réfléchissant en moi-même sur le meilleur parti à prendre pour saisir cette anarchie et sauver des dernières catastrophes cet empire : voilà littéralement ma situation à deux heures après midi, le 24 février 1848. Je réfléchis; je suis appelé par mon nom à la tribune; je n'hésite plus, j'y monte, je me prononce d'instinct et d'urgence pour la création immédiate d'un gouvernement de nécessité, d'un gouvernement provisoire chargé d'étancher le sang, de contenir l'anarchie, de gouverner la crise, de prendre les mesures de salut public, de consulter la nation, de renvoyer la souveraineté abdiquée et perdue à sa source, la nation, et de préserver la société par la seule main assez forte pour le faire, par la main du peuple lui-même.

» Voilà mon rôle exact et complet avant et pendant les journées de février. Une fois la constitution renversée sous le trône d'un roi qui n'avait pas su la défendre, y avait-il en France un homme politique, un citoyen plus libre que moi de tout engagement, de tout lien, de toute dépendance d'esprit ou de cœur envers la dynastie d'Orléans? Je le demande à tout homme de bonne foi, je le demanderais au prince lui-même.

» J'avais passé quinze ans à réserver cette indépendance aux dépens de toutes mes ambitions, de toutes mes fortunes politiques. Je m'étais refusé obstinément aux avances du roi et de ses ministres; je n'avais voulu avoir aucun rapport avec les princes et avec la cour; je ne connaissais la duchesse d'Orléans que par la renommée, par l'intérêt qu'elle inspirait à tous et par l'attendrissement sur ses infortunes; convaincu le 24 février, à deux heures, que la proclamation tardive d'un gouvernement de femme et d'enfant serait la perpétuité d'une révolution irritée par ce faible obstacle et qui l'emporterait trois jours ou trois mois après dans des flots de sang, avais-je le droit de sacrifier une nation à un attendrissement? Avais-je une couronne à donner à tel héritier de branche illégitime contre tel autre? Avais-je l'obligation de reconstituer une dynastie de 1830 contre une dynastie de 1815 proscrite? Étais-je l'homme-lige d'une usurpation ou d'une légitimité? Non. Je ne devais de dynastie à personne; et je dirai plus, moi qui n'avais jamais désavoué mes respectueux souvenirs pour l'enfant proscrit en 1830, si j'avais eu une dynastie à donner, ce n'est pas à la branche illégitime que j'aurais restitué la propriété vacante d'un trône.

» Mais il est évident pour moi qu'il ne fallait restituer

tout qu'à la souveraineté imprescriptible de la nation. C'est ce qui fut fait, non par moi, mais par le cri du bon sens et du salut public.

» Quel droit l'écrivain auquel je m'adresse a-t-il donc de me contester une liberté de détermination qui ne relevait que de ma conscience et non de lui?

VI

» Maintenant suivons l'écrivain dans ses souvenirs sur la route du roi vers la côte d'Angleterre, et voyons de quelles persécutions comparables à celle de la *terreur* n° 1, selon ses expressions, la république s'est souillée envers sa famille et lui. Voyons s'il est vrai que la révolution, acharnée contre un prince fugitif et contre une famille innocente, se soit déshonorée envers la majesté, la vieillesse, l'enfance, le malheur, le sexe, par des sévices qui rappellent les profanations du sang royal à d'autres époques? Voyons si « les » dictateurs de février ont cherché à faire obstacle au dé- » part du duc de Nemours, des princes, des princesses, des » enfants, du roi lui-même? » Voyons s'ils ont donné « les » ordres les plus sévères pour empêcher l'évasion des fu- » gitifs? » Voyons si « Lamartine, entre autres, est coupable » de n'avoir pas donné avis au roi de la sauvegarde qu'il » avait demandée au gouvernement pour ce prince par un » message bien intentionné? » s'il n'a « rien fait pour pro- » curer au roi des moyens de fuite? » Voyons si « ces sen- » timents généreux restèrent enfermés dans le sein ou dans

» le pupitre de Lamartine, et s'il n'en a parlé depuis que
» pour la satisfaction de sa vanité personnelle? » (Page 8
» du récit.) Voyons enfin si « tous les actes de ce gouver-
» nement, cette circulaire envoyée aux ports, ces mandats
» d'arrêt lancés à Paris contre la duchesse d'Orléans et
» contre les ex-ministres ne tendaient pas à pousser la po-
» pulace aux violences et à faire courir au roi le danger
» presque certain d'un assassinat, » etc., etc.

» Quand on imprime de pareilles accusations pour l'Angleterre, à trente mois des événements et à quelques lieues
de Paris, il faut trop compter sur la crédulité de l'Angleterre et sur le silence de Paris. Mais la France ne doit pas
se laisser dénaturer à ce point dans sa révolution devant
l'Europe. Si l'écrivain est mal informé, il faut qu'il ap-
prenne; s'il est le calomniateur d'une nation, il faut qu'il
soit démenti. Il ne le sera pas par des assertions, mais par
des faits et des témoignages. Voici les faits et voici les
témoins.

VII

» Aussitôt que les quarante-huit premières heures de
l'explosion et de la confusion révolutionnaires, heures pendant lesquelles le gouvernement, englouti dans le foyer de
l'hôtel de ville, était sans communication avec l'extérieur
de Paris et uniquement absorbé dans ses efforts pour arrêter le sang, éteindre le feu, assurer les subsistances,
renouer les fils de l'administration, recréer un ordre in-

stantané, se faire reconnaître et obéir lui-même, furent passées, le gouvernement s'occupa du sort du roi fugitif et de sa famille. Il savait déjà par des confidences vagues que la duchesse d'Orléans, protégée par des députés courageux, par quelques officiers fidèles de sa maison, par quelques citoyens dévoués et par le général Courtais lui-même, nommé commandant de la garde nationale, avait trouvé un premier asile aux Invalides ; que cette princesse était partie de là nuitamment avec son fils sous la garde de M. de Montesquiou ; on supposait que c'était dans l'intention de rejoindre le roi ; on ne voulut pas s'en assurer d'une manière plus précise dans la crainte d'ébruiter la résidence temporaire de cette princesse, de contrarier les mesures que ses amis prenaient sans doute pour son *incognito* et pour son départ définitif ; on détourna les yeux et l'attention publique pour laisser s'accomplir sans inquiétude et sans obstacle le voyage d'une femme et de ses enfants qui n'inspiraient que respect et douleur à tout le monde.

» Quelques voix dans la foule qui entourait le gouvernement demandaient, sans intention de violence, qu'on s'emparât de la famille royale et qu'on la retînt en otage jusqu'au dénoûment de la révolution, par mesure de sûreté contre les entreprises du dehors. Le gouvernement fit taire énergiquement ces voix mal inspirées. Il déclara à plusieurs reprises devant des centaines de témoins qu'il ne voulait point d'une prudence d'État qui serait une cruauté envers des innocents et une humiliation pour un grand peuple. Non-seulement il ne fut point question à l'hôtel de ville de lancer des mandats d'arrêt contre les membres de cette famille, de les poursuivre sur les routes, de leur fermer les frontières et les ports ; mais, au contraire, le gouvernement se félicita unanimement de ce qu'aucune malveillance du peuple, aucune indiscrétion de zèle, ne remettaient entre les mains de la révolution des personnes royales ou des personnages ministériels, contre lesquels il n'avait ni le droit ni la volonté de sévir, et qu'il eût été peut-être embarrassé dans les premières heures de remettre en sûreté ou en liberté.

» Ce ne fut que huit ou dix jours après que je fus informé d'un mandat contre les ministres émané d'un magistrat de Paris, à mon insu et à l'insu, je crois, de tous les membres du gouvernement. Je me hâtai d'appeler ce magistrat pour l'interroger sur ce mandat et pour lui recommander de le retirer sans bruit et de ne donner aucune suite à cette mesure, contraire à nos vues. Ce magistrat m'expliqua la cause de cet acte, formalité judiciaire émanée de la Cour de justice, formalité sans opportunité et sans valeur. Il pensait comme moi, et il me donna l'assurance qu'il allait étouffer dans le silence et dans l'inexécution un excès de zèle, une mauvaise habitude de parquet sans fondement et sans politique.

» Jamais, à ma connaissance, il ne fut question de mandat d'arrêt contre la duchesse d'Orléans, j'en entends parler pour la première fois dans le récit de l'écrivain de Londres ; une pareille idée eût soulevé tous les esprits et tous les cœurs comme le mien ; jamais aucun ordre de fermer les routes, les frontières, les ports, aux personnes qui se retiraient de France, ne fut donné par le gouvernement. Par quelle inconséquence le gouvernement qui abolissait les échafauds aurait-il pourchassé des victimes ? et quelles victimes ?...

» Il y a à Paris cent témoins et à l'Assemblée nationale plusieurs amis dévoués de la duchesse d'Orléans; ils peuvent dire s'ils n'ont pas été appelés par moi au plus fort de la crise, non pour leur arracher le secret des asiles qu'ils avaient donnés, mais pour leur offrir les moyens d'assurer, de concert avec eux, la sortie de France des princes, des princesses et des enfants, objet de leur respectueux dévouement. Voilà la vérité sur cette partie de l'accusation.

VIII

» En ce qui touche le roi, la reine et les personnes de la famille d'Orléans qui s'étaient retirées de Paris le 24 février au matin par la route de Saint-Cloud, le gouvernement, enfermé à l'hôtel de ville et dans Paris, était sans nouvelles. Les communications n'étaient point rétablies, l'administration, révolutionnée partout, n'était recréée encore nulle part. Les rumeurs les plus diverses arrivaient à l'hôtel de ville ; les uns disaient que le roi s'était retiré dans le Nord, les autres dans la Normandie ou dans l'Ouest, qu'il avait replié les troupes et se disposait à marcher sur Paris ; les autres affirmaient qu'il s'était embarqué au Havre ou à Boulogne, et qu'il était déjà à Londres. La plus complète incertitude régnait les premiers jours sur ses intentions, sur son sort et sur sa direction. On ne tarda pas à apprendre qu'il avait pris la route du château de Dreux et qu'il y attendait vraisemblablement les résolutions du gouvernement. Quelques heures après, on apprit confusément qu'il était reparti de ce dernier asile et qu'il cherchait sous un déguisement à se rapprocher de la côte, dans l'intention sans doute de se réfugier en Angleterre.

» Le gouvernement, dans la première séance régulière et *intérieure* qu'il eût pu avoir jusque-là au milieu des tumultueuses affluences à l'hôtel de ville, se posa alors pour la première fois la question de la conduite qu'il avait à tenir à l'égard du roi détrôné. Il n'y eut qu'une voix comme il n'y avait qu'une convenance et qu'un sentiment : éviter à la révolution une occasion, un prétexte, un danger de se flétrir à ses propres yeux et aux yeux de l'histoire par une apparence de rigueur, de persécution, d'irrespectuosité même envers le prince qui avait gouverné la France, envers sa famille innocente, envers l'infortune. Laisser fuir le roi, prêter même secours et dignité à sa retraite du sol français, garantir sa personne de toute violence, de toute insulte, ses biens personnels de toute confiscation, le faire escorter et embarquer, s'il venait à être découvert, avec la vigilance d'un gouvernement humain, avec la décence d'un peuple qui se respecte dans l'homme qui fut son chef : telles furent les résolutions, telles les paroles unanimes ; plus de cinquante témoins de cette séance les entendirent et sont là pour les attester.

» L'exécution voulait des prudences et des ménagements extrêmes avec l'émotion du peuple partout debout, partout armé, et dont l'irréflexion, au premier moment, pouvait confondre les égards avec la trahison. Rien ne fut écrit. Je me chargeai seul et personnellement de toutes les mesures, confidentielles de leur nature, qui devaient assurer l'accomplissement des vues d'humanité du gouvernement et la préservation de la sûreté du roi et de l'honneur de la nation.

« J'ai une grande popularité en ce moment, dis-je à mes
» collègues, je prends sur moi de la compromettre et de la
» perdre au besoin avec bonheur pour éviter un grand péril
» et une grande honte à la révolution, si elle venait à man-
» quer à ce qu'elle se doit à elle-même en manquant aux
» sûretés et aux égards qu'elle doit au roi détrôné. Je
» prends la responsabilité, s'il y en a, tout entière. Je ne
» crains pas d'encourir les soupçons et la colère de ce
» peuple, pour lui épargner plus tard un regret et un em-
» barras. Je vais chercher les traces du roi là où elles
» doivent être connues. Je vais choisir des personnes sûres
» et dévouées pour les envoyer sur son passage, pour res-
» pecter son incognito s'il n'est pas révélé, et pour se mon-
» trer en cas de nécessité avec un caractère officiel, s'il est
» besoin de protéger les fugitifs contre une émotion du
» peuple. Ce n'est pas assez : dans leur fuite soudaine, le
» roi et sa famille sont partis, dit-on, dépourvus d'argent ;
» il ne faut pas qu'une famille qui fut royale en France
» arrive à l'étranger dans le dénûment d'une hospitalité
» mendiée. Nous lui ferons passer dans quelques jours sa
» fortune ; mais, en attendant, il faut des fonds suffisants
» pour assurer le départ, l'arrivée et l'existence du roi
» dans le séjour qu'il aura choisi. Donnez ordre verbal,
» ici, au ministre des finances, d'ordonnancer une somme
» de trois cent mille francs qu'il tiendra à ma disposition
» pour cet usage, afin qu'il n'y ait pas une heure de retard
» entre le moment où je découvrirai l'asile du roi et le mo-
» ment où je ferai partir mes commissaires confidentiels sur
» ses traces. »

» Cela fut fait. M. Goudchaux est là pour attester l'existence de cet ordre. Je quittai un moment l'hôtel de ville dans la soirée; je rentrai chez moi; je fis appeler deux hommes fermes, courageux, libéraux et respectueux à la fois pour le trône, portant l'un et l'autre un nom agréable au peuple et non suspect à la liberté, M. Oscar de La Fayette et M. Ferdinand de Lasteyrie. Je leur communiquai la mission de vrai patriotisme et d'humanité dont je les chargeais; ils l'acceptèrent. Je leur adjoignis deux hommes de mon intimité personnelle, d'opinions indépendantes et de sentiments très-élevés, dont j'étais sûr comme de moi-même, M. de Champeaux, ancien officier de la garde royale, et M. Dargaud, attaché par moi au cabinet des affaires étrangères; je leur donnai l'ordre de se tenir jour et nuit à ma disposition, afin de partir à la minute pour le lieu que je leur indiquerais suivant l'itinéraire du roi, quand je serais parvenu à le connaître; je rédigeai et signai leurs instructions; je fis charger ma voiture de voyage, et je la tins, avec la somme nécessaire (trois cent mille francs), à la disposition de ces commissaires. Cela fait et la nuit venue, je sortis, et je me rendis, accompagné de M. de Champeaux, chez M. de Montalivet, ministre de la maison du roi et ami de ce prince. Je savais que le roi avait écrit de Versailles et de Dreux à M. de Montalivet pour quelques dispositions personnelles. Je ne doutais pas que ce ministre n'eût des confidences plus explicites des intentions du roi et qu'il ne connût sa retraite. Je lui fis part des dispositions du gouvernement provisoire et des miennes; je lui communiquai les mesures que je venais de prendre pour faire suivre et protéger, au besoin, contre tout obstacle et contre toute insulte, la famille royale; je le

conjurai de s'ouvrir avec une pleine confiance à moi et de me révéler la retraite de Louis-Philippe. « Vous voyez, lui
» dis-je, que je ne crains pas de me compromettre pour
» cette œuvre de salut pour le roi et de dignité pour la
» France, puisque je viens moi-même, seul et nuitamment,
» m'exposer aux soupçons du peuple en recherchant un
» entretien avec le ministre confident du prince contre
» lequel ce peuple est animé en ce moment. Cette démarche
» hardie, dans une telle circonstance, doit vous être un
» gage de ma sincérité. »

IX

» M. de Montalivet, qui avait montré tant de courage et tant de zèle d'humanité lui-même en 1830, pour épargner un remords à son pays, à l'époque du procès des ministres, parut vivement touché de mon procédé ; il m'assura qu'il était jusque-là dans la même ignorance que moi sur la route ultérieure du roi et sur le lieu où il se dérobait aux regards ; il me promit de m'informer aussitôt que des renseignements précis l'auraient instruit lui-même de la retraite du roi, ne mettant à cela d'autres réserves que celles qui lui seraient commandées par la discrétion obligatoire dans le cas où les ordres du roi lui interdiraient de rien révéler.

» Ceci se passait le troisième jour après la révolution accomplie à Paris.

» Je rentrai chez moi en attendant d'heure en heure un

avis de M. de Montalivet. Je m'abstins avec grand soin pendant cet intervalle de faire faire aucune recherche personnelle dans les lieux où je présumais que la famille royale pouvait s'être cachée, craignant avec raison que cette recherche du gouvernement, bien qu'elle n'eût pour objet que le salut de cette famille, ne révélât trop sa retraite et ne donnât lieu à des émotions et à des pressions populaires que nous voulions au contraire éviter à tout prix aux fugitifs.

» Le sixième jour, ne voyant arriver aucune information de M. de Montalivet, et madame de Montalivet étant venue elle-même me communiquer ses anxiétés d'esprit sur ce qui pouvait arriver au roi dans sa fuite : « Le roi, lui dis-je,
» s'expose en ne faisant pas révéler à monsieur de Montali-
» vet et à moi sa retraite. Il serait dangereux ou pénible
» que cette retraite fût découverte par des hasards malheu-
» reux ou des fureteurs officieux ; le pays peut s'alarmer
» pour sa sûreté nationale d'une résidence plus prolongée
» sur son territoire, on peut y soupçonner des intentions
» d'agression contre la révolution. Au nom du prince que
» vous aimez et du pays, dont je sais que monsieur de Mon-
» talivet est un citoyen irréprochable, mettez-moi sur la
» voie et laissez-moi faire partir les hommes sûrs et pru-
» dents qui sont chargés de pourvoir honorablement à
» tout. »

» Madame de Montalivet m'affirma encore que son mari n'avait pu rien apprendre de positif sur la demeure du roi. Je pensai que ce prince craignait peut-être de devoir quelque chose au gouvernement révolutionnaire ; qu'il préférait sans doute devoir tout à la discrétion de ses amis et à la Providence. Je compris ces raisons ; je crus entrevoir que

M. de Montalivet lui-même avait ordre de ne rien révéler à ceux que le roi regardait sans doute comme ses ennemis. Je respectai ces susceptibilités de la dignité et du malheur; je n'insistai pas et je prévins toute recherche ultérieure.

» Deux jours après, je fus informé des circonstances plus précises de l'évasion du roi. Peu m'importait comment la famille royale était en sûreté, pourvu qu'elle n'eût eu à subir ni poursuite, ni insulte, ni captivité par le fait de la France. Je fis remettre les trois cent mille francs au Trésor, décharger ma voiture, et je remerciai les commissaires du dévouement qu'ils avaient accepté inutilement, mais honorablement.

» Tels sont les détails authentiques de ma conduite personnelle et de celle du gouvernement provisoire, relativement au départ du roi. On voit que les témoins ne manquent pas pour me démentir, si l'écrivain veut en consulter; on voit, de plus, que ces témoins sont tous ici; on voit de plus, encore, qu'ils ne sont pas choisis parmi les ennemis du roi ni bien loin de sa personne; on voit, pour répondre catégoriquement à l'écrivain, que M. de Lamartine ne garda, ni dans son sein ni dans son cabinet, les bonnes intentions du gouvernement et les siennes propres, quant à la liberté, à la sûreté, à la dignité de la sortie du roi du territoire; on voit enfin que, si les mesures prises à cet égard (mesures qui ne pouvaient être ébruitées sans causer une émotion au moins pénible autour de la famille royale) n'eurent pas l'effet que le gouvernement et M. de Lamartine en attendaient, ce n'est pas à M. de Lamartine ni au gouvernement qu'il faut s'en prendre, mais à la susceptibilité très-digne et très-naturelle du roi lui-même, et à la discrétion, peut-être excessive, mais obligatoire, de son ministre et de son ami.

» Du moment où le roi refusait de laisser connaître son asile pour y recevoir les saufs-conduits, les sûretés et les respects même qu'une nation sans colère, un gouvernement sans haine, un ministre attentif et des commissaires bienveillants lui offraient, qu'avaient à faire le gouvernement et M. de Lamartine? A fermer les yeux et à éviter, autant qu'il dépendait d'eux, qu'une indiscrétion ou une surprise ne compromissent malgré eux l'*incognito* d'une évasion qui ne devait être qu'un départ.

» A qui l'écrivain d'outre-mer persuadera-t-il, après ce qu'on vient de lire, que si le gouvernement, à demi informé et pouvant l'être davantage, avait voulu fermer les routes, murer les côtes, surveiller les embarcations, émouvoir ses agents et les populations autour de la retraite probable du roi, il n'eût pas pu, en huit jours, apporter obstacle au départ de la famille royale? Mais, indépendamment de tout sentiment de respect de soi-même et du malheur, du rang, de l'âge et du sexe des fugitifs, et en supposant un gouvernement de sbires et d'inquisiteurs au pouvoir, pourquoi M. de Lamartine et le gouvernement humain et de sang-froid du 24 février l'auraient-ils fait? Que pouvait-il en revenir d'utile ou de glorieux à la patrie ou à la république? Le gouvernement voulait-il rouvrir la prison du Temple, ou reposer devant une nation généreuse et pure l'horrible question d'un 21 janvier? Ah! si cela fait honte à penser à ceux qui le réfutent, cela devrait faire horreur à supposer à celui qui l'écrit. L'écrivain d'outre-mer se reporte à des années et à des actes dont nous sommes séparés par des abîmes de temps, de sang et de larmes. Il ne connaît pas la France, il n'est pas de son époque. Le fantôme de 1793 lui est apparu! Qu'il le chasse et qu'il se rappelle qu'il parle de 1848! S'il y a eu des faiblesses et des égarements à cette dernière date, ce ne furent du moins que des faiblesses de cœur et des égarements d'humanité!

X

» Et si cette conduite de Lamartine et du gouvernement fut telle quant aux personnes de la famille royale, couvertes, par le gouvernement, de réserve, de discrétion, de facilités de retraite et de silence, elle fut telle aussi quant aux biens.

» Aussitôt que l'autorité, perdue dans le sang, eut été ramassée, reconquise et reconstituée d'urgence et de nécessité dans le tumulte de l'hôtel de ville et dans la fumée des coups de feu, le gouvernement, aidé par l'immensité des bons citoyens, envoya arrêter le sac de Neuilly ravagé par des bandes qui ne sont que l'écume des révolutions, et préserver les Tuileries et les maisons royales des désordres qui menaçaient les propriétés nationales et les propriétés personnelles des membres de la famille royale. On vint plusieurs fois du dehors poser devant le gouvernement la question de la confiscation politique des deux ou trois cent millions de biens possédés par une maison royale, adversaire née de la république, et pouvant, par des masses de fortunes si disproportionnées aux fortunes des simples citoyens, donner des inquiétudes à la liberté et acheter au besoin le pouvoir suprême, en corrompant l'élection ou en soldant l'opinion. Le gouvernement s'y refusa avec un impassible respect du droit commun.

« Résolus à préserver pour tous le droit sacré et fonda-
» mental de propriété héréditaire, nous ne voulons pas,
» dirent ses membres, décapiter la propriété pesonnelle
» même dans la personne des prétendants momentané-
» ment écartés, non proscrits. Un principe meurt par une
» seule exception, quelles que soient les raisons spécieuses
» qui la motivent. Nous voulons que le principe de pro-
» priété vive et survive, dans l'intérêt des familles, à tous
» les changements de forme dans les gouvernements. La
» démocratie n'est que la propriété mieux assurée et plus
» accessible à tous. Une confiscation serait un contre-sens
» à la démocratie. Nous préviendrons pendant quelque
» temps, par une prudente tutelle, l'usage de guerre
» civile qui pourrait être fait de ces revenus et de ces
» capitaux accumulés dans des mains hostiles, mais nous
» n'y toucherons pas et nous les restituerons comme un
» dépôt au roi et à sa famille, aussitôt que la crise sera
» traversée et la nation reconstituée dans sa souverai-
» neté. »

» Cela fut dit textuellement et cela fut fait. Nous nommâmes deux hommes irréprochables et que le roi lui-même aurait acceptés, d'abord M. Lherbette, puis, sur son refus, M. Vavin, administrateur des biens royaux. Ces noms étaient une garantie d'incorruptibilité pour la nation, de bienveillante impartialité pour le roi. Nous lui fîmes donner l'assurance souvent répétée, ainsi qu'à ses enfants, qu'aussitôt après la réunion de l'Assemblée constituante, ses revenus et ses biens lui seraient remis intégralement.

XI

» Si l'écrivain d'outre-mer veut s'obstiner maintenant à douter de ces actes et de ces paroles, nous lui nommerons les généraux, les aides de camp du roi, les chargés d'affaires de France à Londres, les personnages de son intimité la plus immédiate venus plusieurs fois à Paris, pendant les mois de mars et d'avril et chargés d'exprimer à Lamartine la justice que le prince exilé lui-même rendait alors aux égards et aux sentiments de ses prétendus *persécuteurs*.

» Aujourd'hui il est de bon goût, à Londres comme à Paris, d'invectiver un homme inutile et d'accuser une *terreur* de fantaisie qui n'a ni confisqué un centime, ni emprisonné un citoyen, en six mois de toute-puissance. Mais il y a un lendemain de vérité, même à ces lendemains de l'oubli. Les heures emportent les pensées des hommes, elles n'emportent ni les faits ni les témoins. Ce sont des témoins et des faits que nous opposons aux oublis de l'écrivain d'outre-mer. Le cabinet de l'hôtel des affaires étrangères a entendu à ce sujet des paroles qui ne me permettront jamais de croire à la sûreté de la mémoire de M. Croker. On ne remercie pas par tant d'organes ceux qu'on se réserve de flétrir devant l'avenir.

XII

» Je n'irai pas plus loin dans l'examen de cet écrit. Je craindrais que la plus involontaire récrimination contre l'écrivain d'outre-mer ne fît rejaillir une peine de plus sur l'exil. Ce n'est pas pour demander grâce aux retours éventuels de fortune que je retiens ma rectification dans les limites d'une simple discussion des faits; c'est pour faire le sacrifice de mon émotion même au malheur et à l'ostracisme, les deux puissances que je vénère le plus parce qu'elles sont des puissances désarmées, des toutes-puissances sur le cœur.

» Et quelle grâce aurais-je à demander à la dynastie de juillet, si jamais pour son malheur elle revenait affronter et provoquer de pires révolutions sur le trône de 1830? Ce n'est pas moi qui lui ai offert ce trône ou qui l'ai engagé à y monter à la place d'un pauvre exilé! Ce n'est pas moi qui ai mendié ou même accepté une seule de ses faveurs! Ce n'est pas moi qui ai fait la coalition parlementaire contre cette dynastie que je ne préférais pas, mais que j'acceptais. Ce n'est pas moi qui ai précipité le roi du trône en 1848. Je ne me suis jeté dans l'événement qu'après que le trône était brûlé aux Tuileries et que la royauté de 1830, entourée la veille de cinq cent mille soldats fidèles et d'un gouvernement en apparence invincible, s'exilait d'elle-même au bruit du canon de Paris. Ce n'est pas moi qui l'ai poursuivie dans sa retraite ou insultée dans son exil!

» Mais c'est moi qui ai dit à la nation, après la révolution accomplie : « Sauvez-vous vous-même sous le grand
» droit de nation et sous la grande souveraineté de tous!
» mais sauvez-vous sans crime, sans spoliation, sans
» offense même à la pitié. Soyez république provisoire
» trois mois pour vous reconnaître et vous consulter, soyez
» ensuite ce que Dieu vous inspirera et ce que la volonté
» nationale proclamera de meilleur pour vous; et, en
» attendant, soyez irréprochable envers les vaincus, et
» montrez au monde une république innocente que tout le
» monde aura le droit de haïr, mais que personne n'aura
» le droit d'incriminer! Vous aurez fait faire ainsi un pas
» d'un siècle à la démocratie. »

» C'est là mon crime, sans doute, aux yeux de l'écrivain d'outre-mer ; il aimerait bien mieux que la république naissante se fût souillée, sous notre inspiration, par des sévices, des outrages au malheur, des persécutions, des barbaries, et, ne pouvant trouver ces actes sauvages en nous, il les invente. Notre grand crime, je vais le lui dire : c'est d'avoir préservé la révolution de tout crime! Mais, malgré le plaisir qu'il se promet de me voir demander grâce un jour à la dynastie de 1830, je lui promets, moi, de ne demander grâce de ce crime-là ni à lui, ni à la dynastie de 1830, ni à la république, ni à l'histoire! Il faut qu'il en prenne son parti, je vivrai et je mourrai dans l'impénitence finale, et je ne cesserai de répéter à la république : « Votre force est dans votre innocence. Restez
» irréprochable, et vous serez impérissable! » Quelle est la monarchie récente qui puisse en dire autant?

» Quoi qu'il en soit de cet acte si tardif d'accusation, nous persistons à croire qu'il n'émane pas de la source si haute à laquelle on le fait remonter. Si les révolutions, et surtout les révolutions involontaires, inattendues, sans préméditation et sans colère, comme celle de 1848, sont tenues d'être magnanimes, respectueuses et même consolatrices envers les royautés victimes de leurs propres fautes et envers les familles royales, victimes plus innocentes encore des fautes de ces royautés, les princes précipités ou descendus d'eux-mêmes du trône et relégués temporairement, sans aucune autre injure que celle de la destinée, dans un honorable et splendide exil, sont tenus, de leur côté, à la justice de leurs griefs et à la décence de leur malheur. La république de 1848 n'a pas manqué à son devoir, le prince ne manquera pas à sa situation. L'histoire les regarde l'un et l'autre ; ils se souviendront, pour leur dignité mutuelle, qu'ils sont en face du temps. »

XIII

Après un article raisonné sur la paix publique, je partis, en juin 1850, pour Constantinople. Voici ce que je trouve dans un journal de Marseille sur ce départ. A cinq heures du matin, quatre-vingt mille personnes rassemblées sous mes fenêtres m'attendaient en silence pour m'accompagner jusqu'à la mer. Il est évident qu'un homme accueilli ainsi par la troisième ville de la république n'était pas déchu de toute popularité honnête.

« Pendant que certains journaux de Paris dépeignent M. de Lamartine comme l'objet de l'indifférence ou de la répulsion générale et obligé de fuir sa propre impopularité, nous venons d'être témoin de tout autre chose. Il a passé dans notre ville la journée du 20 juin. Aussitôt que le public a été informé de son arrivée, il n'a cessé de recevoir des visites des nombreux amis de toute classe et de toute opinion qu'il compte à Marseille plus que partout ailleurs.

» Quand on a su qu'il devait s'embarquer dans la soirée, une masse considérable d'hommes de tous rangs s'est rassemblée spontanément dans la Cannebière, sous les fenêtres de l'*Hôtel des Empereurs*; il a été obligé, pour se rendre au port, de fendre avec peine cette foule compacte de curieux et d'amis ; il a reçu, pendant tout le trajet, des marques du plus touchant intérêt. Il était accompagné de madame de Lamartine, de M. de Chamborand et de M. de Champeaux, ses deux compagnons de voyage.

» Ce n'est pas sans efforts que les voyageurs ont pu se faire jour à travers les flots du peuple et se jeter dans le canot de l'*Oronte*. Le quai était bordé de cette foule agitée de sentiments affectueux. Pas un cri ne s'est fait entendre. Un instinct remarquable semblait indiquer à cette foule qu'il ne fallait mêler aucune manifestation politique à ce regret de voir s'éloigner un homme qui a rendu de si grands services méconnus à son pays. Les gestes et les visages disaient seuls combien de vœux et de sympathies suivaient le voyageur et le rappelaient dans la patrie. »

XIV

Qu'allais-je faire en Orient ? Y chercher un asile que j'y avais rêvé depuis 1832, où j'avais commencé à y demander au sultan une concession non gratuite de territoire à Rhodes. Les temps pressaient, mes dettes me submergeaient, il fallait prévoir les nécessités extrêmes et les envisager.

Je fus accueilli à merveille par Abdul-Aga, fils du sultan Mahmoud, par Reschid-Pacha, que j'avais très-bien reçu moi-même à Paris ; par Ali, aujourd'hui ministre, et par Fuad-Pacha, maintenant grand vizir. J'y obtins la concession de Burghaz-Owa, située auprès du Taurus, de vingt mille hectares d'une extrême fertilité. J'y établis un agent en mon nom, j'y commençai des réparations et une administration très-coûteuses, et je repartis pour venir chercher à Londres les associés capitalistes nécessaires à une si vaste et si certaine exploitation. Le temps était contre moi. Je n'y trouvai rien que des dépenses.

Quelques années après, une société anglaise se proposa pour entreprendre cette exploitation ; mais la guerre d'Orient allait s'ouvrir ; le Grand Seigneur comprit que l'immixtion de travailleurs européens au milieu de neuf villages turcs existant déjà dans la vallée donnerait lieu pour son gouvernement à des difficultés avec les consuls, et me pria de le prendre pour mon exploitateur unique. La reconnaissance me défendait de résister ; il me donna la promesse d'une rente viagère de quatre-vingt mille piastres en compensation. J'y consentis. J'indemnisai moi-même mon agent français et sa famille en les rappelant de ma concession en France, et je payai les réparations faites.

Voilà où j'en suis aujourd'hui ; mais j'ai conservé la respectueuse reconnaissance que je dois au Grand Seigneur, le plus excellent homme de l'empire.

Rentré à Paris, je repris la plume pour continuer le *Conseiller du Peuple*.

LIVRE TRENTE-DEUXIÈME

I

Le prince vint prononcer son Message à la France. Voici comment je le jugeai :

« L'événement du mois, et nous pouvons dire de l'année, c'est le message du président de la république à l'Assemblée législative. Qu'est-ce que le message du président? C'est la communication directe, personnelle et publique des pensées du chef du pouvoir exécutif à la nation ; c'est le programme de sa politique future, c'est le compte rendu de sa politique passée. A ce double titre, le message du président était attendu cette année avec un double intérêt, nous pourrions dire avec une double anxiété par le pays. La France était impatiente de se contempler elle-même d'un regard d'ensemble, d'un coup d'œil d'en haut, et de savoir si elle était réellement en progrès ou en décadence d'ordre, d'administration, de finances, de commerce, d'industrie, de travail, de revenu public. La France était avide surtout de connaître dans quelles voies tortueuses ou droites, aboutissant à des abîmes ou aboutissant à son salut, son pouvoir exécutif prétendait l'égarer ou la diriger. Les circonstances ajoutaient à cet intérêt.

» Depuis deux mois on agitait la France, non plus par en bas, mais par en haut ; non plus par des clubs démagogiques dans la rue, mais par des réunions dynastiques à l'extérieur et par des manœuvres énigmatiques à l'intérieur. Ces manœuvres énigmatiques avaient-elles le pouvoir exécutif pour complice ou étaient-elles ourdies contre lui ? Était-ce des piéges qu'il tendait à la république ou des trappes qu'on lui creusait à lui-même ? Était-il joueur, était-il joué ? Il fallait le savoir.

II

» Une commission de permanence chargée de représenter l'Assemblée législative pendant l'absence des représentants, et composée trop exclusivement des hommes de valeur et de confiance des deux fractions de la majorité, s'agitait, disait-on, elle-même, et agitait le pays de ses propres agitations. Elle tenait séance sur séance ; elle en laissait transpirer les délibérations ; elle avait des retentissements alarmants dans le journalisme ; elle avait des communications ombrageuses avec le gouvernement ; elle était souvent sur le qui-vive sans repos, elle semblait prête à appeler à toute heure la représentation nationale menacée à son secours, comme si une conspiration flagrante eût été ourdie pour lui prendre sa place. Peu s'en fallait qu'on ne lui conseillât de coucher dans la salle, comme Pichegru, président des inspecteurs de la salle, et Ramel, général des troupes de la Convention, couchaient aux Tuileries les jours qui précédèrent le 18 fructidor, pour protéger les conseils.

» Cette commission de permanence, par les noms dont elle était composée, était de nature à honorer l'Assemblée ; mais elle n'était pas de nature à rassurer complétement la république. Elle avait été formée par deux ou trois coups de majorité qui y avaient jeté en nombre prédominant des hommes connus par des antécédents très-dynastiques, qu'ils ne désavouaient pas et que personne n'a droit de leur demander de désavouer. Sous une république bien comprise, les opinions sont libres et les sentiments sont inviolables dans le passé comme dans la conscience. Quelques-uns de ces hommes ont dû leur notoriété et leur fortune politique au gouvernement de 1830 et de la dynastie d'Orléans, quelques autres au gouvernement de 1814 et de la dynastie légitime, quelques autres enfin remontent plus haut et datent leurs opinions de 1810 et de la dynastie impériale. Voilà les éléments, disait le pays républicain, dont se compose, en majorité, la commission de permanence chargée du salut de la république; est-ce rassurant ?...

» Nous répondrons oui ! Quels que soient les sentiments personnels de ces hommes, ils sauveraient la république si elle était menacée ; parce que la république est la barrière qui empêche leurs ennemis de ravir le trône que chacun d'eux, dans le secret de ses pensées, réserve peut-être un jour aux espérances de son propre parti. Ils la sauveront encore par un autre motif plus désintéressé : c'est que si la république leur paraît patriotiquement nécessaire au salut de la France, ils mettront de côté leurs sentiments pour ne penser qu'à ce qu'ils doivent à leur pays. Les opinions diverses n'excluent pas le patriotisme commun.

» Eh bien, voulez-vous que nous vous disions la vérité maintenant? Ces hommes ont très-bien gardé la république! ces hommes ou les journaux qui passent pour leurs organes se sont montrés peut-être trop inquiets, trop ombrageux; trop tremblants, trop jaloux du salut des institutions dans ces derniers jours qui ont précédé la réunion de l'Assemblée ; ils ont eu de l'ardeur ! ils ont fait du zèle ! ils ont dépassé dans leur imagination la limite des inquiétudes, ils ont rappelé le général Ramel et les inspecteurs de la salle à la veille du 18 fructidor.

» Or, il n'y avait pas de 18 fructidor derrière le rideau ! L'attitude ne correspondait pas à l'événement. De là un immense nuage d'imagination un moment suspendu sur le pays accouchant de quoi? du message pacifique, constitutionnel et républicain du président.

» Oh ! que c'est une souveraine habileté que l'honnêteté ! Le président a été honnête homme, et tous les fantômes se sont dissipés autour de la république et autour de lui ! Belle leçon de haute morale et de haute politique pour l'avenir de son gouvernement !

III

» Les journaux prétendus interprètes de la commission de permanence et des hommes dynastiques sauveurs de la république disaient : « Si nous n'avions pas tel ou tel chef à
» nous à la tête de telle ou telle force défensive dans Paris ;
» si nous n'avions pas tel ou tel commissaire de police à la
» tête de telle ou telle escouade d'agents dévoués à la majo-
» rité, nous courrions les plus grands dangers ;' ces
» hommes-là nous couvrent de surveillance et de baïon-
» nettes ; ils sont le rempart qui garantit l'Assemblée
» contre les audaces et les conspirations borgnes des rê-
» veurs d'empire ; ils intimident par leur attitude les entre-
» prises contre la représentation nationale ; ils sont notre
» salut à nous, notre ministère, notre police, notre gou-
» vernement. Si on en déplace une main, un œil, une baïon-
» nette, la majorité est désarmée et la république est à la
» merci d'un coup de tête. »

» Et le public tremblant, toujours porté à s'exagérer l'importance des hommes et ne sentant pas assez la force des choses, se pressait autour de ces garants vigilants de la république. Son imagination échauffée inventait, coloriait ou grossissait les plus ridicules puérilités de hasard ou de police, pour en faire des conjurations contre la vie d'hommes éminents de la majorité ! On tirait, disait-on, au sort dans un chapeau la mort du président de l'Assemblée et du général commandant l'armée de Paris ! Tuer deux

hommes de la monarchie pour confondre la république ! ! !
Quelle perspicacité dans ces conjurés ! quelle logique dans
le crime ! quel sérieux dans l'absurde ! Un coup de poignard délibéré à la majorité relative ! ! un forfait en séance
publique !... un assassinat en commandite ! ! ! Nous avons
été assassinés une cinquantaine de fois comme cela, nous,
pendant trois mois, dans des conciliabules, dans des estaminets ou dans des clubs occultes ! On a demandé nos
têtes, on a brandi les poignards, on nous a désigné les
exécuteurs : nous n'avions ni soixante mille hommes à nos
portes, ni gendarmerie, ni police à nos ordres, et nous
n'avons rien cru ! Un charbonnier trop ému, se parlant
tout haut à lui-même, et rencontré dans la rue par un
écouteur, était le garant de tous ces forfaits ? N'y avait-il pas de quoi frémir de la tête aux pieds pour cette
pauvre république tuée par procuration dans la personne
de deux hommes les plus innocents de tout républicanisme
exagéré ?

» Voilà pourtant où on en était la veille de la réunion de
l'Assemblée ; et à quels orages n'avait-on pas droit de s'attendre ? N'allait-on pas voir les assassins et les assassinés
aux prises devant l'opinion ? N'allait-on pas à la tribune
entendre les révélations des plus odieux mystères ? N'allait-on pas voir éclater ces prétendues rivalités de situation
entre le pouvoir exécutif désarmé et le pouvoir parlementaire et législatif armé ? Ces deux pouvoirs, se suspectant,
se menaçant, se trahissant l'un l'autre, n'allaient-ils pas
déchirer l'armée en deux en se la disputant, l'un pour frapper la république, l'autre pour couvrir les entreprises républicaines au nom de la majorité ?

» La France était attentive.

IV

» Rien de tout cela n'avait de fondement sérieux.

» Le drame si bien noué n'a eu besoin pour tout dénoûment que d'une heure de bon esprit pour écrire le message et d'une heure de bon sens pour l'écouter.

» Entre les fantasmagories et l'imagination populaires, toutes les illusions des rôles à contre-sens, toutes les chimères de fausses grandeurs, toutes les transes de fausses appréhensions, toutes les toiles d'araignée de petites trames de salon, d'antichambre, de caserne ou de cabaret, se sont évanouies devant le rôle vrai : celui d'un président de république chargé de maintenir une constitution sacrée et qui, se contentant de faire honnêtement et simplement son devoir, redevient à l'instant la personnification dominante du gouvernement, précisément parce qu'il disparaît comme homme et ne montre en lui que le pays, la république et la constitution.

» Jamais coup de théâtre n'éclaira plus vite et à moins de frais la scène. Les intrigues rentraient dans l'ombre, la république avait reparu. Voilà l'effet du message.

V

» Nous n'approuvons pas tout de ce message, cela va sans dire ; nous n'avons pas changé d'opinion sur les deux ou trois points dans lesquels nous avons combattu avec modération gouvernement et majorité.

» A l'extérieur, l'expédition de Rome nous paraît toujours, malgré le message qui la glorifie, un contre-sens et une impasse. Une médiation armée en Piémont, en 1848, était le seul rôle à la fois pacifique et libéral de la France au delà des Alpes. C'était le geste de la république, geste protecteur et non menaçant. Cela manqué, il n'y avait de fort que la non-intervention imposée à tout le monde.

» A l'intérieur, la loi restrictive du suffrage universel nous paraît toujours le suicide d'un gouvernement républicain. Épurer n'est pas détruire. Il fallait épurer ; la loi du mois de mai a détruit. Sans principe du droit divin en haut, sans base en bas dans le suffrage universel, un gouvernement est suspendu dans le vide. Le jour viendra, nous l'espérons, où le gouvernement lui-même, par prudence, reprendra son aplomb sur le suffrage régularisé de tous les citoyens.

» Enfin, la loi sur l'instruction publique nous paraît toujours, malgré le message, une loi de complaisance fatale au clergé ; complaisance qui le satisfait aujourd'hui, qui le perdra un jour en lui donnant la solidarité au lieu de l'indépendance, le monopole au lieu de la liberté. L'enseignement laïque est dominé. L'enseignement religieux, c'est la morale ; l'enseignement laïque, c'est le siècle tout entier.

» Ces réserves faites, il est impossible, selon nous, de ne pas approuver la sage réticence du message sur les inextricables et épineuses difficultés de notre politique étrangère relativement aux oscillations intestines de l'Allemagne. Une neutralité armée, une expectative forte nous paraît, jusqu'à de nouveaux événements, l'attitude commandée à la France. C'est celle que prend le gouvernement. Avant de toucher à une question, il faut la comprendre. L'Allemagne, en ce moment, est inintelligible. Les questions de rivalité de domination, d'ambition nationale, de poids et de contrepoids fédéral, d'unité métaphysique de race et de langue, y sont tellement mêlées avec les questions d'indépendance de peuple et de libéralisme de gouvernement, qu'on ne saurait pas, en s'y ingérant aujourd'hui, si on combattrait ses amis ou ses ennemis.

» Le tableau de nos progrès administratifs, commerciaux, industriels et financiers est consolant. Trois ans après 1814, trois ans après la révolution de 1830 nous n'en étions pas là. La révolution radicale dont est sortie la république a paralysé moins longtemps le pays que la révolution qui n'avait fait que changer une dynastie ! C'est que le suffrage universel est plus fort qu'une charte. C'est une charte signée par la main de chaque citoyen.

VI

» Mais là n'est pas l'importance du message. Le message pour nous est tout entier dans ces bonnes et belles paroles qui nous ont fait dire, en sortant de la séance où nous les avions entendues : « Nous sortons d'un second 24 février » pacifique, d'une seconde installation de la république re- » présentative en France. »

» Ces paroles du message, nous les citons :

« Tel est, messieurs, l'exposé rapide de la situation de » nos affaires. Malgré la difficulté des circonstances, la loi, » l'autorité ont recouvré à tel point leur empire que per- » sonne ne croit désormais au succès de la violence. Mais » aussi, plus les craintes sur le présent disparaissent, plus » les esprits se livrent avec entraînement aux préoccupa- » tions de l'avenir. Cependant la France veut avant tout le » repos. Encore émue des dangers que la société a courus, » elle reste étrangère aux querelles de partis ou d'hommes, » si mesquines en présence des grands intérêts qui sont » en jeu.

» J'ai souvent déclaré, lorsque l'occasion s'est offerte » d'exprimer publiquement ma pensée, que je considérais » comme de grands coupables ceux qui, par ambition per- » sonnelle, compromettaient le peu de stabilité que nous » garantit la constitution. C'est ma conviction profonde, » elle n'a jamais été ébranlée. Les ennemis seuls de la tran-

» quillité publique ont pu dénaturer les plus simples dé-
» marches qui naissent de ma position.

» Comme premier magistrat de la république, j'étais
» obligé de me mettre en relation avec le clergé, la magis-
» trature, les agriculteurs, les industriels, l'administration,
» l'armée, et je me suis empressé de saisir toutes les occa-
» sions de leur témoigner ma sympathie et ma reconnais-
» sance pour le concours qu'ils me prêtent; et surtout si
» mon nom comme mes efforts ont concouru à raffermir
» l'esprit de l'armée, de laquelle je dispose seul, d'après
» les termes de la constitution, c'est un service, j'ose le
» dire, que je crois avoir rendu au pays, car toujours j'ai
» fait tourner au profit de l'ordre mon influence person-
» nelle.

» La règle invariable de ma vie politique sera, dans
» toutes les circonstances, de faire mon devoir, rien que
» mon devoir.

» Il est aujourd'hui permis à tout le monde, excepté à
» moi, de vouloir hâter la révision de notre loi fondamen-
» tale. Si la constitution renferme des vices et des dan-
» gers, vous êtes tous libres de les faire ressortir aux yeux
» du pays. Moi seul, lié par mon serment, je me renferme
» dans les strictes limites qu'elle a tracées.

» Les conseils généraux ont en grand nombre émis le
» vœu de la révision de la constitution. Ce vœu ne s'adresse
» qu'au pouvoir législatif. Quant à moi, élu du peuple, ne
» relevant que de lui, je me conformerai toujours à ses vo-
» lontés légalement exprimées.

» L'incertitude de l'avenir fait naître, je le sais, bien des
» appréhensions en réveillant bien des espérances. Sachons
» tous faire à la patrie le sacrifice de ces espérances, et ne

» nous occupons que de ses intérêts. Si, dans cette session,
» vous votez la révision de la constitution, une Constituante
» viendra refaire nos lois fondamentales et régler le sort
» du pouvoir exécutif. Si vous ne la votez pas, le peuple,
» en 1852, manifestera solennellement l'expression de sa
» volonté nouvelle. Mais, quelles que puissent être les solu-
» tions de l'avenir, entendons-nous, afin que ce ne soit
» jamais la passion, la surprise ou la violence qui décide
» du sort d'une grande nation ; inspirons au peuple l'amour
» du repos, en mettant du calme dans nos délibérations,
» inspirons-lui la religion du droit, en ne nous en écartant
» jamais nous-mêmes ; et alors, croyez-le, le progrès des
» mœurs politiques compensera le danger d'institutions
» créées dans des jours de défiances et d'incertitudes.

» Ce qui me préoccupe surtout, soyez-en persuadés, ce
» n'est pas de savoir qui gouvernera la France en 1852,
» c'est d'employer le temps dont je dispose de manière à
» ce que la transition, quelle qu'elle soit, se fasse sans agi-
» tation et sans trouble.

» Le but le plus noble et le plus digne d'une âme élevée
» n'est point de rechercher, quand on est au pouvoir, par
» quels expédients on s'y perpétuera, mais de veiller sans
» cesse aux moyens de consolider, à l'avantage de tous, les
» principes d'autorité et de morale, qui défient les passions
» des hommes et l'instabilité des lois.

» Je vous ai loyalement ouvert mon cœur : vous répon-
» drez à ma franchise par votre confiance, à mes bonnes
» intentions par votre concours, et Dieu fera le reste.

» Recevez, messieurs, l'assurance de ma haute estime.

» Louis-Napoléon Bonaparte. »

VII

» Voilà le langage qu'un Washington n'aurait pas désavoué; et si, comme nous n'en doutons pas, un Bonaparte suit invariablement cette ligne de droiture, de bon sens et de désintéressement, il aura dans un seul nom la gloire de deux.

» Mais, nous crie-t-on de toutes parts, cette ligne pourra-
» t-il la suivre? Cette sagesse que ce plan de conduite sup-
» pose en lui, la trouvera-t-il dans l'Assemblée, dans le
» peuple, dans l'élection, dans les ambitions militaires,
» dans les partis tantôt coalisés, tantôt antagonistes, dans
» les factions toujours à l'affût du moment où elles pour-
» raient, les unes renverser, les autres anarchiser la répu-
» blique? »

» Nous répondons, et nous répondons d'après l'expérience de ces trois années et de ces trois derniers mois surtout, nous répondons hardiment : Oui! il le pourra, et il ne pourra pas autre chose. Nous ne voulons flatter personne, nous ne voulons pas nier que les ambitions qui agitent les souvenirs d'empire autour d'un président du nom de Bonaparte ont tendu des amorces, ont fait des caresses, ont insinué des signes ou des cris aux opinions pour les entraîner à des manifestations folles et extra-constitutionnelles. Mais le président de la république a voulu voir par lui-même, et il a vu, et il a entendu de l'Élysée les cris de « Vive le roi! » poussés à Wiesbaden. Il se sera dit : « Est-ce

» que ce serait là par hasard un écho de la France? Est-ce
» que si la France est légitimiste en Allemagne, elle ne
» serait pas peut-être napoléonienne à Lyon, à Cher-
» bourg, à Paris? Sachons ce qu'elle est pour la gouverner
» selon sa nature. » Il a voyagé, il a reçu les corps, il a
communiqué avec les masses des populations; il a passé
l'armée et la flotte en revue, il a permis et trop permis
peut-être les cris sous les armes; il a tâté le pays, il a vu
que le sol ne sonnait pas monarchie sous les pas même
d'un Napoléon, encore moins empire; il a respiré l'air vrai
du pays et des temps, il a reconnu que tout soufflait à
l'ordre, à la constitution honnêtement pratiquée, à l'amélioration de cette institution en son temps et par la voie
constitutionnelle, et il s'est dit : « Soyons ce qu'est la
» France; faisons mon devoir comme elle fait le sien. Là
» est son salut, là est mon honneur, là sera peut-être ma
» légitime et probe récompense. » Et il a écrit le message.
Et la France l'a ratifié.

» Et maintenant, ceux qui ont juré de ne laisser aucun
repos et aucune trêve à l'ordre républicain recommencent
à semer les alarmes et à noircir les pressentiments et les
imaginations sur ce qui se passera en 1852 ou d'ici à 1852.

» La république n'a pas le don de prophétie pas plus que
la monarchie. Ce qui se passera, nous n'en savons rien.
Mais nous pouvons affirmer une seule chose, c'est que si le
gouvernement persévère dans la politique de loyauté, de
devoir et de raison qu'il a adoptée dans le message, la
France aussi fera son devoir et ne fera que des actes de
sagesse, de mesure et de raison, comme ceux qu'elle applaudit dans son premier magistrat, et qu'elle sauvera sa
république de toutes les embûches, de toutes les agitations

et de tous les excès. Le président lui a remis son sort dans les mains, c'est ce qu'il avait de mieux à faire. Elle ne le livrera ni aux réactions prolongées ni aux anarchies renaissantes.

« Quel gage en avez-vous? » nous dira-t-on.

» L'esprit public, notre véritable souverain à tous.

VIII

» A aucune époque de son histoire, peut-être, la France n'a été davantage une terre de bon sens et de bonne volonté qu'elle ne l'est depuis que les agitations inséparables de sa révolution se calment et que ce calme lui laisse sa liberté et sa puissance de réflexion.

» Parcourez le pays dans tous les sens comme j'ai eu occasion de le faire moi-même depuis six mois, entretenez-vous avec les hommes de toutes les fortunes, de toutes les classes, de toutes les professions, à huis clos, en dehors des coteries ou des esprits de corps, des esprits de secte, ou des ressentiments personnels contre la situation. Qu'entendez-vous?

« Nous, dit le clergé, notre politique bien interprétée
» n'est pas de ce monde; qu'on nous assure l'inviolabilité de
» nos croyances et de nos consciences, notre gouvernement
» intérieur, nos libertés d'association, notre enseignement
» indépendant, le respect non pas imposé mais inspiré pour
» tout exercice de la piété humaine, nous préférons ces
» droits, ces inviolabilités, ces respects assurés aux cultes

» par l'impartialité républicaine à toutes les faveurs excep-
» tionnelles des monarchies qui ne nous lient à elles par des
» priviléges odieux que pour nous précipiter ensuite avec
» elles! Une république morale et religieuse est un excellent
» traité de paix entre la religion et la liberté. Ne renversez
» pas la république. »

« Nous, disent les grandes familles historiques attachées
» par les sentiments héréditaires à la légitimité, par l'il-
» lustration personnelle et par les riches propriétés au sol,
» nous! nous aimons par tradition la monarchie dont nous
» faisons partie dans l'histoire; nous aimons par devoir la
» légitimité, seule forme de la monarchie qui puisse se dé-
» fendre avec un honneur intact et avec un principe entier;
» nous nous flattons que le pays ramené par des oscillations
» successives à ce principe qui fut sa foi il y a soixante
» ans et qui est encore la nôtre, reviendra spontanément et
» librement à la monarchie légitime. Mais nous ne le pres-
» serons d'y revenir ni par des alliances honteuses avec
» l'étranger ni par des conspirations à l'intérieur, ni par
» des coalitions déplorables et dangereuses avec ces autres
» partis dynastiques qui ont détrôné nos rois. La république
» au moins est un terrain national où tout le monde a le
» droit d'avoir le pied, et qui nous porte sans nous deman-
» der le sacrifice de notre dignité. Qu'elle nous assure nos
» hôtels, nos terres, nos influences légitimes de nom, de
» fortune, d'éducation, de bienfaisance dans ces campa-
» gnes où nous avons reconquis le respect des populations
» depuis que nous ne le commandons plus ; nous occuperons
» volontiers et fièrement notre place dans la république
» égale à notre place sur le sol; nous serons la tête d'une
» démocratie honorée, au lieu d'être la queue d'une aristo-

» cratie sans prestige ! Nous acceptons ce rôle en attendant
» une restauration si elle est par hasard dans les desseins
» de la Providence. Cette restauration mal accomplie ou mal
» gouvernée pourrait nous écraser une seconde fois sous ses
» débris ; ne renversez pas la république, elle porte nos
» familles et nos propriétés. »

» La haute bourgeoisie et le haut commerce, hommes plus naturellement gouvernés par des intérêts, hommes particulièrement ralliés à la monarchie illégitime de 1830, hommes qui possédaient seuls l'élection restreinte sous ce régime et qui maniaient seuls ce gouvernement de milieu, ont d'autres sentiments sans doute. Un grand ressentiment les dévore, une grande déception les a frappés, leur monopole d'influence sociale est tombé sans défense avec le gouvernement de 1830 qui lui était inféodé. Si des conspirations aveugles pouvaient travailler sourdement la république pour la faire crouler sur elle-même et sur le pays, à coup sûr ce serait parmi quelques-uns de ces hommes écroulés eux-mêmes de 1830 que ces conspirations auraient des chances. La douleur et la colère récentes ne raisonnent pas. Mais cette haute bourgeoisie et cette haute industrie, et cette haute banque et ce haut commerce, ont pour raison leur salut et pour modération leurs intérêts. Ils ont vu la ruine de près, ils ont eu plus peur que de raison des spoliations et des sectes que les convulsions révolutionnaires ramèneraient inévitablement à la surface. Ils ne sont pas de ces hommes qui jettent leurs biens, leurs femmes et leurs enfants dans le bûcher pour honorer le tombeau d'un prince ou d'une dynastie qu'ils regrettent. Ils s'apercevront bientôt, ils s'aperçoivent déjà, ils l'ont vu en mai et en juin 1848, qu'une république de suffrage universel dans un

pays de propriété défend plus énergiquement les foyers des citoyens et se défend avec plus de conviction elle-même qu'une monarchie de droit restreint et contesté. Ils acceptent la démocratie dont ils sont le cœur, pourvu qu'elle laisse posséder, vendre, acheter, fabriquer, hériter, transmettre, jouir ; ils font porter leur rancune sur les hommes plus que sur la chose. « Haine aux républicains, mais con-
» servons la république ! » Voilà leur mot.

» Entretenez-vous avec les diverses classes du peuple, c'est la même raison, mais avec un sentiment de fierté et d'espérance de plus. Le peuple des campagnes, qui est la plainte éternelle de la terre, se plaint de l'impôt, de la dureté des temps, de la négligence du gouvernement de la république comme de la monarchie. Mais il ne peut dissimuler la jouissance secrète et naturelle qu'il éprouve et qu'il couve de posséder dans le suffrage universel sa part de souveraineté ! Il est homme, il est citoyen, il est compté ! C'est sa noblesse à lui que son bulletin ; c'est son parchemin que son inscription aux listes électorales! Cette noblesse n'enrichit pas, il est vrai, mais elle élève cette classe innombrable au-dessus du sillon, au-dessus du dédain, au-dessus de toute oppression de classe à classe. Il souffre toute l'année, si vous voulez ; mais il y a un jour où le paysan règne, où il tient l'égalité dans sa main, où il délibère avec lui-même et avec ses voisins sur le consentement qu'il donnera ou qu'il refusera à son gouvernement ; on le recherche, on le ménage, on le sollicite, il se sent *quelque chose* maintenant, comme il dit. Les anciens avaient un jour de saturnales qui égalaient l'esclave au maître ; la république moderne, qui est le dernier degré de l'émancipation des serfs, a le suffrage universel qui subordonne pour toute l'année le candidat au paysan. Cette dignité permanente de titre d'électeur est profondément entrée dans l'âme des peuples de la campagne. Tout gouvernement, toute contre-révolution qui lui raviront cette dignité qui le console lui paraîtront commettre un attentat, tôt ou tard vengé, contre sa nature. La république est sa souffrance quelquefois, mais c'est son orgueil. Ne craignez pas qu'il l'oublie longtemps. Seulement, après avoir été aveuglé et étourdi quelques semaines par la poussière d'idées fausses et éblouissantes que les sectes socialistes lui jetaient aux yeux pour le pousser aux lois *agraires*, à la propriété sans travail, à l'égalité des misères par l'égalité du sillon, il a réfléchi à lui tout seul, il a ruminé son bon sens; il a reconnu la ruine sous le charlatanisme et le chaos sous la ruine. Il entend la république comme l'ennoblissement de toutes les propriétés, et il est résolu à défendre la sienne dans celle des autres. Il ne demande au gouvernement républicain que le possible, c'est-à-dire l'égalité dans les droits et dans les charges de la terre.

» Que si vous passez aux classes ouvrières des villes, vous trouvez la même amélioration dans la raison de cette partie de la population. Sensée, généreuse, sublime pendant les premiers mois de la révolution, cette classe, plus instruite, plus mobile, plus corruptible, plus agglomérée, plus accessible aux vertiges qui enivrent par moments les masses en mouvement, a été entraînée cruellement quelques mois après par les promesses exagérées, par les théories sonores et par les excitations coupables des écoles communistes et terroristes, par les journaux et par les clubs. Elle a eu des égarements déplorables en mai, en juin 1848. Depuis, elle a agité, elle a menacé, elle a vociféré, elle a rappelé les mauvaises paroles et les mauvais souvenirs d'une époque de colère et de crimes. Si les vertiges de cette partie flottante et turbulente des ouvriers des villes manufacturières avaient duré, c'en était fait de la république ; la manière dont elle prétendait l'interpréter l'aurait rendue menaçante et odieuse à tout le reste de la nation ; elle aurait péri en peu de mois, étouffée dans les mains des démagogues. Mais il faut rendre justice à la masse de ces ouvriers : leur bon sens et leur bon cœur naturels répugnaient à ces excès et s'affligeaient déjà de ces scandales. Ce n'était que l'écume, ce n'était pas l'élément qui était vicié. Aussi, dès que le communisme a eu dit son dernier mot, dès que la démagogie a eu versé son premier sang aux journées fatales de juin, les classes ouvrières ont senti l'horreur et les dangers ; la réflexion et le sentiment les ont rendues à la raison. A l'exception d'un petit nombre de fanatiques inintelligents qui croient comprendre l'impossible, rien de plus sensé, de plus résigné et de plus raisonnable que le langage des classes ouvrières aujourd'hui. Elles ont frémi de l'abîme où la guerre sociale à laquelle on les poussait jetterait eux, leur famille, leur salaire, leur travail, leur outil, leur pain, leur moralité. Elles ont compris par expérience qu'une menace aux capitaux était une disparition irrémédiable du salaire et de la consommation ; que le coup ou la mesure qui frappait un riche tuait dix mille pauvres. Elles aiment, elles défendront, elles relèveront mille fois la république, parce que la république, en relevant la dignité du prolétaire et en donnant sa représentation légitime à toutes les classes, même les plus déshéritées, leur promet la sollicitude du gouvernement, la fraternité volontaire avec les aînés de la propriété, l'instruction, l'assistance à plus larges doses, le titre, les droits, la noblesse de citoyens. Mais bien loin de vouloir perdre en les arrachant avant le temps ces fruits lents et sûrs du gouvernement d'égalité, elles sont résignées à les attendre par la patience, à les gagner par le travail, à les conserver par l'ordre.

» Voilà le langage que tiennent partout les ouvriers éclairés, ceux qui font et qui expriment l'opinion vraie de leur profession. « Nous voulons la république, mais nous
» comprenons que, pour la conserver et pour la féconder
» au profit de nos enfants, il faut la rendre acceptable et
» sûre aux autres classes. Nous l'avons compromise en la
» voulant pour nous tout seuls, nous la sauverons en ces-
» sant de la faire craindre au reste de la nation. Que la
» république prenne toutes les conditions de force, d'ordre,
» de stabilité qu'il conviendra à la nation de lui donner,
» nous ne combattrons que si on veut nous enlever dans la
» république elle-même le gage de notre égalité et de notre
» avenir. »

IX

» Or, dans une nation dont toutes les classes parlent et agissent ainsi, sauf une imperceptible minorité d'agitateurs en bas et une imperceptible minorité d'imprudents et d'aveugles en haut, qu'y a-t-il à craindre des prochaines solutions que demandera la république ?

» La raison est le caractère général des pensées et des actes de la nation dans toutes ses zones, dans toutes ses classes. Elle viendra tout entière au secours d'elle-même au jour des solutions. Cette raison générale me prouve que la solution qu'elle saisira sera encore la république, la république régularisée et consolidée, la république de probité et de modération, telle qu'elle nous apparut, comme la nécessité et le salut du pays, le lendemain du 24 février.

» Que craignez-vous donc de l'avenir? et pourquoi n'applaudissez-vous pas sincèrement comme nous à la sagesse du message? Le message se fie à la nation, au temps et à Dieu du salut de la France. Ces paroles prouvent que le chef du gouvernement est pénétré de cette raison générale qui est revenue si promptement et si unanimement à toutes les classes de la nation. Il laissera aller la France à son courant et la constitution à son terme, et qu'a-t-il pour lui et pour nous de mieux à faire? Aimez-vous mieux qu'il fasse un parjure que de tenir son serment? Aimez-vous mieux qu'il fasse un coup d'État, c'est-à-dire un crime et une aventure, que de faire son devoir ? Aimez-vous mieux qu'il vous précipite dans l'inconnu que de marcher en plein soleil avec vous dans le droit chemin de la légalité et de la constitution ?

X

» Vous dites : « Mais qui nous assure que l'Assemblée
» constituante qui viendrait pour faire les deux ou trois mo-
» difications nécessaires et prévues à la constitution ne sera
» ni une assemblée de démagogues sanguinaires, ni un

» cénacle de socialistes les yeux bandés, ni une assemblée
» de royalistes fous pressés d'étouffer la république et de se
» battre après pour se disputer sur nos ruines la place de
» deux ou trois trônes? »

» Qui vous le dit? La France elle-même. Voulez-vous un meilleur témoin, un plus sûr garant? Quelle que soit la manière dont vous l'interrogiez en 1852 (et je ne doute pas que ce soit par le suffrage universel purifié, mais rétabli dans son universalité), elle vous répondra par ce qu'elle est. Est-ce que la France est un club de démagogues sanguinaires? est-ce que la France est une secte de socialistes chimériques et aveuglés par le fanatisme de l'impossible? est-ce que la France est un salon de royalisme insensé et de trône à tout prix, même au prix de la société perdue? Vous savez bien que ces différents partis sont, le premier, un parti qui ne compte pas, le parti du crime! le second, un parti qui ne compte plus, le parti des rêves; le troisième, *trois partis* en un, qui se neutralisent les uns les autres, et qui, lors même qu'ils se coaliseraient, ne prévaudraient pas contre les dix millions de voix du peuple anobli par le suffrage universel et par l'égalité. La France ne vous enverra que ce qui est en elle, soyez-en sûrs : une Assemblée constituante d'hommes de toutes les classes, pris avec réflexion dans tous les partis honnêtes dont elle se compose, et en proportion exacte du nombre et de la valeur morale de chacun de ces partis, c'est-à-dire l'image de la France elle-même! et elle les enverra avec le mandat de prudence, de modération et de salut commun dont la France est de plus en plus inspirée! Voilà ce que sera l'Assemblée constituante, parce qu'elle ne peut pas être autre chose! Ce sera l'Assemblée constituante de 1848 après expérience, examen et réflexion. Voilà, encore une fois, entre les mains de quelle Assemblée votre sort sera confié en 1852. Ajoutez un gouvernement établi, une administration en vigueur, une armée fidèle à son devoir et à la nation, et la solution qui sortira d'une pareille Assemblée souveraine sera la république représentative, parce que si cette solution était la république de 1793, elle serait démentie par le temps; si elle était la république socialiste, elle serait démentie par le bon sens et par la société; et si cette solution était monarchie, elle serait démentie par l'impossible et par dix révolutions !

» Le message du président de la république a donc eu raison de dire : *Dieu fera le reste!* Mais Dieu, dans sa providence, se sert pour agir de la main des peuples, et le peuple n'aura d'autre solution sous la main que la république. Le message l'a compris et il l'a dit d'avance. C'est là son génie ! »

LIVRE TRENTE-TROISIÈME

I

Un journal de six cent mille lecteurs et qui parlait ainsi, signé par le fondateur de la république, devait avoir une immense influence sur les choses et sur les hommes.

Cependant un événement redoutable s'était passé. Le prince, avant de partir pour son tour de France, avait remis le pouvoir à une commission de permanence chargée de surveiller le gouvernement et de sonner le tocsin du danger de la république. Ces membres de la commission n'étaient pas suspects de trop de sollicitude pour la république. C'étaient le général Changarnier, M. Jules de Lasteyrie, M. Berryer, M. de Saint-Priest, M. Nettement, M. de Montebello, M. de Lamoricière, M. Léo de Laborde, M. Vésin, M. Casimir Périer, M. Beugnot, M. Molé, M. de Mornay, M. Benoît d'Azy, M. Baze, M. le général

Bedeau, M. Dupin, M. de Panat. Si les orléanistes avaient voulu fonder une commission préparatoire à leur retour, ils n'auraient pas eu un nom à changer.

II

Voici comment je caractérisai cet acte dans mon journal :
« Jusqu'à présent, et avec une obstination de confiance que les événements n'ont pas démentie en trois ans, je vous ai dit : Moquez-vous des coups d'État, des complots, des attentats prétendus du pouvoir exécutif, des légitimistes, des orléanistes, des démagogues même, contre la république. Il n'y a pas de petite trame possible contre la souveraineté du peuple bien constituée ; il n'y a pas de filet de parti assez large pour prendre, par surprise, le suffrage universel. Consolidez votre république, modérez les passions populaires qui couvent toujours plus ou moins longtemps sous la cendre chaude des révolutions, perfectionnez jour par jour votre constitution, rétablissez le travail par la confiance rendue aux capitaux, afin qu'ils se répandent en entreprises et en salaires ; fermez la bouche aux murmures des classes souffrantes à force de justice, d'assistance, de bienfaits ; maintenez la paix extérieure dont l'humanité n'a pas moins besoin que le peuple ; attendez patiemment et sans trouble que l'époque de reviser constitutionnellement quelques mauvais articles de votre constitution et de votre loi électorale arrive. Faites alors ce que voudra le pays, s'il veut quelque chose! et, en attendant, riez des paniques

qu'on vous inspire, et fiez-vous à votre pouvoir exécutif, ou plutôt fiez-vous à la force des choses qui ne lui interdit pas moins que sa conscience de trahir ou de confisquer la république ! L'empire est un rêve !

» Oui, voilà ce que je vous ai dit jusqu'ici, et vous voyez si j'ai eu raison de vous redire ce grand mot de CONFIANCE ! le mot que je vous ai dit le lendemain du 24 février, le mot sauveur de la France et de la république.

III

» Et maintenant, et pour la première fois, je vous dis avec la même certitude le mot de DÉFIANCE, le mot de péril de la république, de la patrie, de la société ! le mot redoutable : CONSPIRATION !...

» Oui, conspiration sans conspirateurs si vous voulez ; mais conspiration la plus dangereuse de toutes, conspiration involontaire, conspiration sourde, conspiration anonyme contre la république qui vous pèse, mais qui vous sauve tous depuis votre soudaine révolution ! Conspiration des orléanistes, conspiration des légitimistes, conspiration des bonapartistes, conspiration des partis militaires, conspiration des ambitieux de ministères, conspiration des agitateurs parlementaires, conspiration des candidats à la dictature, conspiration des convoiteurs de pouvoir suprême, conspiration des envies contre les supériorités naturelles, conspiration des ressentiments, des situations perdues, conspiration des rancunes, conspiration des coteries, conspiration des petitesses, conspiration des impuissances, conspiration des ennemis de la république contre son repos ; et, pour comble de stupidité et de péril, conspiration des républicains *personnels* eux-mêmes contre la république !

» Oui, conspiration de l'aveuglement et de la sottise, où l'on a vu ce phénomène non encore vu jusqu'ici, cette *bouffonnerie*, permettez le terme, je n'en trouve pas d'autre qui rende mon impression, cette *bouffonnerie* des partis soi-disant républicains allant prendre conseil, allant prendre le mot d'ordre et la boule de leur vote de la main des amis avoués de la monarchie d'Orléans et couvrant de leurs huées et de leur incrédulité les conseils et la voix des amis et des fondateurs de la république.

IV

» Aussi qu'est-il arrivé? Le sol tremble, l'esprit se trouble, les majorités se brisent, les minorités tombent en poussière; les partis modérés, les seuls qui fondent les gouvernements, disparaissent; la constitution, attaquée des deux côtés à la fois, s'ébranle; les ministres s'élèvent et tombent comme des vagues depuis quinze jours; le pouvoir exécutif cherche en vain, dans chaque parti praticable ou dans des fusions patriotiques des divers partis, des hommes qui puissent composer ensemble ministères ou majorités. La conspiration rit de son impuissance, et lui dit :
« Trouves si tu peux, nous t'en défions maintenant ! nous

» nous appelons *coalition !* Nous nous appelons *coalition*
» pour détruire ensemble toute combinaison de pouvoir
» exécutif; nous nous appelons *coalition* pour voter en-
» semble l'impossibilité de gouvernement ! nous nous appe-
» lons *coalition* pour réunir dans un même vote toutes les
» oppositions, toutes les haines, toutes les bêtises, toutes
» les passions contre toi; mais du moment qu'il faut prêter
» base et force à un gouvernement quelconque, nous chan-
» geons de nom, et nous nous appelons DIVISION ! »

» Oui, la conspiration s'appelle aujourd'hui COALITION.

V

» Il faut vous expliquer d'abord ce que c'est qu'une *coalition* et quelle est la différence entre une alliance loyale et
une coalition perverse entre les partis dans un parlement.
Je vais vous l'expliquer, non par des explications, mais par
des exemples. Les faits parlent bien mieux que des mots.

» Je me connais en coalitions. Je les ai combattues trois
fois sous les monarchies, je les combats sur le même terrain et sur les mêmes principes aujourd'hui.

» Daignez m'écouter.

» En 1829, une coalition parlementaire comme celle
d'hier se forma entre les ultrà-royalistes et les ultrà-libé-
raux qui voulaient les uns dominer seuls, les autres renverser la Restauration et Charles X, le roi de 1829.

» M. de Chateaubriand, M. Royer-Collard, M. Hyde de
Neuville, royalistes, donnent la main et prêtent des dis-

cours, des passions et des votes à l'opposition la plus envenimée contre les Bourbons. L'opposition rend le même funeste service aux royalistes. C'est le même concert touchant que nous avons vu il y a quelques jours dans les séances qui ont signalé la coalition du 13 janvier. Les élections se font par ce mutuel concours de deux partis qui se détestent, mais qui s'entr'aident méchamment pour en renverser un troisième. Les élections ainsi faites donnent la majorité à l'opposition. La Chambre fait une adresse menaçante à la royauté. Les royalistes ont la sottise et la perversité de voter cette adresse avec les ennemis du roi. Charles X est acculé à l'abîme; il répond par un défi absurde au lieu de répondre par une sagesse. Le feu prend à sa faible intelligence et se communique au pays. La révolution de juillet éclate, le sang coule, la monarchie s'exile, l'usurpation de famille s'empare du trône au lieu de prendre la tutelle de l'héritier innocent, le pays est en émeutes, le travail en chômage, le crédit en crise, les partis en lutte pendant huit ans. A la fin, l'ordre commence à se rétablir tant bien que mal sur un faux principe, celui de la royauté illégitime. Mais enfin la royauté constitutionnelle règne, et la nation s'abrite même sous un gouvernement irrégulier.

» On arrive à 1838. Alors une coalition parlementaire acharnée se forme sous prétexte de gouvernement personnel (tout comme hier), mêmes mots, mêmes choses, mêmes noms, mêmes hommes : M. Thiers, M. Guizot, M. Dufaure, M. Garnier-Pagès, M. Berryer, chacun honorable dans son caractère et dans son opinion, tous adversaires les uns des autres dans leurs tendances. Ils se précipitent ensemble à l'assaut du soi-disant gouvernement personnel, ils mettent en pièces le ministère constitutionnel du roi. Moi seul, alors comme aujourd'hui, quoique étranger à la monarchie de juillet que j'ai toujours refusé de servir, mais ému par le danger du pays et par l'immoralité de ces coalitions où chaque parti séparé dit la vérité, mais où leurs boules réunies disent un mensonge, moi seul je combats pour M. Molé et pour la prérogative du roi que je ne connais pas contre ces coalisés. Ils triomphent ; M. Molé tombe avec la prérogative constitutionnelle du roi. Le lendemain, le gouvernement est impossible. La coalition, qui n'a que des pensées contraires, se dissout ; le pays se divise, les émeutes recommencent, la guerre étrangère est presque allumée par M. Thiers en Orient ; les cabinets sont brisés, la politique prend le vertige. Enfin, un des coalisés les plus compromis dans l'agression faite à la couronne, M. Guizot, est obligé de se démentir ; il rompt, avec un grand détriment pour l'unité de son caractère, le pacte avec ses complices de coalition ; il est obligé de prendre un pouvoir difficile qui ne pouvait aboutir qu'à une révolution. Nous marchons visiblement aux abîmes.

» Mais les partis coalisés et éconduits par M. Guizot trouvent que nous n'y marchons pas assez vite. Ils reforment en 1847 une coalition plus âpre et plus désespérée contre ce ministre et son gouvernement. Ils sonnent ensemble dans les journaux qui leur appartiennent, dans les tribunes qu'ils agitent, dans les banquets du *Cadran Bleu* et des départements, le tocsin d'une agitation suprême. Moi-même, quoique dans l'opposition alors, et quoique sans lien et sans goût pour le gouvernement de juillet, je combats de ma parole et de ma plume cette confusion des partis opposés d'où ne peut sortir que chaos et non redressements. La coalition court la France ; le pays prend la fièvre. Le ministère est assez insensé pour ne pas satisfaire par une loi à la réforme et au droit régulier de réunion ; il défie le parlement ; le parlement offensé proteste ; la monarchie de juillet croule sans un seul défenseur en un jour. Sur chaque pierre sous laquelle il est enseveli, bien aveugle est celui qui ne sait pas lire : Coalition.

VI

» Voilà donc, je le répète, trois gouvernements minés, sapés, écroulés sous trois coalitions !

» Et maintenant en voici une quatrième contre un autre gouvernement, contre un gouvernement plus faible et plus jeune d'années, la république. Et vous ne voulez pas qu'en retrouvant les mêmes acteurs en scène, les mêmes manœuvres en jeu, les mêmes petites passions en colère, les mêmes discours à frais communs et les mêmes mains s'applaudissant en attendant qu'elles se déchirent, vous ne voulez pas que nous soyons émus, avertis, alarmés, tremblants pour la république et pour le peuple conduit une quatrième fois aux abîmes et à des abîmes mille fois plus profonds que ceux de 1829, de 1840, de 1848...? Vous ne voulez pas que nous déchirions le rideau mille fois trop transparent d'une conspiration contre la paix publique ! Allez ! vous pourrez nous vaincre grâce à l'inexplicable crédulité ou à l'involontaire complicité de certains hommes ! vous pourrez nous vaincre, mais vous n'aurez pas du moins la satisfaction de nous avoir trompés ! Nous voyons aussi clair dans votre jeu qu'on peut voir clair dans les ténébreuses machinations des partis, et qu'on peut discerner la vérité sur des physionomies à tant de faces!

» Montrons au peuple ce que nous entendons par cette conspiration sans conspirateurs!

VII

» Où en étions-nous il y a quelques jours? Au calme, au crédit, au travail, au commerce, à l'espérance. En deux mots, la république constituée et représentative se fondait; l'horizon était libre; nous allions sans inquiétude grave à une révision pacifique de la constitution par une Assemblée constituante si le pays et l'Assemblée jugeaient cette révision opportune, ou bien à une seconde élection d'un pouvoir exécutif en 1852 : élection ou révision que le président actuel de la république aurait à subir et qu'il subirait, je n'en doute pas, sans révolte et constitutionnellement comme le pays.

» Donc la république se fondait, le peuple et les classes aisées s'y apprivoisaient dans leur intérêt commun. Ce n'était pas l'affaire des ennemis envenimés de la république. Il leur fallait un orage...

» Pour un orage il faut un nuage. On le sait à la Chambre comme à l'Opéra. Remontons donc un peu plus haut, et voyons où la conspiration sans conspirateurs amoncelait son nuage.

» Et d'abord ne flattons personne et soyons francs même contre les pouvoirs que nous voulons sauver, car leurs premiers dangers, ce sont leurs fautes. Ne les déguisons donc pas, ces fautes, ni à leurs yeux ni aux yeux du pays.

VIII

» Le président de la république s'appelle Napoléon. Nous l'avons dit vingt fois même à la tribune, c'est une gloire, mais c'est un malheur! Si Washington se fût appelé du nom d'un Tudor, d'un Brunswick ou d'un Stuart, l'Amérique aurait eu bien plus de peine à se fier à lui, on eût toujours montré du doigt à ses ennemis le prétendant sous le fondateur de république.

» Ce nom recommandait au président de la république Louis-Napoléon une réserve, une prudence, une abnégation qu'il a certainement dans son cœur d'honnête homme, mais qu'il n'a pas suffisamment affichée dans les premiers temps de sa magistrature républicaine. De là quelques ombrages entre les républicains et lui. Je dis entre les républicains et lui, car les royalistes avaient au contraire patronné sa candidature; ils l'avaient présentée au peuple comme une sorte de dictature semi-monarchique destinée à désavouer et à humilier la république.

» Ces ombrages tombèrent bientôt et devaient tomber devant le serment prêté par le président d'être fidèle au mandat du peuple qui lui imposait le devoir de préserver l'institution républicaine de tout excès, de tout désordre et de toute usurpation, même de la sienne. Ces ombrages devaient tomber bien plus depuis son *Message*, second serment à la république.

» Ainsi marchèrent les choses plus ou moins droit, mais républicainement et paisiblement, jusqu'au moment où l'Assemblée législative s'absenta au mois d'août 1850, et où le président de la république entreprit ses voyages dans les départements. Dans ces voyages, dans ces revues, dans ces banquets, son attitude (il faut le déplorer) tint un peu plus du prince que du premier magistrat d'une république. Son langage, quelquefois très-élevé, comme à Lyon, rappela trop souvent ailleurs *le neveu de l'empereur* et l'héritier d'un pouvoir sans transmission.

» Les cris de « Vive l'empereur! » ne furent pas assez hautement, sinon punis, du moins réprouvés de la voix et du geste. Enfin les revues de Paris, les banquets de sous-officiers à l'Élysée, la célèbre revue de Satory surtout, présentèrent quelque menace indirecte et involontaire aux susceptibilités du pays. Un général fut destitué après avoir recommandé le silence aux troupes. Ce fut un malheur; nous ne voulons pas l'exagérer. Nous savons bien que le général Neumayer ne fut pas destitué pour avoir repoussé les cris de « Vive l'empereur! » mais pour avoir amorti les acclamations de « Vive le président! vive Napoléon! » Ces acclamations non séditieuses, ces manifestations d'affection et de dévouement, le président croyait peut-être en avoir besoin dans ce moment-là, pour intimider des malveillances, des rivalités et des haines qui commençaient à éclater ailleurs. C'est du moins ainsi que je m'explique ces faits étranges, obscurs, blâmables des revues de Satory.

Nous ne donnons cela que comme hypothèse ; mais l'hypothèse, si elle était fondée, expliquerait beaucoup d'apparences inexplicables autrement.

IX

» Or, pendant ces voyages, ces banquets, ces revues suspectes ou non suspectes, que se passait-il d'un autre côté de Paris? Nous avons parlé plus haut d'un nuage, d'un nuage d'où devait sortir un orage ; le nuage? c'était la *Commission de permanence*.

» Cette commission, qui remplaçait l'Assemblée, était composée, en y comprenant le bureau et les questeurs, de trente-six représentants, hommes choisis par la *majorité* de l'Assemblée, parmi les membres les plus accrédités et les plus éminents du parlement, mais non certes pas parmi les plus notoires par leur républicanisme. Nous ne leur en faisons point un reproche. La république, telle que nous l'entendons, n'est pas faite pour les républicains seuls, mais pour tout le monde. Les opinions y sont libres et les sentiments respectés. C'est juste, c'est grand, c'est politique. Il faut que chacun soit maître et fier de sa place sur le terrain commun de la république, et que le cœur même puisse y être royaliste pourvu que le vote y soit constitutionnel. Mais enfin le cœur occupe une grande place dans l'organisation humaine, et quand le cœur déclare franchement qu'il est aux dynasties tombées, on peut, sans calomnier personne, soupçonner l'esprit d'être involontairement influencé par le cœur.

» Les membres de la commission de permanence, à tort ou à raison, n'étaient pas accusés de trop d'entraînement de cœur vers le gouvernement républicain et vers le président de la république. C'étaient M. le général Changarnier, M. Jules de Lasteyrie, M. le général Saint-Priest, M. Berryer, M. Nettement, M. de Montebello, M. de Lamoricière, M. Leo de Laborde, M. Vésin, M. Casimir Périer, M. Beugnot, M. Molé, M. de Mornay, M. Benoît d'Azy, M. Baze, M. le général Bedeau, M. Dupin, M. de Panat, et quelques autres honorables représentants de nuances plus ou moins caractérisées. Cette commission avait pour mandat de surveiller les circonstances et de convoquer immédiatement l'Assemblée si quelque danger imprévu ou si quelque *symptôme grave* lui paraissait de nature à menacer la république. Or, écoutez.

X

» Il y eut bien un certain nombre de ces représentants, membres de la commission de permanence, qui quittèrent leur poste et qui abandonnèrent leur mission de surveillance assidue pour aller où le cœur les poussait. Mais le symptôme ne parut pas grave à leurs collègues et à leurs amis !...

» Il y eut bien quelques-uns de ces membres de la commission qui, laissant la république à tous les hasards, franchirent les frontières ou passèrent la Manche pour aller rendre des devoirs personnels et s'associer très-honorablement à des deuils et à des obsèques. Mais le symptôme ne parut pas grave, et en effet il n'était que pieux!...

» Il y eut bien quelques-uns de ces membres de la commission de permanence qui allèrent à Wiesbaden républicains, et qui publièrent dans les journaux qu'ils revenaient royalistes. Mais le symptôme ne parut pas grave!...

» Il y eut bien de ces membres de la commission de permanence qui allèrent ailleurs pour rendre hommage à d'autres droits ou à d'autres affections dynastiques, et qui ne revinrent pas plus républicains sans doute qu'ils n'étaient partis. Mais le symptôme ne parut pas grave!.,.

» Il y en eut bien qui allèrent composer une véritable cour de l'exil, — la plus généreuse des cours et la plus désintéressée; — qui assistèrent à des ovations de l'avenir peu rassurantes pour le présent; qui présentèrent comme des chambellans de la Providence la France future à son roi éventuel; qui... qui... qui... Mais le symptôme ne parut pas grave. Cette commission avait l'oreille dure et la vue basse; elle ne s'étonnait de rien!!!

» Il y en eut bien qui, avec ou sans autorisation sans doute du général commandant l'armée de Paris, firent une cérémonie funèbre dans le palais même des Tuileries, cérémonie très-sainte et très-respectable dans son objet, mais très-hardie dans son local, cérémonie à laquelle ils convièrent les ministres du roi de la dernière dynastie; comme si les Tuileries eussent été une maison patrimoniale, et non le palais de la nation et le quartier général de la république! comme s'il n'y avait pas eu sur toute la terre de France un autre arpent de sol neutre pour dresser un autel et élever la libre et touchante prière du cœur à la mort! comme si une cérémonie toute semblable, à Saint-Germainl'Auxerrois, en 1831, n'avait pas été le prétexte et le prélude d'un soulèvement, d'une profanation et du sac honteux de l'archevêché sous le gouvernement de cette dynastie qu'on venait ainsi compromettre jusque dans son tombeau !...

» Mais ce symptôme, malgré le caractère officiel de ceux qui le permettaient et le caractère officiel du lieu où il était donné, ne parut pas grave !... Cette commission, cette autorité militaire, ces ministres tombés, ces voyageurs de toute religion, semblaient se dire : « Ne voyons
» rien, passez-moi un prince, je vous passerai un roi ;
» passez-moi une lettre, je vous passerai une déclaration ;
» passez-moi une auberge en Allemagne, je vous passerai
» un palais à Paris !...

» Mais, je vous le répète encore, tout cela n'avait rien de grave, et ces symptômes ne valaient pas la peine d'être regardés !...

» Qu'importaient en effet ces allées et ces venues des représentants à Wiesbaden, des représentants à Claremont ; des représentants de Claremont à Wiesbaden, des représentants de Wiesbaden à Claremont ? et ces négociations patentes pour opérer la fusion des deux royautés contre la république ? et ces présentations, et ces cérémonies, et ces allocutions, et ces confidences faites en public par des commissaires eux-mêmes ? et ce palais livré aux ministres d'un autre gouvernement par des personnages officiels du gouvernement présent ? Cela faisait ressembler la commission de permanence, à quoi ? *à un congrès de prétendants*, voilà tout... Ce n'était rien ; il n'y avait point là de symptôme grave.

» La commission dormait sur cet oreiller rembourré de songes !...

XI

» Elle dormait? Non, vous vous trompez, elle ne dormait pas tant que vous pensez, et pendant que les dynasties récentes et seules dangereuses s'agitaient, voyageaient, écrivaient, proclamaient, se concertaient, négociaient, priaient avec ostentation aux Tuileries, savez-vous ce qu'elle faisait, la commission de permanence?... Elle surveillait l'empire! l'empire tout seul; rien que l'empire; le vieil empire sans empereur! le vieil empire sans héritier, sans dynastie, sans titre, sans droit, sans parti, sans ministres, sans racine; le vieil empire aussi mort, aussi impossible, aussi posthume que les Carlovingiens! car qui dit empire dit empereur, dit monde asservi, dit trônes sous ses pieds, dit Europe désarmée et France muette! qui dit empire dit fantôme de gloire sur lequel quarante ans ont soufflé et dont il ne reste qu'un éblouissement dans les yeux de l'histoire et pas un élément dans la main du temps!

» N'importe, il lui plaisait à elle, commission de permanence, de surveiller cette ombre pendant que ces réalités qu'elle ne voulait pas voir lui brûlaient les yeux! O vigilante commission de permanence! oh! que la république était bien gardée!!!

XII

» Et comment surveillait-elle l'empire?

» Ah! vous n'avez qu'à ouvrir les procès-verbaux, c'est un chef-d'œuvre de sagacité et de sollicitude; il en sort à chaque page une odeur de haute police des mains de tels ou tels subalternes d'exploration : ce sont des commérages en rapports, des demi-confidences, des rondes de nuit; les fantômes d'une soirée d'automne au coin du feu. L'un a entendu dire, l'autre a cru voir, celui-ci s'imagine avoir soupçonné, celui-là s'étonne de n'avoir pas remarqué, tel éprouve le besoin d'interpeller le ministre de la guerre conspirateur pour lui demander bien franchement s'il conspire? tel, de lui faire promettre qu'on ne donnera rien de plus que la ration sèche aux soldats altérés par la marche; tel, qu'on attendra patiemment la prochaine revue pour savoir si vraiment on y confisquera, oui ou non, ce jour-là la république... quitte sans doute à dénoncer la conspiration après qu'on l'aura laissée s'accomplir... Enfin des choses prodigieuses de flair et de tact, de logique et de sagacité! et tout finit par l'assassinat que vous savez.

» Mais le commandant général des troupes, selon ces procès-verbaux, assiste lui-même à quelques-unes de ces séances. Il tranquillise nécessairement la commission; car il n'aurait qu'à parler et il n'y aurait point de revues; ou bien il n'aurait qu'à se retirer, et sa retraite dénoncerait le péril suprême : on convoquerait à l'instant l'Assemblée; et la conspiration serait écrasée sous le poids d'une nation qui n'en veut pas. Non; on ne convoque rien; on ne dit rien, on se borne à ces chuchotements qui sont les dénonciations du silence!

XIII

» Eh bien, raisonnons ferme et disons la vérité à la commission de permanence!

» Cette vérité, la voici.

» De deux choses l'une :

» Ou la commission de permanence a vu des crimes dans les actes du pouvoir exécutif pendant l'absence de l'Assemblée? et alors elle est inexcusable de n'avoir pas à l'instant sonné le tocsin constitutionnel d'alarme et rappelé l'Assemblée pour venir devancer, affronter, pulvériser le coup d'Etat;

» Ou la commission de permanence n'a vu que des fantômes? et alors pourquoi fait-elle *chorus* avec la coalition rétrospective qui vient dénoncer de prétendues conspirations du pouvoir exécutif à l'Assemblée, agiter le peuple, semer la panique dans la république, suspendre les affaires, diviser les deux pouvoirs dont l'harmonie nécessaire est la condition de tout bien, dont la lutte est la condition de tout mal?

» Ou elle a été bien aveugle, cette commission, il y a deux mois, ou elle est bien muette aujourd'hui!

» Qu'elle réponde si elle le peut!

XIV

» Elle répond : « Je me suis tue par générosité. » Et de quel droit une commission de permanence chargée d'être en sentinelle devant la constitution serait-elle généreuse? Est-ce qu'un avant-poste chargé de surveiller le péril serait bienvenu de ne pas tirer le canon d'alarme ou de ne pas crier *aux armes* par générosité en voyant les manœuvres de l'ennemi? Est-ce que ce même avant-poste serait bienvenu de tirer le canon d'alarme et de crier aux armes en pleine paix et deux mois après le prétendu danger? En vérité, la logique de la commission de permanence n'appartient qu'à elle; ou plutôt c'est l'inconséquence, la logique des passions ou des préventions!

» Poursuivons.

» Voilà donc le nuage chargé dans la commission de permanence. Maintenant il faut que l'orage crève. Comment va-t-il crever, et sur qui? Comment va-t-il en sortir la monstruosité d'une coalition entre des royalistes qui avouent leur antipathie contre la république et des républicains pressés de se jeter à tous les piéges que le royalisme leur couvre de fleurs de leur goût, c'est-à-dire de dénonciations contre tous les pouvoirs?

» Huit ou dix hommes actifs, habiles, diserts ou éloquents, parmi les chefs de la majorité orléaniste, se prennent tout à coup à notre insu d'une soudaine colère contre le pouvoir exécutif dont ils ont patronné la candidature,

dont ils ont possédé seuls le gouvernement depuis deux ans en le poussant avec nous d'abord à l'ordre, c'est vrai, puis à tous les abîmes de la contre-révolution, et jusqu'à l'amputation ingrate de son principe, le suffrage universel. Ces hommes éloquents et consommés s'entendent avec les visiteurs bien inoffensifs de Wiesbaden; ils leur disent :
« Faisons ensemble une petite campagne contre l'empire.
» Cela amusera notre oisiveté, cela occupera l'attention de
» l'Assemblée, cela fera plaisir aux bons républicains de
» tiers parti, qui nous croiront bien convertis et qui nous
» applaudiront toujours de renverser au moins quelque
» chose ! »

» Et les légitimistes répondent : « Pourquoi pas ? Un pou-
» voir exécutif, c'est toujours la moitié d'une république !
» Renversons; cela ne peut pas nuire à nos espérances;
» renversons toujours, nous verrons après. »

» Cela dit, des représentants, anciens ministres de la royauté d'Orléans, s'élancent à la tribune un beau soir où l'on ne s'attend à rien. Ils déchirent leurs habits comme Antoine après le meurtre de César. Ils s'écrient : « Le pou-
» voir exécutif vient d'avoir l'*audace* de faire ce qui est
» dans son droit, c'est-à-dire de supprimer le commande-
» ment de l'armée dictatoriale de Paris, et d'enlever sa
» confiance officielle à un général qui est justement cher à
» ses amis. Aux armes ! c'est-à-dire rendons-nous dans nos
» bureaux, d'urgence, en pleine nuit, et nommons une
» commission extraordinaire chargée de nous proposer
» les résolutions subites et extrêmes que les circonstances
» peuvent demander ! »

» Et les républicains de tiers parti, ébahis, courent au piége comme le bœuf à l'abattoir. Écrivez le mot d'*oppo-*

sition sur quelque drapeau que ce soit, faites-le porter par qui que ce soit, fût-ce par un ministre de toutes les royautés combinées, et ces habitués d'*opposition quand même* le suivront jusqu'à l'abîme!

» Quelques républicains trompés du tiers parti donnent donc majorité aux ministres de la maison d'Orléans. La commission propose une résolution de refus de concours du pouvoir législatif au pouvoir exécutif, c'est-à-dire la rupture nette et radicale entre les deux forces constituées qui composent la république.

» Je m'y oppose en vain avec deux cent quatre-vingt-six hommes de bon sens, républicains sensés ou hommes d'ordre. On me hue républicainement à gauche, monarchiquement à droite; un général, que j'écoute avec égards, va se promener pendant que je parle. Un de ces hommes tolérants qui montrent le poing aux idées et qui haussent les épaules aux convictions indépendantes daigne m'adresser une de ces apostrophes qui tranchent les discours. Je descends assourdi, non convaincu.

» Un orateur consommé, l'enfant gâté des coalitions, refait, avec les plus légères et les plus charmantes variantes, son *discours décennal des quatre coalitions*. En changeant le nom de roi contre celui de président, il enlève les républicains de défiance, il les endort, il les caresse, il les séduit, il les intéresse, il les fascine, il les entraîne, il les mène au *lacet* aux sons de cette flûte qui donnait le ton aux orateurs populaires du temps des Gracques. « *L'empire est fait!* » s'écrie-t-il; et quand les républicains charmés ont le pied dans la coalition, l'habile orateur tire la corde. Et moi je vous dis : LE TOUR EST FAIT!

XV

» *Le tour est fait, citoyens!* Mais quel tour? C'est-à-dire que la république est perdue par la main réunie des ministres de la maison d'Orléans et des républicains à courte vue, si vous ne venez pas la sauver de ses habiles ennemis et de ses funestes amis en mettant votre opinion et la patrie dans la balance!.

» *Le tour est fait!* c'est-à-dire que le conflit impolitiquement dénoncé au pouvoir exécutif par les coalisés orléanistes et les coalisés républicains réduit nécessairement la république à une de ces deux extrémités : une dictature du président de la république! Que Dieu nous en sauve! — Ou bien une *Convention de royalistes,* sans contre-poids dans le pouvoir exécutif asservi ou emporté! Que Dieu nous en sauve et en sauve la république surtout!

» Car ces prétendus républicains du tiers parti ne voient-ils pas à quoi ils réduisent leur république de coterie! leur république de droit divin, leur république sans phrase, leur république sans discussion, leur république brutale comme un fait, leur république de muets, leur république non d'hommes libres, mais de gendarmes! Ils prétendent la comprendre et l'adorer exclusivement. Nous n'avons pas assez d'intelligence, nous autres, pour en parler. Et voilà le sort qu'ils lui font en se coalisant avec les ministres de la royauté contre un pouvoir exécutif qui les sert, mais qui obstrue je ne sais quelle route à leurs pensées. Ils la réduisent à ceci : Un pouvoir exécutif annihilé, détruit, emporté, démissionnaire, ou en surveillance sous un général à la discrétion et à la nomination de l'Assemblée. Voilà pour le dehors. En dedans, une petite minorité de républicains en face d'une immense majorité de royalistes!

» Le beau sort que ces républicains de la coalition font là à leur république! Elle durera longtemps, votre république, n'est-ce pas, dans cette situation que votre irréflexion lui a faite?

» Et vous appelez les républicains des deux pouvoirs, les républicains de la constitution, les républicains assez intelligents pour voir le piége et assez courageux pour le dénoncer, vous les appelez des apostats et des traîtres? Ah! la pire des trahisons, c'est la trahison du sens commun! le vôtre vous a trahi, et vous ne tarderez pas à vous en apercevoir! Puisse-t-il n'être pas trop tard!

XVI

» Il y a, j'oserai le dire, dans ce pays-ci, depuis vingt-cinq ans, deux partis dont l'existence est également fatale à la monarchie et à la république, deux partis qui font à eux seuls tout le venin qui ronge à la fois les trônes et les libertés, les rois et les peuples!

» Ces deux partis sont, dans l'opinion royaliste, le parti des coalitions depuis 1829 jusqu'en 1851! Le parti des ministériels renversant l'échelle quand ils sont aux affaires, et menant le parlement et le journalisme à l'assaut dès qu'ils n'y sont plus: Agitateurs de trônes, briseurs de royautés, dès que ces trônes et ces royautés ne veulent plus être les hochets de leurs mains ! Mais ceux-là, au moins, ils ont l'excuse de leurs ambitions, de leurs fautes, de leurs légèretés, dans leur nature et dans leur mérite ; ils ont de l'imagination, du bon sens, de l'éloquence, des talents, presque du génie ! le génie de l'agitation ! la fièvre. On les craint, mais on ne peut s'empêcher de les admirer en s'affligeant. .

XVII

» Dans le parti républicain, c'est la petite fraction qui prend son nom du nom d'un journal. Petite église de dictateurs d'occasion, petit cénacle de sectaires de la république personnelle. Ces hommes concentrent en eux tout ce qui humilie, tout ce qui blesse, tout ce qui repousse enfin les âmes vraiment grandes, vraiment libres dans la nation, et ils ont tous les jours l'audace de dire au pays :
« La république, c'est nous ! La démocratie, c'est notre
» horreur de toute supériorité ! L'égalité, c'est le niveau
» de notre intelligence sur toutes les têtes qui nous dé-
» passent. La liberté (ainsi que l'a formellement dit avant-
» hier un homme digne par son honnêteté d'autres apolo-
» gistes), la liberté, c'est le droit de penser comme nous ! »
O âme de Carrel, âme grande et tolérante, où es-tu ?...

» Et quels sont donc les titres de ces quatre ou cinq républicains du *droit divin* d'une secte, pour affecter tant de superbe et tant d'intolérance et pour toiser de si haut tout homme qui vaut un autre homme dans ce pays? Leurs titres? ah! je les connais et la France aussi.

» Cette république qu'ils revendiquent aujourd'hui comme leur propriété personnelle et exclusive, elle s'est faite sans eux! malgré eux, peut-être!... Ils n'avaient pas même assez d'initiative pour l'accepter, quand elle tombait toute faite du hasard sur leurs fronts! Ils n'avaient pas même assez de politique pour reconnaître l'opportunité et la nécessité de leur république dans cette poussière des trônes écroulés sous leurs coups!... Cette république, ils n'ont su que lui proposer des programmes de dictature et de tyrannie qui en auraient fait la dérision et le dégoût de la France, si dès les premiers jours on ne l'avait pas arrachée de leurs mains pour la nourrir du lait plus fort de la tolérance et de la discussion, de l'humanité, de la liberté!...

» Des hommes circonvenus par leur école, mais meilleurs qu'eux, n'osent-ils pas dire encore aujourd'hui que « tout gouvernement qui permet qu'on discute son prin- » cipe est un gouvernement perdu? » Omar dans l'Orient, saint Dominique en Espagne et les lois de septembre en France parlaient ainsi. Hommes à maximes courtes et tranchantes! Ils ne comprendront donc jamais que la beauté et la force d'une république, c'est de pouvoir et de vouloir être discutée, et que tout principe qui ne supporte pas l'examen de la raison humaine n'est pas un principe, mais une brutalité!

» Cette république? ils l'ont vue un jour opprimée par une invasion de démagogues. Qu'ont-ils fait de plus républicain que nous, pendant que Paris se levait de lui-même avec nous pour venger la représentation de la France?

» Cette république? ils l'ont gouvernée pendant près d'une année d'une manière absolue, eux et leur parti. Qu'ont-ils fait de notre politique au dehors? Qu'ont-ils fait de la plus belle situation nationale et diplomatique où jamais république ait été portée en cinq mois de modération et de dignité? Qu'ont-ils fait de notre attitude sur les Alpes? Qu'ont-ils fait de notre médiation nationale en Piémont? Qu'ont-ils fait de l'Italie entière? A qui n'ont-ils pas ouvert la route de Rome sans le vouloir en la découvrant?

» Cette république? ils en ont eu la dictature après les journées de juin 1848, journées dont on leur a fait gloire à eux seuls — le ciel sait avec quelle injustice pour d'autres; car, s'ils ont noblement combattu comme tout le monde, avaient-ils mieux prévu et mieux préparé que ceux qui ont porté en silence tout le poids immérité de l'événement? — Qu'ont-ils fait après du gouvernement de la république? Un long état de siége! Qu'ont-ils fait de la répression, nécessaire mais limitée, après la victoire? qu'ont-ils fait de la mesure et de la clémence qui devaient borner les châtiments et les jugements à quelques centaines de chefs coupables, en amnistiant et en réconciliant le reste! Ils ont été bons soldats, mais toujours soldats, quand il fallait être hommes d'État.

» Voilà les œuvres de ce parti si superbe, si rogue, si dénigrant et si ingrat aujourd'hui envers les choses, les idées, les hommes qui n'entrent pas dans le cadre étroit et compressif de leurs petites combinaisons et de leur esprit de secte!...

» Voilà les hommes qui se jettent dans la première embûche qu'on daigne leur tendre! Voilà les hommes qui fourvoient la république dans une impasse de coalition proposée par leurs adversaires ! Voilà les hommes qui sans le voir, sans le vouloir et sans le savoir, répudient les conseils de leurs seuls amis, prennent conseils de leurs mortels ennemis, qui se croient habiles parce qu'ils sont soupçonneux, et qui préparent à leur cause et à leur pays ce qu'il y a de plus funeste pour un peuple : une révolution menée par une contre-révolution.

» Ah ! le parti doctrinaire a perdu deux monarchies ! le parti de ces nouveaux doctrinaires de la république combien perdra-t-il de républiques ! combien perdra-t-il de révolutions ?

XVIII

» Ah ! j'aime mieux mille fois ces hommes qui siégent sur les bancs plus escarpés de la république, et dont nous sommes séparés par plus d'abîmes. L'abîme au moins est visible ! Ces hommes ont plus de passions, mais ces passions sont plus entières ! Ils ont plus d'idées fausses, mais ces idées sont plus impersonnelles et plus dégagées en eux de tout alliage de parti ! Ils nous combattent, mais à ciel ouvert ! Ils nous combattent avec des foudres, quelquefois avec le fer et le feu ; mais ils ne nous combattent pas, du moins, avec des coalitions et des sophismes !! Ils sont ce qu'ils sont : des amis fanatiques de la république extrême, des ennemis des républicains modérés ! C'est bien, c'est franc ! c'est la guerre ! et quand ils demandent une révolution, ils disent Révolution! On se comprend et on se défend. Mais que le jour des dangers suprêmes se lève pour la république, et on les verra se dévouer sans ambition à la cause qu'ils préfèrent même à leur système et à leurs ambitions!

» Une révolution avec ces hommes-là, on sait ce que c'est, du moins!

» Quand le peuple fait des révolutions, lui, ces révolutions sont terribles (j'en excepte une seule, celle du 24 février, où, pour la première fois depuis que le monde est monde, un peuple révolutionné, débordé, absolu, s'arrêta tout seul et fut pendant quatre mois soulevé au-dessus du sol, au-dessus du crime, au-dessus de lui-même, par l'enthousiasme de sa propre modération). Oui, quand le peuple fait des révolutions, elles sont terribles. Elles font trembler le sol; elles bouleversent les sociétés; elles secouent les fondements des empires; elles engloutissent les vies et les intérêts; elles consternent l'humanité. C'est trop vrai! cela doit faire frémir les ambitieux ou les dupes qui y poussent ou qui s'y laissent entraîner par des coalitions comme celle que je combats. Mais quand le peuple fait des révolutions, lui, il a, ou il croit avoir, du moins, un but, une idée, une passion, un besoin, une espérance, une illusion, quelque chose enfin; c'est un droit à conquérir, un privilége à abolir, une liberté à saisir, une égalité à constater, une fraternité des classes à fonder, un principe à promulguer sur le monde! C'est faux ou c'est vrai, comme vous voudrez; ce sera même un songe si vous voulez encore! mais enfin le songe est vaste! le but est haut! l'idée est supérieure à de petites considérations; l'illusion même, si c'est une illusion, est grande, passionnée : grande comme le peuple lui-même, passionnée comme lui ! Cela se déplore, mais cela se comprend ; cela s'explique ; cela vaut la peine ! cela paye la sueur et le sang !

» Mais une révolution dans une révolution! mais une révolution par fantaisie ! mais une révolution par caprice ! mais une révolution par vanité de quelques meneurs de groupes parlementaires obéissants dans une Assemblée surprise ! mais une révolution par coalition de royalistes tombés et de républicains mécontents ! mais une révolution pour un hochet ! mais une révolution pour voter *la confiance par force* d'un président de république dans tel ou tel général à sa nomination ! mais une révolution par une équivoque ! mais une révolution pour que les vengeurs de la monarchie tombée et les jaloux de la république exclusive se donnent la main dans un mensonge de boules confondues dans une urne ! Ah ! pitié !... Oui, pitié pour ce peuple qui veut l'ordre et le travail dans la république, et à qui vous arrachez des dents son morceau de pain !

» Républicains honnêtes et clairvoyants, hâtez-vous de rompre cette fausse apparence de complicité qui perd la république, et de rendre la sécurité au pays. Surveillez, mais aidez votre pouvoir exécutif ! Ne lui demandez plus son nom, mais son œuvre.

» Quant à moi, je sais par expérience que les coalitions portent *inévitablement* dans leurs flancs les révolutions ; et quand tous les républicains du tiers parti y tremperaient, sinon du cœur, au moins du vote, et quand toutes leurs tribunes et tous leurs journaux m'accuseraient de la bêtise de l'impérialisme, de faiblesse ou de trahison, je dirais encore : Non, non, mon devoir n'est pas de plaire à la république, mais de la servir! Vous la tuez, vous la menez au piége; eh bien! si elle doit périr, que ce ne soit pas du moins par la main d'un de ses fondateurs!

« *Et si omnes, ego non!* »

XIX

Lisez les termes dans lesquels j'analysai la ridicule prétention des partis coalisés :

« La politique véritable n'est que la parfaite honnêteté. On ne saurait trop le redire. Il y a une vertu dans la justice. Il y a une toute-puissance dans le droit. Il y a une souveraine habileté dans le devoir. Dans ce système, chacun est dans son droit, et chacun fait son devoir.

» Que doit au pays le président actuel de la république? Il lui doit d'accomplir son temps de magistrature et de remettre loyalement le pouvoir aux mains du pays, qui le lui a confié. Il le fera, nous n'en doutons pas.

» Que doit la majorité de l'Assemblée nationale aux masses de la nation, dont elle a confisqué une partie du droit de représentation par les excès de la loi du 31 mai, qui retranche trois millions de républicains du suffrage? La majorité lui doit de restituer prudemment et loyalement le suffrage universel, sincère et entier de 1848. Elle le fera; nous l'espérons, non du premier coup peut-être, mais elle le fera avec patriotisme et prudence quand le cri public, qui commence à s'élever, l'avertira qu'elle a dépassé la sagesse, et qu'un péril, non-seulement pour la république, mais pour la société, couve au fond de chaque urne restreinte en 1852.

» Que doit maintenant l'Assemblée nationale au pays? Elle lui doit de voter la révision, c'est-à-dire de donner satisfaction à cette volonté souveraine qui voit des vices à corriger dans sa constitution et qui ne se laisserait pas impunément imposer ces vices prolongés par l'arbitraire et par l'ambitieuse obstination de quelques meneurs de coteries royalistes ou républicaines.

» Et quand l'Assemblée aura fait son devoir comme le président le sien, que devra le pays lui-même? Il devra, comme en 1848, voter avec la conscience et la dignité de la force son Assemblée constituante et son pouvoir exécutif.

» Si l'Assemblée constituante peut être légalement convoquée à temps pour reviser la constitution avant le 4 mai 1852 et qu'elle déclare les présidents rééligibles, comme le veut le bon sens et comme le veut la souveraineté du peuple, et si le président actuel de la république a conservé l'estime et la confiance du pays, le peuple pourra le renommer pour une seconde période de présidence.

» Si l'Assemblée constituante n'est pas convoquée à temps pour la révision, si la rééligibilité des présidents n'est pas admise par la constitution corrigée, ou si enfin le président actuel de la république n'a pas la majorité, il se retirera jusqu'à une candidature nouvelle, et il emportera la plus belle gloire d'un magistrat républicain de son nom, la gloire de n'avoir ni trahi ni usurpé la république confiée témérairement peut-être à un pareil souvenir!

» Un nouveau président choisi par la nation recevra le dépôt du pouvoir exécutif, et, quel qu'il soit, la France n'aura rien à en craindre; car s'il est homme d'État et homme de vertu, la France l'aimera et l'aidera, et s'il n'est ni l'un ni l'autre, la France le méprisera et l'abandonnera d'elle-même. Confions-nous au bon sens de tous pour arriver en paix et en ordre à ces solutions, les seules sensées, et disons hardiment la veille de 1852 ce que l'amiral Nelson disait à ses équipages la veille de Trafalgar : *la France espère que chacun fera son devoir !* La Providence n'a-t-elle pas fait toujours le sien pour ce pays du bon sens ? »

LIVRE TRENTE-QUATRIÈME

I

Dans le mois de mars je demandai, en vue du péril menaçant, la révision légale de la constitution et le rapport légal de la loi du 31 mai dernier qui altérait le suffrage universel. Le prince me fit appeler et me demanda si je me dévouerais à former un ministère dans ce sens. Je lui répondis oui. Le lendemain, un homme de première valeur, M. Billault, vint chez moi me dire qu'il se dévouerait partout où je me dévouerais et que je pouvais compter sur lui. J'inscrivis son nom dans ma pensée et dans mon cœur.

En attendant, je réfutai de la manière suivante, dans le *Conseiller du Peuple*, les accusations que le journal *l'Assemblée nationale* avait dirigées contre moi :

« L'*Assemblée nationale* vient de publier un article intitulé LAMARTINE-CAVAIGNAC, article dans lequel les ministres de la fusion s'efforcent de réduire le personnel de la république au ridicule ou au néant, pour démontrer l'impraticabilité de la république. Faisons d'abord observer que ces ministres d'une cause tombée, jamais insultée, se trompent. Quand bien même ils auraient démontré, en effet, que tous les hommes du pouvoir républicain ont été ou sont au-dessous de leur rôle, ils n'auraient fait que décréditer des hommes, ils n'auraient rien prouvé contre la nécessité de l'institution. La démocratie n'est pas dans tels ou tels hommes; elle ne s'appelle ni Lamartine, ni Cavaignac, ni Bonaparte : elle est dans l'air que nous respirons, elle est dans l'impossibilité actuelle au moins (si vous ne voulez pas dire éternelle) de toute monarchie dans cette France pulvérisée en partis rivaux; elle est dans l'avénement irrésistible de douze millions d'hommes au droit social et politique, dans ces masses élevées à la hauteur des anciennes classes politiques par le travail, l'instruction, la pensée, la volonté d'être quelque chose ; elle est dans la nature ! elle est dans le temps ! elle est dans la nation ! Tuez des hommes tant que vous voudrez, il restera le peuple. La démocratie a été conçue par le christianisme il y a des siècles; elle a eu les convulsions qui précèdent l'enfantement dans le sein de sa mère, en 1793; elle est née en 1848. Elle ne mourra pas !

» Quant aux hommes dont vous prétendez démontrer l'insuffisance, ils en sont plus convaincus que personne; vous ne leur apprenez rien et vous ne les humiliez même pas. Qui donc est de taille à se mesurer avec la grande idée qui surgit dans le monde? Qui donc est resté debout devant elle? Qui donc est de force à lutter avec l'esprit d'un temps? Où sont Mirabeau, Sieyès, Cazalès, Maury, Vergniaud; Danton, Bailly, La Fayette et tous ceux qui ont prétendu être aussi forts ou être plus forts qu'une époque ? Où êtes-vous vous-mêmes ? Ils ont été comme nous, tantôt sur la vague, tantôt dessous, roulés par les oscillations de l'élément terrible et immense qu'on appelle la révolution du dix-huitième et du dix-neuvième siècle, et qui emporte également à des bords que nous ne connaissons pas ceux qui prétendent la pousser de leur faible main, comme ceux qui prétendent l'arrêter de leur petit souffle !

» Vous nommez deux hommes. Je ne réponds que pour un ; nul, en ce temps-ci, n'a le droit de répondre pour un autre. Seulement vous vous trompez quand vous dites que ces deux hommes sont rivaux: Ils sont si peu rivaux que c'est l'un qui a appelé l'autre d'Afrique pour lui remettre la défense militaire de l'ordre, quand il a pressenti que Paris aurait besoin d'un bras républicain pour combattre un accès inévitable de cette démagogie, fléau des démocraties militantes. Moi, rival de quelqu'un sous la république ! Ah ! vous oubliez qu'il m'eût été facile d'être supérieur à tous pendant ces accès passagers de la faveur publique que j'ai eu plus de peine à contenir qu'à capter, et que je savais mesurer d'avance à leur valeur et à leur instabilité ! Non, je ne serai jamais le rival de personne en ambition, sachez-le bien ; le rival de tous en services, ou plutôt le serviteur dévoué et désintéressé de quiconque servira le mieux la république ! Là est la gloire, parce que là est le devoir sous les démocraties qui ne vivent que d'abnégation !

» Toute l'appréciation que vous faites de mon rôle dans le passé de la république, pour m'enlever dans son avenir un rôle que je ne demande qu'à l'obscurité, se résume dans ses trois mots : « Lamartine est légitimiste, et non républi-

» cain; Lamartine est chimérique, non politique; Lamar-
» tine a été vaincu par la démagogie dès qu'il a voulu con-
» tenir et réprimer, avec les collègues de son parti, la
» démocratie. »

» Examinons.

» Que je sois né de sang royaliste, que j'aie toujours respecté comme un homme décent les dieux de mon enfance, les lares du foyer paternel, les malheurs et les exils de la dynastie légitime sous laquelle j'étais né; que j'aie toujours vu avec éloignement d'esprit et avec répugnance de cœur la proscription de l'héritier traditionnel et innocent du trône par une dynastie de son propre sang qui n'était ni légitime ni républicaine, mais qui était personnelle, intéressée, et qui prenait à la fois deux places qui ne lui appartenaient pas, la place d'un neveu et la place d'une nation, c'est moi qui vous l'ai dit tous les jours depuis dix-huit ans : vous n'êtes pas bien fin de le deviner! Je vous le redis encore.

» Que je n'aie jamais été un républicain de conspiration et de fanatisme hébété pour telle forme de gouvernement contre telle autre, c'est encore moi qui vous l'ai dit mille fois.

» Mais s'il n'y avait dans mon intelligence mûrie aucun pressentiment de l'avénement de la démocratie dans le monde, pourquoi donc, vous et vos amis, avez-vous tant et si injustement accusé les *Girondins* d'en avoir dessiné et aplani la route? Entendez-vous avec vous-mêmes, car je ne puis répondre aux deux accusations à la fois; ou plutôt, oui, je puis y répondre en disant la vérité toute simple. Je n'étais pas républicain de fanatisme, je n'étais pas républicain de cette crédulité niaise qui attribue aux formes de gouvernement plus de vertu qu'elles n'en ont à tort et à travers; j'étais homme de bon sens, et quand il m'a été démontré que la république était la nécessité de vos interrègnes, la nécessité du peuple qui la voulait, la nécessité des classes privilégiées qui ne savaient pas instituer ni défendre autre chose, j'ai été, je suis, je serai républicain de raison comme vous êtes républicains de nécessité! La nécessité! vous faut-il donc un meilleur titre de républicanisme? La nécessité! y a-t-il un plus sûr gage et un plus fort lien de mon esprit à la république? La nécessité! n'est-ce pas un des noms antiques du Destin? Oui, la nécessité, c'est le destin de la démocratie moderne. Êtes-vous contents?

» Vous ajoutez : « Lamartine est chimérique, non poli-
» tique. C'est un apôtre, un prophète, un rêveur; il ne
» pense pas, il chante ou il rêve. » Je n'ai pas de miroir pour me contempler moi-même, c'est l'avenir qui le tient en ce moment; vous avez peut-être raison; cependant j'ai un doute, et je l'exprime comme doute, sincèrement comme doute, sans fausse modestie comme sans vanité. Ce doute, le voici : Comment se fait-il que ce rapsode, ce prophète, cet apôtre, ce rêveur soit précisément le seul d'entre vous qui, après avoir dormi et rêvé dix-huit ans selon vous, et prophétisé mille fois votre écueil, et combattu vos coalitions insensées par lesquelles vous précipitiez l'heure des monarchies, comment se fait-il que ce rêveur soit le seul de tous ces prétendus hommes politiques qui ait frappé juste au point et à l'heure sur le temps, et contribué à faire sortir le gouvernement de la démocratie d'une révolution, à la place de ces gouvernements monarchiques écroulés sous vous et par vous? Comment se fait-il que ce rêveur ait

attaché son nom à un fait immense, et vous votre nom à une immense ruine? Le hasard est donc un grand dieu. Quoi! ces hommes politiques font un cataclysme, et ce rêveur fait le plus grand acte politique du siècle! *et nunc intelligite!*

» Enfin, Lamartine et la démocratie, assurez-vous à vos » lecteurs, ont été, hors une seule fois, toujours vaincus » par la démagogie. » Ceci est neuf et mérite bien qu'on l'étudie, non pour les hommes, mais pour la démocratie elle-même. Comptons donc sur nos doigts, et voyons les défaites de Lamartine et de la démocratie roulés ensemble dans la boue, dans le sang et dans le pillage à la révolution de 1848.

» Que voulait la démagogie ou qu'était-elle censée vouloir une heure après le bouleversement de la monarchie en 1848? La démagogie voulait ou était censée vouloir l'incendie, le massacre, l'anarchie et le pillage, n'est-ce pas? — Trois heures après, l'incendie était éteint, le massacre prévenu, le pillage changé en respect des portes et des foyers, l'anarchie se courbait devant un gouvernement. — Où est le vaincu, où est le vainqueur?

» Le lendemain et les jours suivants, que voulait la démagogie? Elle voulait le drapeau rouge et le gouvernement rouge! — Elle a le drapeau tricolore et le gouvernement de la démocratie honnête et nationale. — Où est le vaincu, où est le vainqueur?

» Le surlendemain, que veut la démagogie? Elle veut le tribunal révolutionnaire et la terreur. — Elle a la magnanimité, la révolution désarmée des supplices, l'abolition de la peine de mort et la répudiation de l'échafaud politique. — Où est le vaincu, où est le vainqueur?

» Huit jours après, que veut la démagogie? Elle veut la guerre démagogique et la propagande incendiaire en Europe. Qu'obtient-elle? — Le manifeste au peuple, le respect des nationalités, la répression par la main de la démocratie des tentatives de propagande armée sur nos frontières, et la paix! — Où est le vaincu, où est le vainqueur?

» Un mois après, que veut la démagogie? Elle veut la dictature d'un ou de deux ans pour le seul peuple de Paris, l'ajournement indéfini des élections, la confiscation du suffrage universel et l'interrègne de la représentation nationale. — Elle obtient le suffrage universel en action, la convocation de la souveraineté du pays, le règne de la France. — Où est le vaincu, où est le vainqueur?

» Six semaines après, que veut la démagogie? L'épuration de la partie modérée du gouvernement provisoire, l'exclusion de Lamartine et de ses amis, la proclamation du comité de salut public pour revenir sur tout ce qui a été fait contre la démagogie! Arrivée avec ce programme armé à l'hôtel de ville au mois de mars et deux cent mille prolétaires trompés à sa suite, conduits par les clubs, qu'obtient-elle? — Un refus face à face de tout le gouvernement, les poitrines découvertes, et le gouvernement démocratique maintenu par la seule force morale. — Où est le vaincu, où est le vainqueur?

» Le 16 avril, journée la plus mémorable et la moins connue encore de notre révolution, journée dont l'opinion égarée a transporté la gloire principale à ceux qui n'en ont qu'une part légitime, et qui n'en connaissent pas même la signification et les ressorts, que veut la démagogie? Elle veut l'attentat contre les hommes et la démocratie modérée, la scission du gouvernement, le pouvoir arraché à la main qui le modère pour le livrer aux mains qui le convoitent et pour le tourner contre la bourgeoisie! Qu'obtient-elle avec cent mille démagogues montant du Champ de Mars sur l'hôtel de ville? — Elle obtient quatre bataillons de garde mobile renfermés avec Lamartine et le maire de Paris à l'hôtel de ville pour mourir ou en disputer les portes aux démagogues; elle obtient le général Duvivier haranguant sa poignée de jeunes soldats pour leur communiquer le feu de son âme, le général Changarnier appelé en volontaire dans le palais pour disposer le petit nombre de défenseurs, le gouvernement en permanence sur un seul point, le rappel battu, la garde nationale répondant comme un seul homme aux tambours, Paris, les villes et les campagnes submergeant d'un flot la démagogie! — Où est le vaincu, où est le vainqueur?

» Mais vous dites : « Quelques jours après, des bandes » de démagogues ont envahi, par surprise d'un moment et » par mauvaise stratégie des chefs, l'Assemblée! » — C'est vrai, mais, une heure après, qui donc montait à cheval à l'hôtel de ville à la tête de colonnes civiques formées d'enthousiasme? Qui donc y entrait? Qui donc arrêtait les factieux et rendait la liberté et la dignité à la représentation outragée? Où était le vaincu, où était le vainqueur?

« Mais les journées de juin ! » ajoutez-vous. Eh bien, ces journées mêmes, semblables à toutes les journées qui tentent la force ou la faiblesse des gouvernements naissants, qui donc les avait pressenties? Qui donc les avait armées d'avance? Qui donc avait fait venir d'Afrique un chef républicain pour que la défense nécessaire de la république ne fût pas suspecte au peuple de royalisme? Qui donc lui avait remis le commandement? Qui donc lui avait rassemblé sous la main soixante mille hommes? Qui donc ne lui a fait qu'un reproche, c'est de n'avoir pas déployé assez rapidement et d'une manière assez imposante assez de troupes pour étouffer en une heure la démagogie indécise sous la main de la démocratie armée? Qui donc l'a assisté en tout et partout? Qui donc a marché au feu avec nos héroïques soldats? Qui donc a pleuré les braves morts pour la cause de l'ordre? Qui donc a combattu, et en définitive qui donc a vaincu avec eux? Là encore est la démagogie ou la démocratie. — Où est le vaincu, où est le vainqueur?

» Partout où vous marquez une défaite, les faits marquent une victoire! Voilà comment la république a été depuis le 28 février le jouet constant de la démagogie! Voilà l'histoire à l'usage de la fusion!

» Ah! nous ne voudrions pas récriminer en écrivant l'histoire plus triste et plus vraie des défaites de votre cause et de vos hommes d'État; notre devise n'est pas, vous le savez bien : *Malheur aux vaincus!* Non : *Respect aux vaincus!* c'est la devise de la vraie république. Et où seriez-vous si la république, vaincue, comme vous le prétendez, par la démagogie, avait adopté une autre devise?

» Voltaire raconte dans *Candide* la rencontre fortuite à Venise, pendant le carnaval, de trois ou quatre rois détrônés réduits à la condition privée, et se consolant de leur *incognito* en soupant ensemble au Rialto. Aujourd'hui ce ne sont plus des souverains dépossédés qui font leur carnaval à Venise, ce sont des ministres déchus qui font des fusions dans leur journal à Paris. Il n'y a entre le roman de Voltaire et le roman politique de l'*Assemblée nationale* qu'une petite différence : c'est qu'à Venise on masquait son visage pendant ce carnaval de rois, et qu'à Paris on ne masque que son nom. Quant à nous, nous causons à visage et à nom découverts, et nous signons comme un simple citoyen :

» Lamartine. »

II

A l'occasion de la loi sur les clubs, voici les considérations que je fis valoir contre cette fausse institution qui n'est, à mes yeux, que la parodie dangereuse du droit de réunion :

« L'Assemblée a délibéré aujourd'hui sur les clubs et sur les réunions électorales avec une vive et naturelle émotion. Disons notre pensée sur les clubs, et ne les confondons pas avec le droit de réunion électorale garanti, défini, réglementé par les lois dans un pays libre.

» Le droit de réunion électorale, c'est le droit de se voir, de se parler, de s'entendre, de se concerter pour un intérêt commun d'affaires, de religion, d'opinion, de candidature, dans les formes, dans les lieux et dans les proportions de nombre déterminés par les lois. Le droit de tenir des clubs, c'est le droit de tumulte, d'attroupement à domicile, d'oppression ou de pression sur les autres citoyens. Entre ces deux droits, il y a toute la différence qui existe entre l'état civilisé et l'état sauvage. Voilà, quant au fond, notre pensée permanente sur les clubs. Cette pensée, nous l'avons manifestée en 1847 dans un langage auquel nous

n'avons eu ni une syllabe à ajouter ni une syllabe à retrancher depuis : « Nous voulons, disions-nous au nom du parti
» libéral et non démagogique en 1847, nous voulons le
» droit sagement réglementé de réunion. *Nous ne voulons*
» *pas rouvrir le club des Jacobins!* »

» Les républicains radicaux, exaltés et irrités par l'injustice, auraient bien tort, selon nous, de prendre aujourd'hui parti pour les clubs. Les clubs ont contre eux les ressentiments, les justices, ou, si vous voulez, les préjugés de 1793. Ils sont antipathiques à la France. Ils lui font du bruit, ils lui font mal aux nerfs, ils lui font le frisson, ils lui font peur, ils la désaffectionneraient des meilleures institutions. Si je voulais dépopulariser l'Évangile, je le ferais prêcher dans un club.

» Voilà pourquoi nous avons dit aux membres de l'Assemblée constituante en 1848, et nous disons aux républicains sérieux : « Il faut choisir entre la république et les
» clubs, car, si vous pensez que les clubs sont inhérents à
» la république, la nation, agitée, effrayée, tourmentée,
» impatientée de ce tumulte qui ne la laissera ni travailler,
» ni se reposer, ni dormir, renversera la république pour
» fermer les clubs. » Cela est à nos yeux plus évident que jamais. Or, à moins d'être un fou, il faut compter avec les opinions, les souvenirs, les terreurs et les préventions d'un pays qu'on veut habituer et élever à la démocratie en ordre.

« Mais les clubs n'ont-ils pas rendu de véritables services en 1848, pendant l'interrègne de constitution? » Oui sans doute, il serait inique de le nier. Disons pourquoi. Il y a certaines périodes extrêmes de la vie d'un peuple où les clubs peuvent rendre des services même à l'ordre, même à la patrie; il y a d'autres périodes où les clubs sont la ruine de l'ordre et le déchirement de la patrie. Il en est des clubs comme de la garde nationale : c'est une force surgissant d'elle-même et utile chez un peuple en état de révolution. Distinguons donc!

» Votre gouvernement vient-il de s'écrouler subitement? vos corps représentatifs sont-ils dissous? votre administration et votre police sont-elles anéanties? vos lois sont elles en problème? votre garde nationale décomposée? votre armée dispersée, muette, immobile, prudemment réservée pour les dangers extrêmes de vos frontières et momentanément éloignée du peuple, de peur d'un choc sanglant ou d'une propagande mortelle à la discipline? Ayez des clubs, laissez-les surgir, aidez-les à se constituer, à se multiplier surtout, pour qu'ils se contre-balancent les uns les autres et que leur opposition réciproque prévienne en eux cette unité terrible qui ferait d'un club unitaire et ramifié sur toute la surface du sol, comme du club des Jacobins, la tyrannie à cent mille têtes de la nation. C'est ce qui a eu lieu en 1848, et c'est ce qui a aidé le gouvernement provisoire à faire traverser à la France et à la société cet interrègne absolu, désarmé, imminent, terrible, dont on n'ose encore mesurer la largeur et la profondeur en se retournant, même après l'avoir franchi!... Oui, les clubs nombreux, divers, patriotiques, modérés, violents, humains, terroristes, populaires, bourgeois, socialistes, prolétaires, communistes, les clubs de toute forme, de toute doctrine, de toute couleur, de toute honnêteté ou de tout scandale, ont été très-utiles alors, malgré leur bruit importun ; c'étaient les cent mille bouches du volcan, ouvertes sur tous les flancs du sol, évaporant les idées, les sentiments, les passions contradictoires, les utopies, les chimères, et empêchant les tremblements de terre et les explosions. Il n'y avait point de représentation légale du peuple, point de constitution ; les clubs ainsi disséminés, ainsi opposés les uns aux autres par leur liberté même, étaient la confuse représentation de l'opinion, la discussion à un million de voix, le dialogue perpétuel du pays avec le pays. Et pendant que cette discussion sans danger, parce qu'il n'y avait ni unanimité, ni vote, ni pouvoir exécutif des clubs, se parlait et se répondait dans les clubs, le gouvernement révolutionnaire naviguait avec oscillation sans doute, et cependant avec sécurité, sur ces vagues mêmes qui le menaçaient, mais dont aucune n'était assez forte pour l'engloutir. Il maintenait l'ordre sans armes, il préservait les têtes et les foyers, il convoquait la véritable souveraineté légale de la nation par le suffrage régulier et unanime du peuple. Il déposait la dictature malgré les clubs qui voulaient le contraindre à la garder ; il remettait la France à la France ; et la révolution devenait république et gouvernement. Voilà les clubs en révolution, et nous déclarons que si (Dieu nous en préserve !) la France retombait en révolution et en interrègne, et que nous fussions encore appelé à intervenir sans autorité légale dans cet interrègne, nous ouvririons les clubs au lieu de les fermer, nous les multiplierions même ! Oui, nous donnerions la parole à tous les éléments, pour les empêcher de se combiner, de fermenter et d'éclater dans la tempête !...

» Mais aussitôt qu'un pays a traversé une période illégale et révolutionnaire, aussitôt que la révolution se change en gouvernement, les clubs changent de nature et deviennent l'assaut perpétuel contre tout gouvernement établi. Ils

se coalisent par une opposition commune contre ce qui leur fait obstacle, ils s'insurgent contre toute souveraineté, fût-ce la souveraineté du peuple, fût-ce même la souveraineté démagogique; ils s'affilient, ils correspondent, ils proclament, ils s'attroupent, ils ameutent, ils courent aux outils comme au 15 mai, ou aux armes comme au 23 juin; ils outragent, ils oppriment ou ils renversent le gouvernement. Entre les gouvernements et eux, plus de paix ! Voilà les clubs dans un pays en état de gouvernement, et voilà pourquoi nous avons dit aux républicains nos amis : « Choi-
» sissez entre la république et les clubs. »

» On dit : « Mais le droit de réunion ? » Nous répondons d'abord : Le premier et le seul droit de réunion absolument nécessaire appartient au peuple tout entier, qui se réunit dans ses comices à des époques et dans des formes déterminées pour émettre sa volonté nationale, supérieure à toutes ces volontés confuses des groupes d'individus arbitrairement réunis dans tel ou tel club.

» Nous répondons de plus : Le droit de réunion, infiniment semblable au droit d'attroupement, refusé partout où il y a de la liberté et de la sûreté pour les hommes, doit exister, mais avec des conditions très-sévères et dans des proportions très-étroites; car l'attroupement n'est pas une pensée, c'est une force, c'est un acte. Si la pensée des citoyens doit être libre, la force et l'acte des citoyens doivent être sujets à toute espèce de surveillance, de mesures et de limites; sans cela où serait la liberté des autres citoyens non attroupés ? Si vous m'obstruez la place publique avec votre club et votre manifestation, où passerai-je, moi, citoyen isolé ? et qui me garantira de votre pression sur moi ?

» Nous répondons enfin : Est-ce le droit légal et limité de réunion que ces rassemblements diurnes ou nocturnes de trois ou quatre mille citoyens se convoquant dans tel ou tel quartier des villes ou des campagnes, pour agiter, sans autre mandat que celui de leur opinion personnelle, ou de leur passion collective, ou de leur démence fiévreuse, les questions qui font trembler l'imagination dans ma tête ou le sol sous mes pas? Est-ce le droit de réunion civilisée et légale que ces masses se magnétisant ainsi elles-mêmes par le nombre, par le contact, par l'ivresse de la parole, par les vociférations, les applaudissements ou les menaces? semant le frisson à travers les murs dans toute une capitale qui les entend, sortant de là encore échauffées des fanatismes sains ou malsains que la parole, à tout risque, fait naître dans des âmes sans puissance sur leurs émotions, et rencontrant peut-être à la porte ceux qu'on leur a désignés du doigt pour ennemis ou pour victimes? vociférant l'insulte, la délation, la proscription, l'expropriation, l'échafaud, faisant rentrer dans les maisons les citoyens paisibles et fermer les fenêtres des maisons voisines de leur lieu de rassemblement, pour ne pas entendre ce perpétuel roulement du tonnerre souterrain du peuple attroupé? Non, ce n'est pas le droit de réunion, c'est le droit d'intimidation, c'est le droit de perturbation quotidienne, c'est le droit de terreur aux bons citoyens, c'est le *droit de hurlement dans les édifices*, droit qui n'a été accordé aux hommes que dans les forêts, et qui ne peut être exercé dans aucune civilisation connue!...

» Raisonnons : La liberté consiste à faire tout ce qui ne nuit pas aux autres. Je le demande à la bonne foi des partisans les plus résolus des clubs : Y a-t-il liberté pour un citoyen isolé qui habite le quartier où se tient un club, ou qui veut dormir ou travailler en paix dans son foyer? Y a-t-il égalité entre un citoyen isolé qui veut délibérer son opinion avec lui-même, et une association de sept ou huit mille citoyens se concertant dans un club pour imposer leurs opinions et leurs volontés par la puissance du nombre, du geste et de la voix? Y a-t-il sûreté enfin pour un citoyen isolé qui passe à la porte d'un club où il a été désigné pour ennemi public à des hommes fanatisés d'invectives et de fureur contre lui?

» Quant à moi, je sais par expérience à quoi m'en tenir. Je possède plusieurs rapports circonstanciés de police disant : « Si M. de *** avait été rencontré hier sur le boule-
» vard au moment de la sortie du club de ***, il y aurait
» eu danger d'outrages ou de violences contre sa personne. »
Est-ce là la liberté? Est-ce là l'égalité? Est-ce là l'inviolabilité que toute société monarchique ou républicaine doit à la paix publique, à la rue, au foyer, à l'imagination même des citoyens? Est-ce que les lois, au contraire, ne doivent pas avant tout protection au plus faible? Est-ce qu'elles n'ont pas pour objet de faire que chaque citoyen isolé soit égal dans son droit à tous les autres? Est-ce que l'unité sociale est un club et non une famille? Est-ce que les lois protectrices de la liberté, de la propriété, de la renommée, de la vie des hommes, ont été inventées pour faire prévaloir l'oppression du nombre sur l'individu, et non pour garantir l'individu et sa famille de l'oppression brutale du nombre attroupé?

» Mais si les clubs dans ces proportions sont destructifs de toute indépendance et de toute égalité, de toute sûreté du citoyen libre et isolé, que sont-ils en face du gouvernement lui-même?

» D'abord ils détruisent la première des conditions d'un gouvernement, *l'unité*. Qu'est-ce que l'unité de gouvernement? C'est la suppression de toute autorité rivale. Or les clubs sont partout et toujours l'antagonisme en action et la rivalité constituée du gouvernement quel qu'il soit. On a beau le nier en théorie, il faut aller au fond et voir la réalité. Il faut nous poser la question franchement en hommes qui ne se payent pas de mots.

» Voulons-nous être révolution en permanence?

» Voulons-nous être république régulière et acceptée?

» Si nous voulons être révolution en permanence, et par suite toujours en armes les uns contre les autres, la moitié de la nation occupée à surveiller l'autre, et tous ainsi dans le chômage et dans les transes qui font enfuir le capital et qui affament le peuple, disons-le : ayons des clubs dans tous nos quartiers, dans toutes nos villes, dans tous nos faubourgs, dans tous nos hameaux, dans tous ces centres industriels surtout où la fabrique et la misère agglomèrent par masses innombrables ces éléments de population sains en eux-mêmes, si vous les assainissez par l'ordre, le travail, l'instruction, l'assistance; putrides si vous les laissez fermenter et corrompre par les miasmes de l'indigence et du vice, et enfiévrer par le souffle d'agitateurs sans responsabilité et sans repos! Ayez-en dans les régiments, dans les casernes, sur vos vaisseaux, dans vos écoles, et soyez sûrs que bientôt chaque magistrat de la loi aura au-dessus de lui un tribun de la sédition, chaque officier un sergent, chaque capitaine de vaisseau un matelot, chaque chef d'atelier un contre-maître, chaque caserne un insurrecteur en titre, chaque secte son armée, chaque soir son tumulte, chaque journée son insurrection! Si vous voulez tout cela, je le répète, demandez des clubs. Rien de plus logique en effet ; c'est le mont Aventin perpétuel du peuple ; c'est le tocsin continu sur la société ; c'est l'attroupement à domicile suivi immédiatement de l'attroupement dans la rue ; c'est le gouvernement du premier venu, et bientôt, comme le disait Danton lui-même, le gouvernement des plus scélérats !

» Voulons-nous, au contraire, que la république se fonde, travaille, sème, bâtisse, commerce, prospère, élève le peuple par la moralité, le salaire, l'économie, la sécurité, la fusion des intérêts et des cœurs, à des conditions de dignité et de bien-être qui légitiment la démocratie dans le monde, sacrifions les clubs, car avec eux aucun gouvernement n'est possible, pas même le gouvernement de la Convention, de cette Convention qui faisait trembler tout le monde, qui délibérait entre un camp et un échafaud, et qui cependant trembla elle-même devant les clubs, fut envahie, insultée, outragée, ensanglantée par les clubs, jusqu'à ce que Legendre apportât sur la tribune les clefs des clubs teintes de tant de sang !

» Un volume ne suffirait pas pour raconter leurs crimes et leurs dangers à l'intérieur ; mais que n'aurions-nous pas à dire de leurs dangers plus grands encore pour l'extérieur ?... A-t-on réfléchi à l'action des étrangers dans les clubs d'un pays continental comme la France ? Quelle diplomatie nationale tiendrait jamais devant eux ? Ils seraient les maîtres de la guerre et de la paix. Qui est-ce qui a forcé la main au roi, à l'Assemblée législative, à Robespierre lui-même, en précipitant la France désarmée de 1792 dans les témérités et dans les désastres de nos premiers revers, où la révolution et la France devaient périr, sans l'heureuse imbécillité de la Prusse ? Quels étaient les meneurs de clubs qui jouaient la patrie française au jeu d'une campagne impolitique où elle devait être cent fois perdue? Des étrangers, Clootz, Pereyra, Paoli, Buonarotti, Marat et cent autres, et parmi eux des agents occultes des cabinets ennemis! Et en 1848, par qui ont été soufflées les tentatives pour allumer l'Europe malgré la France, qui voulait la paix? Vous le saurez plus tard, mais sachez dès aujourd'hui que les clubs étrangers furent les vrais moteurs de ces tentatives qui auraient ajouté aux troubles inséparables d'une révolution les terreurs et les calamités d'une guerre universelle. Oui, la tentative de *Risquons tout* sur la Belgique ne fut pas un crime français! Le passage du Rhin par les réfugiés allemands contre Bade ne fut pas un crime français! L'invasion de Chambéry par la colonne insurrectionnelle de Lyon ne fut pas un crime français! Le 15 mai enfin, cette invasion de l'Assemblée constituante aux cris de « Vive la Pologne! » ne fut pas un crime français! Les clubs étrangers, malgré l'énergie avec laquelle on combattait leurs menées, furent les auteurs de ces démences et de ces attentats dont le succès aurait engagé, perdu ou déshonoré la France! Ces clubs, où les étrangers se mêleraient toujours, feraient incessamment de la France un loyer de toutes les conjurations, le brandon de l'Europe. Si vous ouvrez les clubs polonais, quelle paix avec la Russie? Si vous ouvrez les clubs irlandais, quelle paix avec l'Angleterre? Si vous ouvrez les clubs belges, quelle paix avec la Belgique? Si vous ouvrez les clubs allemands, quelle paix avec l'Allemagne? Si vous ouvrez les clubs savoisiens, quelle paix avec le Piémont, votre allié nécessaire en Italie? Non, votez l'Océan autour de vous, comme l'Angleterre, ou fermez les clubs. Il n'y a pas de milieu.

» Et si vous dites : « On les réglera, » l'histoire vous répond : On réglerait plutôt la flamme et le vent. Leur nature est d'être ingouvernables. Les clubs? c'est la passion! On ne fait pas la législation de la passion, on fait des lois contre les vertiges et les excès de la passion. Lisez plutôt les annales des clubs.

» En 1790 on leur interdit la correspondance avec l'armée : ils insurgent les régiments. En 1791 on leur interdit les pétitions collectives : ils font apporter les pétitions par des émeutes. Au mois d'août de la même année, on leur interdit de délibérer et de voter : ils votent insolemment l'abolition du décret de l'Assemblée nationale. En 1792 douze cents clubs affiliés oppriment la Convention ; la Convention veut revendiquer sa puissance : ils lui arrachent des mentions honorables. En 1792 encore le ministre de la guerre tente de les réprimer dans les corps armés : ils insurgent la flotte. Le 27 juillet de la même année ils contraignent l'Assemblée à voter la déportation des municipalités qui entreprendraient de les fermer. Le 26 brumaire ils s'arrogent le droit de présenter tous les candidats à toutes les fonctions publiques. Enfin la Convention essaye le système de l'abjection devant eux ; elle leur affecte tous les édifices publics : ils règnent alors à sa place, vous savez quel règne! Tacite n'en a pas écrit de plus occulte et de plus sanguinaire. Legendre les ferme le 10 thermidor. En 1795 ils se rouvrent. Les sections les désarment trois fois. Ils envahissent la salle de la Convention, et ils y promènent la tête de Féraud. Le 22 brumaire ils soulèvent les ateliers nationaux de la plaine de Grenelle. Ils sont enfin fermés, mais par les armes ; jamais autrement. Force révolutionnaire et turbulente, la force révolutionnaire est aussi leur seule répression possible. Les lois sont trop faibles contre les hommes réunis et contre la sédition disciplinée. Il faut les baïonnettes contre les piques !

» Voulez-vous suivre plus loin leur histoire? Vous les retrouvez en 1848 et en 1849 de la même nature qu'en 1790 et qu'en Amérique, quand Washington et Jefferson faillirent succomber sous leur turbulence. Aux premiers jours qui suivirent février, sages, modérés, irréprochables en grande majorité. Mais, aussitôt que l'ombre d'un gouvernement leur apparaît et menace de les déposséder par la représentation nationale, ils soulèvent le peuple le 19 mars, et somment le gouvernement provisoire d'ajourner les élections. Ils soulèvent le peuple le 16 avril, et somment le gouvernement provisoire de s'épurer, de créer un comité de salut public, de prendre une longue dictature, de gouverner la France par la souveraineté de Paris, c'est-à-dire par leur souveraineté à eux! Ils soulèvent le peuple le 15 mai, et violent un moment la représentation nationale, qui triomphe par sa seule intrépidité de leur oppression. Si les journées de juin ne sont pas leur ouvrage, la fièvre qu'ils ont propagée accéléra et compliqua ces tristes journées. La république enfin les ferme avec l'épée. Jamais deux mois de clubs sans que la guerre civile en sorte! Jamais de trêve entre les gouvernements et eux. Voilà les clubs! Aveugles ceux qui ne voient pas, lâches ceux qui voient et qui ne veulent pas prévenir !...

» La société ne vit pas en état de guerre, mais en état de paix. Elle demande l'ordre, la sûreté, l'inviolabilité des personnes de la république. Si la république n'a pas le courage de les lui donner, elle ira les demander à la monarchie impossible, au despotisme honteux, à la force brutale, à l'avilissement même des plus exécrables institutions. Républicains, sacrifiez à la nécessité, au bon sens, à l'histoire, aux terreurs de l'imagination, aux besoins de sécurité et de confiance d'un peuple de six millions de travailleurs qui vivent de pain dans les ateliers et non de fièvre dans des clubs ! Sacrifiez les clubs ou renoncez à la république ! C'est le dernier mot de la vérité !

» Et si vous dites : « C'est un mot sévère, » je vous réponds : Ce fut le mot de Washington, de Jefferson, de La Fayette ; ils étaient dignes peut-être, ceux-là, d'avertir et de conseiller les républiques. »

III

Voici la réponse que je fis, dans le *Conseiller du Peuple*, aux griefs élevés contre moi par M. Dufaure. Lisez :

« Enfin est venu M. Dufaure, ancien ministre de l'intérieur sous le général Cavaignac, puis sous le président actuel. On connaît son honorable caractère et son remarquable talent. Talent *pédestre*, comme disait Horace, qui ne s'élève pas au-dessus du regard, mais qui marche avec élégance et vigueur de déduction en déduction à la vérité. Seulement quand la vérité est un peu loin ou un peu haut, il risque ainsi de la manquer. Rendons-lui grâces, il a dès le premier jour compris et senti la nécessité de la république ; il lui a prêté sa parole et sa main aussitôt qu'elle a fait appel à son patriotisme et à son éloquence, et hier il lui a prêté, en la défendant contre de téméraires réactions, une évidence et une force qui font de son discours une bonne journée pour la république.

» Nous regrettons seulement qu'il ait été injuste dans deux parties de son discours. La justice ne fait-elle pas partie du bon sens?

» Monsieur de Lamartine, a-t-il dit, a, sans le vouloir,
» dans un livre populaire, les *Girondins*, contribué à dimi-
» nuer l'horreur que les crimes de la première république
» sont de nature à inspirer au peuple. » Nous sommes saturé de calomnie et nous buvons l'iniquité comme l'eau ; mais quand une voix aussi accréditée que celle de M. Dufaure se fait l'écho d'une prévention odieuse, nous y faisons attention. Nous ne répondons à M. Dufaure que par deux citations, l'une sur la première terreur de 1792, l'autre sur la seconde terreur de 1793. On a vu dans ce livre quel terroriste nous sommes !

» La seconde injustice de M. Dufaure est celle qui fait porter sur le gouvernement révolutionnaire de 1848 l'accusation d'avoir pesé sur les élections par l'intimidation. Oui, une circulaire parut un jour à l'insu de ce gouvernement, circulaire parlant, en effet, la langue des proconsuls et tendant à intimider la France. Le lendemain, c'est-à-dire aussitôt qu'elle fut connue du gouvernement, elle fut démentie, désavouée, rétractée, déchirée avec éclat à l'hôtel de ville par l'unanimité du gouvernement. L'instruction du gouvernement portait : « Ne pesez pas d'un mot sur les
» élections : n'imitez pas les gouvernements qui vous ont
» précédés. La pire des corruptions électorales, ce serait la
» peur. Appelez toutes les opinions aux comices ; n'en écar-
» tez pas un seul de vos ennemis politiques. Laissez voter
» les vieux partis ; ils sont de la France comme vous !

» Donnez-leur ce qui appartient à tous, sûreté, liberté,
» inviolabilité d'opinions ou de sentiments, et soyez sûrs
» qu'ils voteront pour la république, parce qu'elle est le
» salut de leur patrie. »

» Quand on a sous les yeux de pareils actes promulgués, affichés, exécutés sur toute l'étendue de la France, est-il possible de parler de la tyrannie de ce gouvernement ? Et à qui aurait-il fait peur avec vingt ou trente commissaires désavoués par lui-même ? A douze millions d'hommes ! ! ! Quelle pitié !

» Quant à l'anarchie réprimée et à l'ordre rétabli après la révolution, dont M. Dufaure attribue et attire tout le mérite exclusif et toute la reconnaissance au gouvernement de son ami le général Cavaignac, comme M. Baroche l'attribue et l'attire au président actuel de la république et à la majorité, nous ne protestons pas, cela est trop juste pour ne pas devenir historique !... nous ne le savions pas, mais nous l'apprenons avec bonheur. Oui, sans aucun doute, c'est M. Dufaure et son gouvernement qui ont reconquis le pouvoir sur l'anarchie en armes le 24 février sur la place publique ! C'est M. Dufaure et son gouvernement qui ont abattu le signe de la terreur arboré le 26 et le 27 sur la moitié de Paris ! C'est M. Dufaure et son gouvernement qui ont refusé au socialisme à la bouche de ses canons de signer ses programmes subversifs le 28 février ! C'est M. Dufaure et son gouvernement qui ont enrôlé et animé de leur âme l'invincible garde mobile ! C'est M. Dufaure et son gouvernement qui ont conservé la discipline de l'armée et qui l'ont portée en trois mois à cinq cent mille hommes dévoués à l'ordre ! C'est M. Dufaure et son gouvernement qui ont déconcerté par leur intrépide attitude la tyrannie des clubs entraînant cent cinquante mille hommes derrière eux le 17 mars ! C'est M. Dufaure et ses amis qui ont fait lever la patrie en armes le 16 avril au secours d'elle-même, et ressuscité ce jour-là la société ! C'est M. Dufaure et son gouvernement qui ont conservé la paix avec l'Europe au milieu des entraînements convulsifs vers la guerre de propagande ! C'est M. Dufaure et son gouvernement qui ont convoqué l'Assemblée nationale constituante, et qui l'ont assise à sa place au milieu de Paris ombrageux et résistant, pour abdiquer vite entre ses mains ! C'est M. Dufaure et son gouvernement qui ont marché le 15 mai sur l'hôtel de ville, surpris par les factieux, et qui les ont arrêtés et envoyés à Vincennes ! C'est M. Dufaure et son gouvernement qui ont appelé à Paris soixante-cinq mille hommes de troupes, et qui les ont remis à un général républicain pour dissoudre une sédition inévitable, prévue, nécessaire à combattre, facile à vaincre avec de pareilles forces promptement déployées ! C'est M. Dufaure et son gouvernement qui ont combattu et triomphé de cette sédition et qui se sont retirés après la victoire !... Encore une fois, nous ne savions pas tout cela, nous l'apprenons. M. Dufaure assure que c'est son gouvernement ; M. Baroche assure que c'est le gouvernement du président : nous ne savons pas lequel a raison, mais, à coup sûr, ce n'est pas cet abominable gouvernement provisoire ! *Risum teneatis !*

» N'importe qui ; M. Dufaure a fait un bon et honnête discours pour son candidat contre les candidats présumés de l'élection future. Quand on préconise un seul homme, il faut bien un peu dénigrer les autres. Pourquoi le mot dénigrement serait-il dans le dictionnaire, s'il ne devait pas dans l'occasion faire, comme disent les grammairiens, partie du discours? Quant à nous, nous ne l'avons jamais employé contre M. Dufaure ni contre aucun autre. Hélas! la destinée ne se charge-t-elle pas assez de nous dénigrer tous? Pourquoi l'aider?

IV

» Enfin est venu M. Odilon Barrot. Il n'a dénigré personne, lui; il n'a pas besoin de la petitesse d'autrui pour paraître éminent. Il l'est par l'honnêteté, par le talent, par l'estime, par le renom, par le courage dans l'occasion. Nous l'avons admiré le 24 février 1848 montant aux barricades, montant à la tribune, courant au ministère de l'intérieur pour devancer et retenir une révolution qui courait plus vite que lui, mais qui le respectait tout en l'écartant. Nous l'avons admiré davantage quand, après la république assise, il s'est dévoué à la gouverner sans rancune, parce qu'elle était une forme de son pays. M. Barrot était un homme bien préparé par les événements pour être le premier ministre d'une république indécise encore. Presque républicain sous a monarchie, presque monarchiste sous la république, il reliait les deux époques confondues dans un homme de bien qui donnait des gages aux deux partis. Nous avons blâmé sa politique étrangère en Italie, mais une faute grave qui n'était pas la sienne seule ne détruit pas tout un homme. Il est resté de lui un vrai patriotisme, une haute raison, un noble talent. Ce sont les qualités qu'il

a montrées dans ce discours de trois heures. Il y a fait une analyse franche et forte des principales imperfections de la constitution. Qui peut les nier? Il a dit de bonne foi à la république : « Vous êtes le seul gouvernement possible;
» rendez-vous de plus en plus acceptable en vous pliant aux
» conditions de tout bon gouvernement. Enlevez les pré-
» textes contre vous en corrigeant les défectuosités d'une
» première ébauche. Vous gagnerez le pays en vous assimi-
» lant davantage à ses mœurs, à ses traditions, même à
» ses faiblesses. »

» Voilà ce discours. Nous regrettons seulement que le vieil homme, comme disait Louis XIV, ait un peu trop percé sous l'homme nouveau, et que les critiques contre la constitution aient quelquefois porté jusque sur la république. Mais quand on a remâché vingt ans du constitutionalisme des trois pouvoirs à la tribune, peut-on s'étonner qu'il reste quelque amertume sur les lèvres en parlant d'une forme plus simple de gouvernement?

» En résumé, le discours de M. Odilon Barrot est une bonne action de sa vie publique. Les républicains ombrageux peuvent s'en plaindre, la république nationale doit l'en remercier.

V

» Nous n'avons plus qu'un mot à dire : c'est sur l'attitude du gouvernement dans ce grand débat. Nous ne saurions assez le blâmer. Nous dirons pourquoi.

» Le gouvernement, dans la question de révision, n'avait qu'un rôle : le désintéressement scrupuleux de lui-même et l'impartialité muette entre les pétitionnaires et les juges de la révision. Il pouvait seulement, s'il était interrogé et mis en cause, dire de son point de vue quels articles de la constitution lui paraissaient susceptibles de rectification utile à l'action du pouvoir central. Avouons aussi que, si le président de la république était attaqué dans sa dignité de magistrat ou dans sa dignité d'homme comme il l'a été par un orateur, ses ministres pouvaient le défendre ; car l'honneur, en France, est une loi aussi, et des ministres qui ne réclameraient pas le respect pour le chef absent de leur gouvernement paraîtraient manquer de courage ou d'honneur.

» C'est ce qu'a senti et ce qu'a fait avec force et talent le ministre des affaires étrangères, M. Baroche, en prenant la parole contre M. Victor Hugo. Nous sommes loin de le blâmer sur ce point. Mais nous ne pouvons l'approuver sur deux autres. Il a renvoyé personnalités contre personnalités : mauvaises armes qu'un gouvernement ne doit jamais relever, même quand on s'en est servi contre lui (dignité oblige). Le ministre, de plus, a attaqué l'autorité de la constitution jusque dans son origine : les élections de 1848 et l'autorité de l'Assemblée constituante ! Attaquer les élections de 1848, c'est attaquer le soleil, aurait dit Napoléon. Une nation entière se levant d'elle-même en ordre à la voix de son propre salut, sans armée pour l'intimider, sans administration pour la corrompre, sans prétendant pour peser sur elle, et marchant à la suite de ses magistrats volontaires, de ses prêtres, de ses chefs de famille, aux comices pour y déposer douze millions cinq cent mille votes indépendants de tout, excepté de Dieu, c'est là un fait qui éclate d'une telle évidence que, comme le soleil en effet, il éblouit.

» Et c'est de là qu'est sortie, sans exclusion d'un seul citoyen électeur ou éligible, l'Assemblée constituante qui est venue recevoir la France des mains de la France, la sauver et la constituer! Trouvez une origine plus nationale, plus complète, plus libre et plus pure de gouvernement, si vous la savez!... Est-ce l'antique monarchie sortant d'un mystère et couronnée par un miracle populaire dans une basilique? Est-ce la constitution de 1791 sortant de l'insurrection de la Bastille et de la promenade du peuple des Halles à Versailles? Est-ce la constitution de 1793 sortant du 10 août et de l'assaut des Tuileries par la commune de Paris? Est-ce la constitution de 1793 sortant du sang de Louis XVI et confisquée le jour même de sa promulgation par la terreur, pour être remplacée par l'échafaud? Est-ce la constitution du 18 brumaire sortant d'un conciliabule de soldats conspirant dans la rue de la Victoire, et de l'embauchement d'un régiment de dragons commandé par Sébastiani? Est-ce la constitution de 1814 sortant d'un cabinet de M. de Talleyrand et d'un roi exilé, sous les pieds d'un million d'étrangers foulant le sol de la patrie? Est-ce la constitution de 1830 sortant du Palais-Royal et de deux cents députés, fraction sans mandat d'une Chambre dissoute au bruit du tocsin et du feu des trois journées de juillet? Qui oserait le dire? Et où était la nation dans tout cela?

» Dans toutes ces origines, le droit manquait. Ici une faction, ici une sédition, ici une commune de Paris, ici une intrigue, ici une violence étrangère, ici une usurpation domestique, ici un subterfuge parlementaire, prenaient la place, le droit, le rôle, la voix de la nation pour lui imposer une constitution.

» En 1848, le jour de Pâques, tout s'efface devant la nation elle-même; ni épée, ni intrigue, ni étranger, ni prince, ni parlement, rien que le peuple lui-même, le peuple en présence de Dieu! Il nomme ses représentants, ses représentants délibèrent sa constitution, ils la proclament, elle règne!!! Et vous osez infirmer une telle origine trois ans après, dans l'intérêt de qui? D'un homme qui n'est quelque chose que par la vertu de cette constitution qui lui a dit : « *Sois!* » Et par la voix de qui? Par la voix d'un des ministres de cette constitution qui lui a dit : « *Parle!* Parle pour me défendre toutes les fois qu'une faction osera me contester! » Cela fait un de ces contresens presque inconnus dans l'histoire. Ce discours du gouvernement est le coup d'État de l'inconséquence. Mais que seriez-vous, vous qui parlez, sans la constitution de 1848? Mais que serait la loi? Que serait la majorité? Que serait l'Assemblée? Que serait le président de la république lui-même, et où serait-il? Que serait la France? Problème! néant! confusion! chaos! illégalité! loi du hasard, loi du plus audacieux! loi du plus criminel! chose sans nom! Et c'est là ce que vous avez l'impudence de dire à ce peuple, à ces soldats, à ces factions, à ces clubs, à ces sectes, à ces foules, que nous ne pouvons intimider, dominer, enchaîner par le respect à la loi souveraine de tous que par l'autorité foudroyante de la constitution, volonté, œuvre et garantie de tous! Si la constitution n'a point d'autorité morale à vos yeux, nommez-vous franchement alors de votre vrai nom, vous qui parlez au nom du gouvernement contre le gouvernement lui-même! Vous n'êtes rien de légal; vous vous nommez usurpation ou anarchie! dites-le franchement, cela vaudra mieux! La France, qui ne veut être ni anarchie ni usurpation, avisera!

» Voilà les réflexions qui nous montaient au cœur pendant la première partie du discours de M. Baroche. Soyons juste, il s'est hâté de désavouer le mauvais sens involontairement donné à ses paroles, mais l'écho même en sonne encore mal. Il faut l'étouffer.

» Que ce langage aventuré, avoué ou rétracté du gouvernement, est loin de celui que nous attendions dans cette discussion, langage que nous implorons depuis longtemps, qui pacifierait à l'instant la France, et qui rendrait sans prétexte et sans excuse le refus des améliorations désirées dans la constitution!

« Si les ministres étaient montés à la tribune et s'ils avaient dit ceci : « Nous vous apportons avec respect et
» avec confiance la pensée réfléchie du président de la ré-
» publique. Il croit que la constitution est susceptible de
» deux ou trois améliorations; l'épreuve du gouvernement
» pendant ces trois années les a démontrées utiles et pos-
» sibles. Il croit que la république gagnerait en force et en
» stabilité à ces deux ou trois amendements à ses institu-
» tions. Il croit qu'une Assemblée de révision dont la tâche
» serait limitée à la correction de ces deux ou trois points
» n'offre aucun danger réel, vu l'excellent esprit qui anime
» l'immense majorité du peuple. Une révision totale en offri-
» rait, non parce que la république pourrait y être désa-
» vouée, mais parce que le peuple prendrait ombrage de
» cette possibilité seulement, et que l'inquiétude et l'agita-
» tion serait un mal. Parmi les modifications à la constitu-

» tion, on parle de la rééligibilité des présidents : il n'est
» pas permis au président actuel d'émettre un avis dans sa
» propre cause. A vous seuls de délibérer sur ce problème
» constitutionnel. On fait peser sur vous et sur la république
» la menace d'une réélection inconstitutionnelle par le
» peuple, en 1852 : cette menace est une insulte à la con-
» science du président autant qu'à votre indépendance.
» Bonaparte annule d'avance tous les votes qui porteraient
» son nom, dans le cas où vous n'auriez pas voté la révi-
» sion, et où la révision n'aurait pas déclaré la rééligibilité.
» Ne pensez pas à lui, pensez à la république, à la France,
» à la société. Le nom du président est une gloire pour la
» patrie, il ne sera jamais une pression sur la liberté, un
» déshonneur pour notre histoire. » Ces paroles, suivies
d'une proposition de loi pour restituer la plénitude du suffrage universel trop profondément altéré par la loi du
31 mai, auraient rétabli à l'instant la sécurité dans le pays,
l'avenir dans les imaginations, la bonne volonté dans la
Chambre. C'était la paix, la réconciliation, la confiance
réciproque, le coup d'État de la probité politique, la cor-
dialité des pouvoirs rétablie, le sang-froid rendu aux
esprits, l'activité rendue aux affaires, la lumière émanant
du cœur et tombant sur les ténèbres de la situation !

» Oh oui ! le gouvernement commence à être coupable !
coupable de silence ! coupable de retard dans le bien ! coupable de mystère ! Et quel est son crime ? Il se tait ! Mais
ce qui ne fut pas hier peut être demain. Nous ne nous las-
serons jamais de bien espérer des hommes, surtout quand
ils sont en face de l'histoire, en face de leur conscience et
en face de leur nom.

LIVRE TRENTE-CINQUIÈME

I

Un dernier acte de la commission de permanence et de la Chambre posa témérairement la question entre le prince et l'Assemblée. La commission de permanence fut insensée. Provoquer quand on est le plus fort, c'est abuser de sa force; mais provoquer à le faire le pouvoir exécutif, la Chambre et la raison publique, quand on n'est qu'un petit groupe en face d'une nation, il n'y a pas de mot, excepté celui de *suicide*, pour caractériser cette folie. J'avais prévu mille sorties de la république : je n'avais pas prévu celle-là. Voici comment cela se passa.

Le général Changarnier, qui avait reçu du président et de la Chambre le commandement général des troupes de la garnison de Paris, campait aux Tuileries. Le prince résidait à l'Élysée. Le prince, mécontent du général, le destitue. La commission de permanence, mécontente à son tour, propose de diviser l'armée de Paris en deux parties : l'une pour défendre le président, l'autre pour protéger l'Assemblée. C'était organiser de sa propre main la guerre civile sur les deux rives de la Seine. C'était le coup d'État fait par l'Assemblée contre le pouvoir exécutif de la république et contre le pouvoir universel de dix millions de suffrages populaires. De ce jour, je vis la république perdue sans ressources. Je me voilai le front pour ne pas voir ce qui allait se passer. J'étais heureusement réfugié à la campagne, en proie à un accès terrible de rhumathisme aigu qui me retenait au lit depuis soixante-dix jours dans une inaction absolue.

II

Un coup d'État en appelle un autre. Je reçus la nouvelle du coup d'État impérial accompli par le prince sur les généraux de la Chambre et sur les chefs de la représentation. Je fus plus affligé que surpris.

Le prince, facilement vainqueur, proposa à la France de restaurer en lui le gouvernement impérial. A sa place, j'aurais combattu énergiquement l'Assemblée, mais j'aurais combattu pour la république réformée. La France n'hésita pas à le proclamer empereur.

Je me retirai dans la solitude et dans l'abstention, prêt à l'exil, heureux de n'être point persécuté. Quelles qu'eussent été ma vigueur et ma sagesse contre la démagogie, il ne m'appartenait pas de servir, ni directement ni indirectement, celui qui, à bon droit ou à mauvais droit, renversait la république. Je devais mourir citoyen attristé, mais inoffensif. Mon rôle était fini; j'acceptai mon destin.

III

Je ne pensai plus qu'à sauver à tout prix de ma ruine mes créanciers qui comptaient sur mon honneur.

Le *Conseiller du Peuple*, ma principale ressource, périssait avec la république; M. Mirès le laissa tomber : le dernier article ne fut pas publié. Je m'y résignai et je fondai le *Civilisateur*, journal purement biographique et littéraire, qui n'égala pas en succès le *Conseiller du Peuple*, mais qui me soutint quelques années contre l'insolvabilité. Les éditeurs, à mon insu, le laissèrent en mon absence s'anéantir. Je songeai alors aux *Entretiens littéraires*. Les annonces que je publiai de ce recueil me procurèrent environ vingt mille abonnés : dix mille en France, dix mille dans l'Amérique du Nord; c'est-à-dire environ quatre cent mille francs par an, moins les frais. Les Américains du Nord, dont je ne connaissais pas les mœurs alors, ne payèrent rien. Les rentrées de l'Amérique, du Brésil et des Américains espagnols du Sud ne s'opérèrent pas, sans qu'il y eût de leur faute. Mes dépenses ne furent pas couvertes. La distance rendit les recouvrements impossibles. Je restai avec les abonnés français seulement, que j'ai eu le bonheur de conserver jusqu'aujourd'hui, et qui, de plus, m'ont avancé deux fois des sommes importantes pour m'aider à soutenir mon travail. Je les considère comme des amis personnels, prêts à tous les sacrifices pour celui qu'ils ont adopté.

IV

Je pensai enfin à me liquider par une grande entreprise, celle de la publication de mes *Œuvres complètes*, en une magnifique édition d'auteur en quarante volumes. La souscription s'accomplit assez heureusement, mais je fus obligé de donner quatre ans aux souscripteurs pour faciliter les payements, et d'avancer les frais énormes de l'entreprise.

Cette publication, qui continue toujours et qui continuera jusqu'à ma mort, m'aidera, je l'espère, à désintéresser tous mes créanciers. Elle sera terminée, en ce qui me concerne, le 31 décembre 1863.

Si rien ne s'oppose à ces différentes entreprises, sur lesquelles je paye environ quatre à cinq cent mille francs par an, je me flatte, en dix ans de travail assidu, d'avoir payé mes cinq millions deux cent mille francs de dettes par la libéralité des amis que j'ai conservés dans mon pays et en Europe. Dès aujourd'hui, en me dépouillant de mon dernier asile et en ne vivant, moi et ceux qui dépendent de moi, que des tronçons de ma plume, je suis à peu près certain que tout le monde serait payé et que je pourrais dire en mourant : « Je meurs pauvre et nu, mais je n'ai appauvri personne. » Reconnaissance et gloire à ceux qui n'ont pas voulu laisser à ma charge le salut de mon pays! L'humiliation ne pèse que sur moi seul : elle est grande, elle rend mes derniers jours très-rudes et très-amers; mais, si elle coûte à mon amour-propre, elle ne coûte rien à mon honneur! *Mendier pour soi* est une honte; *mendier pour les autres* est une consolation!

V

Je finis ici le récit complétement vrai de ma vie politique. Je n'ai pas tout dit, mais j'ai dit sur tout la stricte vérité. J'ai pour témoins Dieu, ma conscience et l'histoire. Voilà ma conduite. Devant les hommes, je n'ai pas à rougir d'un acte ou d'une pensée.

Devant le juge suprême des actions humaines, c'est autre chose. Je vais l'examiner avec la même franchise.

Je commence par affirmer avec serment que dans toute ma vie politique je n'ai laissé aucun intérêt personnel agir sur les principes de mes actions ou de mes paroles : hors une seule fois dont je me suis toujours repenti et que je me reprocherai jusqu'à ma dernière heure. Voici la circonstance :

Quelques semaines avant le 24 février 1848, jour où des événements de force majeure me mirent en scène, je pensai honnêtement devoir sortir de mon impartialité de quatorze ans. Je crus loyal d'en avertir le gouvernement. Je montai à la tribune et je déclarai qu'à partir de ce moment je passais à l'opposition, pour prévenir de grandes calamités auxquelles les ministres doctrinaires me paraissaient conduire directement et prochainement la royauté. Je n'ai pas besoin de dire avec quelle frénésie d'applaudissements ces paroles furent accueillies. La force condensée et accumulée pendant quatorze ans porte des coups multipliés par la patience qui les a retenus.

Il n'y avait là néanmoins ni perversité ni mal. C'était un avertissement auquel le roi et le ministère doctrinaire pouvaient faire attention. C'était sincère. Je ne m'unissais point à la coalition; je ne devais pas prendre le ministère; j'étais toujours résolu à ne pas servir le roi ni la royauté de juillet. Ce n'est donc pas de cela que je m'accuse.

Mais le 22 février 1848 est le jour qui pèse sur ma conscience. Je fus appelé inopinément à une réunion de trois cents députés de toutes les oppositions, chez le restaurateur Durand, sur la place de la Madeleine, à midi. Je m'y rendis légèrement, et j'eus le tort de m'y rendre. On devait y concerter la démarche d'opposition extrême du banquet de Paris. Ce banquet ne me regardait pas, puisque je m'étais refusé hautement depuis un an à la moindre participation aux banquets politiques, et que j'avais écrit même dans les journaux : « *Je ne veux pas rouvrir le club des Jacobins.* »

VI

Cependant, moitié inconséquence, moitié entraînement, je me rendis à la réunion des députés. Je restai debout, non loin de M. Berryer, et j'écoutai les harangues. A mon profond étonnement, j'entendis tous les grands orateurs de la coalition, comme lui émus d'une sollicitude patriotique, déclarer que, le gouvernement voulant s'opposer au banquet de Paris avec des forces militaires, et les *coalisés* ne voulant pas amener par leur présence une occasion fatale de collision sanglante entre les citoyens, ils renonçaient au banquet, et se borneraient, comme M. Barrot et ses amis, à protester par écrit contre la répression militaire annoncée par le gouvernement.

J'avoue que cette hésitation, au fond parfaitement honnête, m'indigna, et que je demandai étourdiment la parole pour y répondre. Je combattis très-vivement ces orateurs de la coalition, dans un discours foudroyant qu'on a pu lire au trente-huitième volume de ces *OEuvres*, et je conclus, après avoir étonné et passionné l'auditoire, par dire que la question avait changé de forme et de fond à mes yeux; qu'elle était devenue un défi personnel porté aux oppositions; que notre devoir et notre honneur étaient de l'accepter, et que « quant à moi, s'il y avait banquet, j'irais, fussé-je seul et accompagné de mon ombre, répondre à ce défi, et que s'il devait y avoir du sang répandu, il retomberait tout entier sur les ministres qui prétendaient demander à la force armée une répression que nous demandions, nous, à ne faire régulariser que par une loi! »

Mes paroles avaient consterné et enthousiasmé l'auditoire; on alla aux voix, et il fut décidé qu'on marcherait ensemble au banquet.

VII

Je sortis triomphant, mais au fond un peu honteux moi-même de ce que j'avais fait. La conduite patriotiquement prudente de MM. Barrot, Berryer et de leurs amis était certainement plus sage que la mienne ; car ce n'était pas de leur sang qu'il s'agissait, mais d'une conflagration de Paris et de la France. J'aurais voulu m'être moins avancé, mais l'amour-propre du point d'honneur me retint et je persistai tout le jour et tout le lendemain dans ce que ma conscience me reprochait comme une faute grave et peut-être comme un crime.

Heureusement les sages avis des orateurs de la coalition prévalurent, et je reçus dans la soirée l'avis qu'il n'y aurait pas de banquet et que ma constance serait sans objet. Le duc d'Harcourt, M. de Boissy et plusieurs autres députés aussi résolus que moi-même étaient chez moi. Nous nous séparâmes en remettant les événements à eux-mêmes. Il est certain que, sans ce dénoûment pacifique, indépendant de moi, j'aurais marché au banquet de Paris à tout risque, et que j'en serais revenu ou mort ou avec une révolution !

Était-ce moral ? était-ce consciencieux ? Non.

Premièrement, mon opinion était-elle engagée ? Non encore, puisque je ne doutais pas et que je n'ai jamais douté que le droit de club illimité ou de réunion à tout propos ne soit le contraire de tout droit de gouvernement, et que, là où la foule triomphe, la vraie liberté ne soit opprimée. Je marchais donc contre ma conscience. L'homme d'opposition violente prévalait alors en moi contre l'honnête homme!

Secondement, j'étais non-seulement étranger aux orateurs de la coalition, mais j'étais leur adversaire; j'avais parlé et agi contre eux; mon honneur n'était donc nullement solidaire de leur désaveu, et je n'avais point à paraître dans leur conciliabule. Pourquoi donc y étais-je? et pourquoi les poussai-je à une démarche extrême qui, si elle eût été accomplie, ne pouvait être que le signal d'une guerre civile ou d'une révolution?

Cela n'était ni de la logique ni du point d'honneur. D'ailleurs, le point d'honneur n'existe que dans un duel à armes égales, et il n'y avait point de duel entre un homme désarmé et cent mille hommes. Mon raisonnement désespéré ne portait pas.

Troisièmement, enfin, mes conseils ne pouvaient produire que du sang répandu en vain ou une révolution. Du sang répandu? je l'avais en horreur. Une révolution? je ne la désirais pas, je ne voulais pas y concourir. Les paroles prononcées par moi ce jour-là étaient donc aussi absurdes que coupables.

Voilà mon jugement d'aujourd'hui sur cette légèreté parlementaire. C'est la seule. Je ne me la pardonnerai jamais.

On m'a accusé pour ma conduite énergique au 24 février. Selon moi, on a eu tort. Il fallait me louer du parti de la république pris à temps et hardiment pris, quand il n'y avait plus de roi et que la régence était impossible. Là, j'étais politique honnête et courageux. La veille du banquet, j'étais parlementaire, c'est-à-dire illogique, inconséquent, coupable et absurde. Si j'avais dans toute ma conduite deux fautes comme celle-là, je n'écrirais pas ma justification, — elle serait impossible; — je me livrerais aux dieux infernaux du bon sens.

Cependant, les ministres, qui avaient des confidents à la réunion des oppositions chez le restaurateur Durand, se sentirent comme frappés à mort par mon discours. On me rapporta ce qu'ils avaient dit. Je n'avais contre eux aucune haine; je commençai à éprouver quelques remords de la peur que je leur inspirais. Je rentrai triste chez moi et je me renfermai jusqu'au lendemain.

Le soir, deux amis accoururent me raconter les coups de feu par malentendu qui avaient rallumé l'incendie éteint par le changement de ministère reçu partout avec acclamation. J'en fus affligé et consterné. Cependant, le roi et les nouveaux ministres ayant la nuit entière pour calmer le peuple, je me rassurai et je m'endormis.

VIII

Le lendemain, Paris semblait calme. La Chambre se réunit vers onze heures. Je ne songeais point à y aller : j'étais fortement indisposé. Je logeais dans le voisinage de l'Assemblée, je pouvais être informé d'heure en heure de ce qui s'y passait. Je dis à mes amis : « Hier a été le 20 juin. Le changement de ministère devant les coups de feu est bien plus encourageant pour le peuple que la fermeté calme de Louis XVI à pareil jour. Le 10 août n'est pas loin, mais il y aura quelques semaines entre ces deux époques. »

Au moment où je disais ces paroles, on vint m'annoncer que le peuple, ameuté partout, se portait en masse sur la Chambre protégée encore par des colonnes de troupes, et qu'une invasion pouvait avoir lieu. Je me levai pour y courir. Le lecteur se souvient des mémorables scènes qui s'y passèrent et que nous avons déjà racontées.

Trois heures après, il n'y avait plus de monarchie, et le roi était emporté vers Dreux par une voiture de place. Ce fut alors que mon rôle commença.

De cette minute, je n'ai rien à me reprocher. J'ai agi en bon citoyen et j'ai contribué à sauver mon pays sans penser à moi, en sacrifiant ambition, fortune et vie au salut de toutes les classes. Tout ce qui a été écrit, même à bonne intention pour moi, sur ces événements du 24 février au 24 juin, pour attribuer la nomination du gouvernement provisoire à telle ou telle coterie, n'a aucun fondement : celui qui du haut de la tribune en a appelé les membres et a passé par-dessus son épaule leurs noms à Dupont de l'Eure, placé par moi de force à la présidence, c'est moi ! moi seul ! je le dis, je l'écris, je l'affirme, je le jure !

IX

Aussitôt qu'en vertu du sacrifice que j'avais cru devoir faire le 5 mai, jour de la réunion de l'Assemblée constituante, pour ne point diviser les républicains devant les *journées* que j'attendais, et que j'eus ainsi aliéné volontairement ma popularité, je ne me fis aucune illusion et je sortis de la politique pour n'y jamais rentrer.

Je n'emportai qu'un seul remords : celui de la faute commise par mon discours du 22 février dans la réunion de l'opposition chez le restaurateur Durand, faute que j'ai confessée. Je ne songeai plus qu'à payer mes dettes par mon travail assidu et par tous les moyens honnêtes de souscription volontaire que mon pays pouvait m'offrir pour accomplir ce second devoir de l'honnête homme ; car le premier c'est de se dévouer sans regarder derrière soi quand l'incendie embrase l'édifice public !

Si Dieu, qui m'enlève une à une toutes les consolations de la vie, me laisse vivre assez pour achever cette œuvre réparatrice, je ne lui demande que de me laisser finir mes jours dans l'oubli, honteux de ce que j'ai fait de mal, heureux de ce que j'ai fait de bien. Mais ce que j'ai fait de mal, qu'on ne s'y trompe pas, ce n'est pas la RÉPUBLIQUE, — seul salut de la France dans ce moment-là ; — c'est l'impulsion téméraire donnée à la coalition parlementaire sur la place de la Madeleine. Je le dis, parce que le salut du pays par des moyens honnêtes est, tout considéré, ma seule loi, et parce que je suis homme de gouvernement avant d'être homme de liberté. Je l'avoue, la liberté honore tout le monde, mais n'a jamais sauvé personne. Telle est ma profession de foi.

TABLE

DES MATIÈRES CONTENUES DANS CE VOLUME

	Pages.
LIVRE VINGT ET UNIÈME	3
LIVRE VINGT-DEUXIÈME	55
LIVRE VINGT-TROISIÈME	77
LIVRE VINGT-QUATRIÈME	107
LIVRE VINGT-CINQUIÈME	141
LIVRE VINGT-SIXIÈME	171
LIVRE VINGT-SEPTIÈME	207
LIVRE VINGT-HUITIÈME	249
LIVRE VINGT-NEUVIÈME	251
LIVRE TRENTIÈME	293
LIVRE TRENTE ET UNIÈME	327
LIVRE TRENTE-DEUXIÈME	363
LIVRE TRENTE-TROISIÈME	387
LIVRE TRENTE-QUATRIÈME	419
LIVRE TRENTE-CINQUIÈME	451

FIN DU QUARANTIÈME ET DERNIER VOLUME

DES ŒUVRES COMPLÈTES.

PARIS. — TYPOGRAPHIE DE COSSON ET COMP., RUE DU FOUR-ST-GERMAIN 43.

www.ingramcontent.com/pod-product-compliance
Lightning Source LLC
Chambersburg PA
CBHW070532230426
43665CB00014B/1660